CANUDOS

CANUDOS

O povo da terra

MARCO ANTONIO VILLA

Planeta

Preparação: Fernanda Guerriero Antunes
Revisão: Bonie Santos e Ana Maria Fiorini
Projeto gráfico e diagramação: Negrito Produção Editorial
Capa: Giovani Castelucci

Dados Internacionais de Catalogação na Publicação (CIP)
Angélica Ilacqua CRB-8/7057

Villa, Marco Antonio
Canudos / Marco Antonio Villa. – São Paulo : Planeta do Brasil, 2025.
272, [16] p. : il.

Bibliografia
ISBN 978-85-422-3653-8

1. Brasil – História – Guerra de Canudos, 1897 I. Título

25-1776 CDD 981.05

Índices para catálogo sistemático:
1. Brasil – História – Guerra de Canudos, 1897

MISTO
Papel | Apoiando o manejo florestal responsável
FSC® C019498
FSC www.fsc.org

Ao escolher este livro, você está apoiando o manejo responsável das florestas do mundo.

2025
Todos os direitos desta edição reservados à
EDITORA PLANETA DO BRASIL LTDA.
Rua Bela Cintra, 986, 4º andar – Consolação
São Paulo-SP – CEP 01415-002
www.planetadelivros.com.br
faleconosco@editoraplaneta.com.br

Sumário

Antes de fazer-vos minha despedida, peço-vos perdão se nos conselhos vos tenho ofendido. Conquanto em algumas ocasiões proferisse palavras excessivamente rígidas, combatendo a maldita república, repreendendo os vícios e movendo o coração ao santo temor e amor de Deus, todavia não concebam que eu nutrisse o mínimo desejo de macular a vossa reputação. Sim, o desejo que tenho da vossa salvação (que fala mais alto do que tudo quanto eu pudesse aqui deduzir) me forçou a proceder daquela maneira. Se, porém, se acham ressentidos de mim, peço-vos que me perdoeis pelo amor de Deus. É chegado o momento para me despedir de vós; que pena, que sentimento tão vivo ocasiona esta despedida em minha alma, à vista do modo benévolo, generoso e caridoso com que me tendes tratado, penhorando-me assim bastantemente! São estes os testemunhos que me fazem compreender quanto domina em vossos corações tão belo sentimento! Adeus, povo; adeus, aves; adeus, árvores; adeus, campos, aceitai a minha despedida, que bem demonstra as gratas recordações que levo de vós, que jamais se apagarão da lembrança deste peregrino.

Antônio Conselheiro

Introdução

Este livro, mais que a busca por uma explicação, tem como um dos seus objetivos reabrir o debate sobre a comunidade de Belo Monte, nome que os seguidores de Antônio Conselheiro davam ao arraial que fundaram a nordeste do estado da Bahia. Enfrentar esse desafio pode parecer uma temeridade, pois, à primeira vista, tudo já foi dito sobre Canudos. Afinal, há um século, a literatura, os estudos acadêmicos, o cinema, a música, comentam, explicam, cantam e teorizam esse momento da história do Brasil. Canudos ficou indissoluvelmente ligado a Euclides da Cunha pelo modelo interpretativo e como principal fonte histórica. É inegável a grandiosidade de *Os sertões* e seu impacto na cultura brasileira, mas, para o conhecimento de todos os fatores que envolveram o conflito de 1896-1897, o "livro vingador", como o autor chamou a sua obra, foi danoso. Obviamente que não cabe imputar a Euclides nenhuma culpa pela repetição *ad nauseam* das suas análises, pois o que ocorreu foi a substituição da pesquisa pela citação do argumento de autoridade. De livro vingador, *Os sertões* acabou se transformando em uma barreira para o conhecimento histórico da comunidade criada por Antônio Conselheiro.

Meu primeiro passo foi a leitura dos livros publicados sobre o tema, priorizando aqueles escritos pelos que participaram diretamente do conflito. A consulta aos jornais da época foi fundamental, e, como a Primeira República caracterizou-se pelo controle do Estado por parte dos cafeicultores paulistas, *O Estado de S. Paulo* foi uma fonte essencial para a pesquisa, pois expressa com fidelidade os diversos interesses de setores da classe dominante. Também usei *O Comércio de São Paulo*, porta-voz dos monarquistas e único jornal do eixo São Paulo-Rio de Janeiro que mantém uma posição mais ponderada durante o conflito. Para os debates parlamentares, a referência obrigatória são os *Anais do Senado Federal* e principalmente os *Anais da Câmara dos Deputados*, enquanto para os atos do Poder Executivo é essencial a consulta aos relatórios dos presidentes da República, dos governadores dos estados da Bahia e de São Paulo, dos presidentes da província da Bahia, dos ministros e dos secretários. A documentação do Exército também é preciosa: os relatórios dos ministros da Guerra e as Ordens do Dia são excelentes fontes para a reconstrução da conjuntura político-militar. Li também com imenso prazer vários livros de críticos literários, republicanos históricos, monarquistas sinceros, desiludidos e adesistas de ambos os credos políticos, romances históricos que foram indispensáveis para compreender a época e serviram para constatar a necessidade de pesquisas sobre outros tantos temas do fim do século XIX, tão pouco conhecido mesmo dos especialistas em história.

Para conhecer a formação religiosa dos conselheiristas, tive de percorrer um longo caminho, indo até as origens do cristianismo, passando pela época patrística, pela evangelização da Europa, da América e, particularmente, do sertão nordestino. Nessa caminhada, constatei que a maioria dos estudos sobre Canudos ignoravam grande parte da literatura especializada em religião. No caso das pesquisas acerca da religião no Brasil, apesar do grande número de livros e artigos, é espantosa a superficialidade nas abordagens e nos estudos de caso. Algumas vezes o fenômeno religioso fica relegado a um plano secundário, e as determinações político-econômicas assumem tal importância que mais parecem um estudo de um momento da história do Brasil que uma pesquisa sobre a Igreja e manifestações religiosas ou movimentos sociais religiosos. Há uma certa insistência deliberada em retirar o componente religioso, como se a presença da religião colocasse o movimento em um patamar inferior frente a movimentos laicos.

O maior problema foi obter informações confiáveis sobre Antônio Conselheiro, a organização do arraial e os problemas que surgiram com os poderes locais depois de 1889. Como os conselheiristas não deixaram depoimentos escritos – a exceção são as prédicas atribuídas a Conselheiro –, a saída foi ler as entrevistas que os sobreviventes da comunidade de Belo Monte deram a jornalistas. Infelizmente, os historiadores perderam a grande oportunidade de obter esses dados diretamente dos personagens. Isso era possível até o fim dos anos 1950, quando viviam ainda vários conselheiristas que desempenharam diversas funções no arraial. Apesar de tudo, Nertan Macedo, Odorico Tavares e José Calasans, especialmente este último, obtiveram valiosos depoimentos. De jornais e documentos oficiais consegui reconstruir parte da história da comunidade, sempre tendo de enfrentar o preconceito dos dominantes que desqualificam qualquer manifestação "dos de baixo", como se estes não tivessem direito ao registro histórico ou, o que é mais grave, a fazer a história.

Em Monte Santo fiquei sabendo da existência de um relatório do intendente da vila, João Cordeiro de Andrade, para o Conselho Municipal, escrito em 1894. Depois de muito esforço consegui encontrá-lo em poder do neto do intendente, Jonas Cordeiro de Andrade, morador há vários anos de São Vicente, no estado de São Paulo. Esse relatório é fonte de enorme importância, pois expõe com minúcia os problemas causados ao poder público republicano pela rebeldia dos conselheiristas, que não viviam só em Belo Monte, mas em toda a região.

Em 2002 publiquei o poema "Canudos, história em versos", de Manuel Pedro das Dores Bombeiro, escrito em 1898. O autor, um tropeiro, vivia em Simão Dias, Sergipe, e acompanhou o general Claudio do Amaral Savaget, comandante da segunda coluna da quarta expedição, até o Alto da Favela, em Canudos. Transcrevi o longo poema – 5.984 versos – com cerca de trezentas notas de rodapé. A obra apresenta informações raras e precisas sobre o arraial, os conselheiristas e a guerra, e nesta edição revista e ampliada foram esclarecidos muitos pontos obscuros.

Assim, fui reconstruindo a vida dos conselheiristas, os atritos com o Estado republicano, o começo do conflito militar, a guerra e a destruição do arraial. Procurei retratá-los como eram, e não como eu gostaria que fossem. Todas as descrições da comunidade tomaram como base um ou mais documentos de diversas fontes, pois Canudos, por si só, é grandioso e não necessita de fantasias. Enganam-se aqueles que consideram que, se não fosse *Os sertões*, o arraial e toda a sua luta teriam caído no esquecimento. Euclides da Cunha só produziu o livro vingador porque os conselheiristas forneceram a matéria-prima: sem ela, não teríamos *Os sertões*.

Penso que as pesquisas passaram à margem de questões fundamentais, tais como a religiosidade sertaneja, os problemas causados pela reestruturação política advinda da Proclamação da República, a figura de Antônio Conselheiro, a influência da tradição religiosa judaico-cristã no Nordeste, o processo de evangelização do Brasil, a organização interna do arraial, as razões do conflito com os poderes locais, as duas primeiras expedições militares enviadas pelo governo estadual para destruir Canudos, a transformação do arraial em um importante personagem na cena política nacional, no momento mais intenso do confronto entre o presidente Prudente de Morais e a oposição civil-militar, saudosa dos tempos de Floriano Peixoto, a derrota da terceira expedição e o aparecimento de um novo mártir republicano – o coronel Moreira César –, a maior mobilização de tropas do Exército em território nacional até aquela época, a estratégia de guerra do Exército, a defesa do arraial pelos conselheiristas adotando táticas extremamente originais, a longevidade da campanha, os últimos dias de Belo Monte, o massacre dos prisioneiros e o fim da luta.

Assim, o que era considerado um tema esgotado, através da pesquisa das fontes e dos documentos dessas diversas questões, revelou toda a sua complexidade. O nascimento, a vida e a morte de Belo Monte, quando analisados dentro de uma visão de totalidade, permitem recolocar esse tema como um dos mais importantes da história do Brasil do fim do século XIX.

No primeiro capítulo, construí uma biografia de Antônio Vicente Mendes Maciel, o Conselheiro. Começando em Quixeramobim (Ceará), onde nasceu, descrevo o início de sua vida errante em meados de 1870, o peregrino que acaba se transformando em beato e depois em verdadeiro santo sertanejo, os conflitos com a Igreja católica, as perseguições do

Estado e a consolidação da sua influência religiosa no sertão. Demonstro que não é possível entender o beatismo sem relacioná-lo com o processo de evangelização do Brasil e suas relações com as religiões negras e ameríndias. Finalmente, estabeleço as conexões entre a vivência religiosa brasileira e a tradição judaico-cristã, a expansão do cristianismo, suas metamorfoses e seus dilemas.

No segundo capítulo, trato da organização do arraial de Canudos, das questões econômicas, políticas, sociais e religiosas. Analiso as dificuldades para a manutenção dos conselheiristas em uma região assolada pela seca e de escassos recursos. Descrevo os conflitos com as autoridades de Monte Santo, a ida de uma missão religiosa dos capuchinhos para dissolver a comunidade e a transformação de Belo Monte em uma referência concreta para os sertanejos; a transformação de uma comunidade religiosa que se sustenta, cresce, atrai novos moradores, mantém contatos intermitentes com as vilas e arraiais da região e estabelece relações econômicas permanentes, servindo a religião como elo aglutinador para a comunidade. Não se espera a vinda de nenhum Messias, e muito menos de D. Sebastião. O fim do mundo e a parusia não passam de elementos do discurso religioso, assim como na Igreja católica. A comunidade desenvolveu formas organizativas com base na tradição sertaneja, possibilitando a sobrevivência de milhares de conselheiristas à margem do sistema de dominação coronelístico.

No terceiro capítulo, analiso a crise final do Império e a emergência da República. Destaco a importância dos fazendeiros de café na instituição da nova ordem, o impedimento a qualquer reforma que democratize o acesso à propriedade da terra e à construção de um Estado que se mantém distante das demandas econômico-sociais da maioria da população. Relaciono as questões nacionais com a política regional baiana, a nova ordem republicana, as contradições no interior da classe dominante e seus reflexos no sertão.

No quarto capítulo, examino o surgimento do conflito militar entre o governo baiano e a comunidade de Belo Monte. Descrevo as duas primeiras expedições, as vitórias conselheiristas e a transformação de Canudos no maior inimigo da República, na Vendeia brasileira, nas palavras de Euclides da Cunha, depois da derrota da terceira expedição sob o comando do coronel Antônio Moreira César.

No quinto capítulo, faço uma longa descrição dos combates da quarta expedição, da resistência conselheirista, da estratégia de guerra do Exército, do excessivo número de baixas, dos problemas políticos do período e da tragédia final, quando seus habitantes foram quase todos chacinados.

Na conclusão, comento as diversas análises sobre o arraial de Belo Monte, demonstrando os equívocos das interpretações existentes que partem de modelos apriorísticos ou de informações sem a devida base histórica. Descarto totalmente qualquer explicação do arraial como uma comunidade messiânica, sebastianista, milenarista ou socialista utópica e indico a necessidade de compreender a experiência conselheirista como um grande momento da história nordestina, em que os sertanejos lutaram para construir um mundo novo, enfrentando o Estado dos *landlords*.

No posfácio, faço uma reconstrução do itinerário de Euclides da Cunha em sua viagem a Canudos, questiono as interpretações tradicionais sobre a produção de *Os sertões* e a comparo com as reportagens publicadas em *O Estado de S. Paulo* em 1897.

Este trabalho – apresentado originalmente como tese de doutorado no Departamento de História da Universidade de São Paulo em dezembro de 1993 – sofreu as devidas modificações e acréscimos para que se tornasse livro. Assim, aproveito a oportunidade para agradecer aos comentários da banca e especialmente ao apoio da orientadora professora doutora Maria Lígia Prado. Um agradecimento especial à bibliotecária Neusa Aparecida Barbosa, da Biblioteca Municipal Mário de Andrade. Esta pesquisa contou também com o apoio do PICD/Capes.

Nesta edição, evitei ao máximo alterar a estrutura do livro. Somente incluí algumas publicações mais relevantes editadas nos últimos 25 anos e substituí o posfácio original por um ensaio publicado em 2002 na coletânea *Os sertões de Euclides da Cunha: releituras e diálogos*, organizada por José Leonardo Nascimento.

Para a conclusão deste livro tive o apoio e incentivo constantes de Leticia de Castro Villa, minha mulher.

I

O Caminho da Missão

O mais famoso beato brasileiro foi Antônio Vicente Mendes Maciel. Seu pai, Vicente Mendes Maciel, começou a vida como vaqueiro, fixando-se em Quixeramobim, Ceará, provavelmente para não participar das lutas familiares entre os Maciel e os Araújo, que ensanguentaram o sertão cearense desde o início do século XIX. Casou-se duas vezes, e Antônio, filho do primeiro casamento, nasceu em 1830. Segundo Abelardo Montenegro, o ano de nascimento de Antônio Vicente foi 1828, mas, para Nertan Macedo, ele nasceu em 1830, de acordo com a certidão de batismo existente no arquivo eclesiástico de Quixeramobim. Informa o mesmo autor que a madrinha de batismo de Conselheiro foi a famosa Dona Guidinha do Poço, apelido de Maria Francisca de Paula Lessa, personagem do romancista cearense Manoel de Oliveira Paiva. Apaixonada por um sobrinho, Dona Guidinha mandou matar o marido. Foi condenada a longos anos de prisão, morrendo em Fortaleza.[1]

Com a morte da mãe aos 6 anos, Antônio foi criado pela madrasta, que, segundo a tradição, tinha sérias perturbações mentais e maltratava o enteado. O pai desejava que fosse padre, por isso logo matriculou o menino no curso do professor Manuel Antônio Ferreira Nobre, para aprender português, latim e francês. João Brígido, seu amigo de infância, confirma que "Antônio Vicente [...], quando menino, teve certa cultura e começou estudos de latim". O mesmo autor recorda que "nessas vadiações salvei da morte a quatro companheiros, o atual escrivão, capitão Antero, José Raymundo Façanha Filho, meu irmão Guilherme e Antônio Conselheiro. Este salvou-se ao meu pescoço, apanhado comigo por uma tarrafa num poço estreito e profundíssimo".[2]

Não se sabe por que Antônio abandonou os estudos sem procurar um seminário, começando a trabalhar como caixeiro no estabelecimento comercial do pai. Aos 25 anos, ainda solteiro, assumiu a direção do negócio após o falecimento de Vicente. Um ano depois, foi obrigado a hipotecar uma casa, pois os negócios não iam bem. Casou-se em 1857, aos 27 anos, com Brasilina Laurentina de Lima. Meses depois foi obrigado a vender a própria casa, fechou a casa comercial e abandonou a cidade em que nasceu.

Não seria difícil compreender por que Antônio Vicente fracassou nos negócios. Seus biógrafos acentuam a inaptidão para o comércio, mas também deve ser lembrada a crise da economia cearense, principalmente devido às secas. Lembra Raimundo Girão que os efeitos das secas de 1824-1825, 1827, 1830 e 1844-1845 transformaram o estado em exportador de força de trabalho para a Amazônia, o sul do país e outras regiões do Nordeste. Segundo um testemunho da época (1845), a "população dos sertões, pois, achou-se reduzida aos maiores apuros e obrigada a sustentar-se de vegetais agrestes e baldos de princípios nutritivos, quando não continham propriedades nocivas, levando esta situação à prática de atos horrendos e de crimes de homicídio, que se tornaram então numerosos, sendo quase todos ocasionados por questões de alimento".[3]

Antônio Vicente instalou-se com a mulher na fazenda Tigre, próxima de Quixeramobim, criando uma pequena escola onde lecionava português, matemática e conhecimentos gerais. Logo abandonou a fazenda, mudando-se para Tamboril, onde voltou a trabalhar como caixeiro em uma casa comercial. Quando nasceu o primeiro filho, o comércio onde trabalhava encerrou suas atividades e Antônio passou a ganhar a vida como rábula – espécie de advogado dos pobres. De Campo Grande foi com a família para Ipu, onde nasceu o segundo filho, e num episódio nebuloso separou-se da mulher. Voltou para Tamboril, em 1861, aos 31 anos, sobrevivendo como professor. Passou a viver com Joana Imaginária, artesã produtora de imagens de santos, considerada uma mulher mística. Da união nasceu um filho chamado Joaquim Aprígio.[4]

De 1865 a 1871, Antônio Vicente percorreu vários municípios cearenses próximos a Quixeramobim, exercendo diferentes atividades para sobreviver. Em 1871, aos 41 anos, parecia ter chegado ao fim de uma vida infeliz: sem emprego fixo, distante dos filhos, a primeira mulher prostituindo-se em Sobral (Ceará), Antônio já não tinha como pagar as dívidas contraídas. Seu credor, José Nogueira de Amorim Garcia, moveu uma ação para pagamento de uma dívida de 168$268, considerada na época uma quantia insignificante. Antônio Vicente solicitou em 1869 mais um empréstimo, comprometendo-se a pagá-lo em quatro meses. Findo o prazo, o credor acionou a Justiça local, que, a 29 de julho de 1871, condenou-o a pagar o débito, acrescido de juros e das custas do processo.

Apesar de ter recebido a comunicação da sentença através de um oficial de Justiça, Antônio Vicente não tomou nenhuma medida para postergá-la, mesmo conhecendo perfeitamente os trâmites processuais desde a época de rábula. Em 2 de outubro teve seus bens penhorados: duas éguas, quatro potros, um novilho, um bezerro, um relógio de prata, uma corrente de ouro para relógio, um colete, um chapéu e um paletó. Notificado da penhora, Antônio Vicente deixou ir a leilão seus bens suficientes para quitar a dívida. Em seguida, abandonou Quixeramobim e saiu do Ceará.[5]

De Antônio Vicente a Antônio Conselheiro

Durante três anos, de 1871 a 1874, não há notícias confiáveis sobre o destino de Antônio Vicente. O distanciamento da sociedade, o rompimento dos laços familiares, o abandono das necessidades materiais e o início da vida religiosa como peregrino[6] são os preceitos dos que seguem a tradição cristã que vem desde João Batista (Mt 3,1-4; Mc 1,6) e Jesus Cristo (Mt 4,1-2; Mc 1,12-13; Lc 4,1-2) e passa por vários exemplos no início do cristianismo, chegando na Europa medieval a se tornar uma rotina: quando "alguém decidia tornar-se um pregador itinerante, ortodoxo ou dissidente, muitas vezes começava por afastar-se para uma floresta, vivendo durante algum tempo como eremita. Durante esse período de retiro ascético, adquiria o poder espiritual para a sua missão, podendo ainda adquirir também a fama de santo e atrair os seus primeiros seguidores".[7]

A primeira notícia da chegada de Antônio Vicente aos sertões da Bahia e de Sergipe é de 1874. José Calasans informa que a notícia foi publicada em *O Rabudo*, periódico sergipano, em 22 de novembro de 1874. Segundo Aristides Milton, Antônio Conselheiro do "Crato partiu para a província, hoje Estado da Bahia, onde entrou pela primeira vez em 1864". Já a criteriosa biografia de Antônio Conselheiro realizada por Abelardo Montenegro indica que até 1871 continuava vivendo no Ceará. Somente a partir dessa data é que deve ter iniciado suas peregrinações, primeiramente pelo sertão pernambucano e depois pela Bahia e por Sergipe.[8] A notícia de *O Rabudo* relata que um certo Antônio dos Mares, procedente do Ceará, trajando camisolão azul, com cabelos longos e pés descalços, predicava sobre a moral e os costumes em geral.[9] Não aceitava esmolas e pouco se alimentava. Organizava com seus primeiros adeptos a restauração da igreja da Rainha dos Anjos, na freguesia de Nossa Senhora de Nazaré do Itapicuru de Cima (Bahia), e a construção de um cemitério, o que só poderia ocorrer com a anuência de um pároco da freguesia.

Nessa época, Sílvio Romero, promotor público da comarca de Estância, Sergipe, onde era editado o periódico *O Rabudo*, registrou duas quadras sobre o Conselheiro:

Do céu veio uma luz
Que Jesus Cristo mandou;
Sant'Antônio Aparecido
Dos castigos nos livrou

Quem ouvir e não aprender,
Quem souber e não ensinar,
No dia do Juízo
A sua alma penará!

Romero descreveu Antônio Conselheiro quase nos mesmos termos do artigo de *O Rabudo*: "Chamava-se Antônio e o povo o denominava o Conselheiro. Passou por Sergipe, onde fez adeptos. Pedia esmolas e só aceitava o que supunha necessário para a sua subsistência, no que divergia de nossos mendigos vulgares. [...] Era um missionário a seu jeito. Com tão poucos recursos fanatizou as populações que visitou, que o tinham por *Sant'Antônio Aparecido*!".[10] Com Francisco de Assis ocorreu um processo relativamente semelhante. Um certo dia recebeu uma mensagem de Deus, rompeu com todo o passado, isolou-se durante algum tempo da sociedade e, quando voltou ao convívio com o mundo, era outra pessoa. Passou a desprezar o dinheiro e qualquer sinal exterior de riqueza e começou a reformar igrejas, partilhar o que possuía com os pobres e adotar um radical ideal de pobreza.

Percorrendo o sertão, Antônio Conselheiro obteve apoio de alguns vigários. Em Itapicuru, no ano de 1874, o cônego Agripino da Silva Borges,[11] ligado ao Partido Liberal, permitiu que o Conselheiro ocupasse uma casa abandonada onde todos os dias eram realizadas orações com grande afluência popular. O delegado de polícia Boaventura da Silva Caldas, ligado ao Partido Conservador e que morava defronte a casa ocupada pelos seguidores do peregrino, resolveu intervir. Solicitou um destacamento policial para expulsar os conselheiristas da cidade. A situação se agravou com as críticas do cônego Borges à ação do delegado. Com a chegada dos reforços policiais, os conselheiristas evitaram o confronto retirando-se para Sergipe.

Esse episódio demonstra que as pregações de Antônio Conselheiro e as repercussões religiosas e políticas não podem estar dissociadas dos conflitos oligárquicos do sertão. O delegado Caldas age também para enfrentar o líder do Partido Liberal, que era inimigo do conservador Cícero Dantas Martins, o barão de Jeremoabo, principal chefe político da região e rico proprietário de terras – era dono de 61 fazendas, 59 na Bahia e duas em Sergipe. O cônego Borges, com evidente interesse político, apoia o Conselheiro, interessado nas vantagens políticas que poderia obter devido a sua crescente influência popular, mesmo ignorando recomendações eclesiásticas contrárias às pregações de leigos e até do clero secular, sem autorização do arcebispo da Bahia:

> Conforme a doutrina do Apóstolo São Paulo, ninguém pode pregar o Evangelho, e palavra de Deus nosso Senhor por sua própria autoridade, sem lhe ser cometido e mandado por legítimo Superior. E assim proibimos que nem um Pregador secular, sob pena de excomunhão maior e de suspensão das ordens, e prisão, e das mais penas que nos parecer, pregue neste nosso Arcebispado, sem ter para isso especial licença nossa passada *in scripts*.[12]

Se em Itapicuru obteve o apoio do cônego, o mesmo não ocorreu em Aporá, em 1875, quando já tinha regressado de Sergipe. Conselheiro solicitou autorização do padre João José Barbosa para rezar o terço e pregar aos fiéis, mas o vigário recusou o pedido, aprovando somente rezar o terço, indeferindo as pregações. Antônio Conselheiro saiu de Aporá e começou a pregar pela região circunvizinha, mesmo sem permissão, ora atacado pelos padres, ora perseguido pelos delegados de polícia.

Nas pregações, Antônio Conselheiro tomava como referência livros religiosos de ampla circulação no Nordeste, como as *Horas Marianas* e a *Missão Abreviada*. Segundo testemunho de Honório Vilanova, o "peregrino amava este livro [*Missão Abreviada*] e varava o dia e a noite lendo ou copiando as Meditações e os Exemplos dos Santos. Quando a mão do peregrino estava cansada, escrevia por ele Leão de Natuba, que tinha boa caligrafia e era muito devoto".[13]

Entre os anos de 1875 e 1876, percorreu várias freguesias do sertão baiano, reunindo centenas de pessoas. A cada dia aumentava o conflito com a Igreja, pois vários padres proibiam-no de pregar. Quanto maior a resistência e os reclamos do clero junto às autoridades policiais, mais aumentava o número de seguidores do peregrino, como Antônio Vicente preferia ser chamado pelos seus seguidores, em vez de Conselheiro, segundo o que se depreende da longa entrevista concedida por Honório Vilanova a Nertan Macedo, incorporada no livro *Memorial de Vilanova*, onde diversas vezes o depoente chama-o de "o peregrino".

No distrito do Cipó, na freguesia do Divino Espírito Santo de Abrantes, o conflito era com o delegado, que, apesar de nunca ter se encontrado com o peregrino, descreve-o como "um homem que dizem ser de cor branca, com 40 anos de idade mais ou menos, brasileiro, diz-se chamar Antônio Conselheiro, ignorando-se sua procedência porque não se presta a explicações, sem nenhuma instrução, aliás, rústico a último ponto, pois, segundo me informaram, não sabe expressar-se na própria língua". Paradoxalmente, não consegue explicar como mais de duas mil pessoas ouviram e entenderam as pregações de Conselheiro.[14]

Em 1876, durante uma pregação na freguesia do Senhor Deus Menino dos Araçás, ocorreu um incidente no qual morreram três pessoas. A repercussão desse fato, os atritos com padres e delegados e a ampliação da influência religiosa de Antônio Conselheiro no sertão levaram à intensificação das pressões da Igreja até as determinações do vigário capitular Luiz D'Amour, a 20 e 26 de maio de 1876, solicitando do chefe de polícia da província da Bahia uma pronta ação policial.

Conselheiro foi preso por um destacamento comandado pelo alferes Diogo Antônio Bahia com quinze soldados, sem que seus seguidores esboçassem qualquer resistência. Segundo o ofício do delegado de polícia de Itapicuru, Francisco Pereira de Assumpção, enviado ao chefe de polícia da Bahia, João Bernardes de Magalhães,

> Ao sr. alferes Diogo Antônio Bahia, comandante da força que v.s. remeteu a esta vila por minha requisição, não só para manter a ordem e o respeito devidos à autoridade, como para conduzir o preso Antônio Vicente Mendes Maciel, entreguei não só o mesmo preso, como ainda outro, de nome Paulo José da Rosa, que se achavam aqui detidos por ordem de v.s. para serem remetidos à secretaria, segundo me ordenou em 15 de abril último.
>
> Em presença da força, desistiram os fanáticos do plano entre eles combinado de desmoralização da autoridade, pois só essa providência os faria conter desse propósito; sendo certo que agora propalam – que o farão na volta do seu *Santo Antônio*, como chamam o primeiro dos presos; o que contam por certo.

> À vista desse mau plano que, em face das circunstâncias, executarão, peço a v.s. para dar providências, a fim de que não volte o dito fanatizador do povo ignorante; e creio que v.s. assim o fará, porque não deixará de saber da notícia, que há meses apareceu, de ser ele criminoso de morte do Ceará.
>
> Também aproveito a ocasião para remeter a v.s. pelo mesmo alferes os indivíduos de nomes José Manoel e Estevam; o primeiro recrutei para o exército, visto não apresentar isenção alguma, não ter pai nem mãe, e não ter emprego nenhum conhecido, senão o de larápio; pois há poucos dias furtou a uma pobre viúva 60$, que ela reservava de suas economias para suas precisões, e os deu quase todo a mulheres perdidas. E o segundo, por denúncia que tive de ser cativo de uma viúva, residente no Porto da Folha, na Província de Sergipe, e andar aqui constantemente embriagado, e insultando as autoridades, como há pouco acaba de praticar com o dr. juiz de direito desta comarca.
>
> *Esses indivíduos são fanatizados e partidários do preso Antônio Vicente Mendes Maciel.*[15]

Esse documento merece ser analisado, afinal, foi o primeiro momento em que o poder público agiu contra Antônio Conselheiro como líder comunitário. A prisão deveu-se ao desrespeito à autoridade (entenda-se civil) reafirmada duas vezes no ofício. João Manoel foi recrutado à força para o Exército, acusado de ser um larápio, apesar de não existir nenhuma acusação de roubo contra ele a não ser o dinheiro provavelmente dado como esmola por uma viúva, o qual foi destinado a "mulheres perdidas", o que pode ser entendido como mulheres pobres da vila ou as seguidoras do peregrino.[16] Mais interessante é a presença de um negro supostamente fugido que acompanha o Conselheiro. Desde a época da escravidão o Conselheiro nas suas pregações dirige-se também aos negros, principalmente porque na região do Itapicuru, onde passou tantos anos, havia um bom número de pequenos engenhos movidos pelo trabalho escravo. Segundo uma testemunha da época, o Conselheiro, vendo as pessoas que aguardavam a sua pregação, disse que "na sua quase totalidade [era] escrava [e] vive pobre e miserável. Veja como ele vem de quatro e mais léguas para ouvir a palavra de Deus. Sem alimentar-se, sem saber como se alimentará amanhã, ele nunca deixa de atrair pressuroso às práticas religiosas, que eu indigno servo de Deus e por ele amaldiçoado, iniciei neste local para redenção dos meus enormes pecados".[17]

Assim, nesses dois primeiros anos de pregação pelo sertão nordestino, primeiro passando por Pernambuco, depois restringindo a peregrinação pela Bahia e por Sergipe, Antônio Vicente Mendes Maciel não só passou a receber outro nome, dado espontaneamente pelos sertanejos, como nas pregações não se restringiu aos assuntos meramente espirituais descolados da realidade social. Não se trata de um líder político tradicional da situação ou oposição, mas de uma liderança comunitária que compreende a religião em um sentido mais amplo, que não se sujeita ao mandonismo coronelístico, apesar de conviver dialeticamente com essa estrutura. Quando é preso, não há notícias de que tenha recebido solidariedade de algum eclesiástico, como o cônego Borges, ou de alguma liderança liberal. Somente o jornal oposicionista *Diário da Bahia* criticou a prisão de Conselheiro: "É de se crer que para fazê-lo tenha a polícia tido alguma requisição da autoridade daquela província (Ceará); do contrário seria uma violência, que afinal equivaleria a uma deportação, para a qual não julgamos autorizado o sr. dr. Chefe de Polícia".[18]

Levado para Salvador, depois de alguns dias foi enviado a Fortaleza para averiguação de supostos crimes cometidos pelo peregrino antes de se fixar na Bahia. Foi apresentado como fanático perigoso, cercado de gente ignorante e causador de intranquilidade na população. Além de tudo, "embolsando os dinheiros com que, crédulos, iam lhe enchendo as algibeiras os seus fiéis, mandei-o buscar à capital, onde obstinadamente não quis responder ao interrogatório que lhe foi feito, como verá v.s. do auto junto. Era uma medida de ordem pública de que não devia eu prescindir". O chefe de polícia solicitou ao seu colega cearense que "se porventura não é ele aí criminoso, peço em todo caso a v.s. que não perca de sobre ele as suas vistas, para que não volte a esta província, ao lugar referido, para onde a sua volta trará certamente resultados desagradáveis, pela exaltação em que ficaram os espíritos dos fanáticos com a prisão do seu ídolo".[19]

Chegando a Fortaleza, Antônio Vicente foi enviado a Quixeramobim, sua cidade natal, pelo chefe de polícia do Ceará, pois "se supõe ser criminoso neste termo [...] a fim de que em Juízo, verificando a criminalidade do referido Maciel, proceda como cumpre na forma da lei". O juiz investigou e nada encontrou que o desabonasse. Comunicou ao chefe de polícia, em 10 de agosto, que "mandei pôr em liberdade alguns dias depois de sua chegada a esta cidade". A acusação, que se supunha verdadeira, era de que Antônio Vicente tinha assassinado a mulher (e a mãe, segundo algumas versões), quando soube que ela mantinha um caso amoroso extraconjugal. Esse fato nunca ocorreu, pois a esposa terminou a vida em Sobral e Antônio ficou órfão de mãe aos 6 anos.[20]

Nesse momento, o sertão nordestino estava sendo duramente atingido pela seca de 1877-1879. No Ceará, a população fugia em desespero para as cidades. Fortaleza, a capital cearense, que tinha 25 mil habitantes, em alguns meses viu quadruplicar a população. Mesmo com o incentivo oficial à emigração para a Amazônia – foram cerca de 50 mil embarcados só de Fortaleza –, havia na capital, segundo o presidente da província, "80 mil retirantes, e todos os dias entravam muitas centenas no estado mais lastimoso. O Palácio da Presidência era sitiado desde 5 horas da manhã por milhares deles, que se revezavam no decurso do dia, à medida que os primeiros chegados se distribuíam pelas comissões de socorro [...], homens, mulheres e crianças quase em completa nudez, macilentos e inanidos; muitas das pobres mães com os filhos pendentes do colo e já moribundos". Na capital, o número de óbitos cresce de 811, em 1876, para 57.780, em 1878. O Ceará perdeu "um terço da população pela fuga e pela morte. A sua riqueza pastoril, que antes da seca se calculara em 24 mil contos de réis, não valia agora mais de duzentos contos. A agricultura desaparecera completamente".[21]

Desde o início do segundo reinado, o Nordeste teve vários períodos de seca combinados com repiquetes (secas atenuadas) e estiagens. As maiores secas ocorreram nos anos de 1844-1846, 1869-1870, 1877-1879 – a mais grave da história – e 1888-1889, os repiquetes em 1851, 1853, 1855-1856, 1865-1866, 1869, e as estiagens em 1857-1861. O quadro social se agravou com as epidemias de varíola e cólera. Só na Bahia, o surto de cólera de 1855-1857 matou 29 mil pessoas.[22] Na seca de 1877-1879, "podemos estimar em, no mínimo, 500 mil mortos em decorrência da seca, ou seja, 4% da população brasileira da época".[23]

Antônio regressou ao sertão baiano e continuou arregimentando fiéis e construindo e reformando igrejas e cemitérios. O governo imperial era responsável pela conservação e manutenção das igrejas e dos cemitérios, mas não conseguia cumprir essas obrigações, alegando escassez de recursos financeiros. Pereira de Souza, presidente da província da Bahia, elogia os párocos "zelosos no cumprimento dos seus deveres, [que] procuram agenciar donativos entre seus fregueses e com as quantias que arrecadam fazem os reparos mais urgentes".[24] Segundo Calasans, entre os anos 1880-1892, o Conselheiro construiu ou reformou nove igrejas e cinco cemitérios, e em 1892 "envidou meios de fazer[em]-se alguns reparos nas capelas e na estrada do Monte [...], pedindo e aplicando o resultado das esmolas que recebia para este fim".[25]

Nas marchas entre os povoados que percorria, Antônio Conselheiro recebia doações que permitiam a manutenção do grupo que o acompanhava, além de caçarem e coletarem batatas dos umbuzeiros, frutas silvestres, palmitos das macambiras e crauás. Também organizavam mutirões nas roças dos agricultores pobres e, quando "os moradores das povoações e fazendas tinham conhecimento da vinda ou passagem do Conselheiro por dentro de suas freguesias, formavam grandes préstitos que lhes iam ao encontro e entravam todos nos povoados ao som dos rojões, fogos do ar, tiros de ronqueiras e bacamartes, como sinal de regozijo e distinção".[26]

Em 1882, o arcebispo da Bahia, D. Luiz, enviou uma circular ao clero do sertão:

> Anda um indivíduo denominado Antônio Conselheiro, pregando ao povo que se reúne para ouvi-lo doutrinas supersticiosas e uma moral excessivamente rígida, com que está perturbando as consciências e enfraquecendo, não pouco, a autoridade dos párocos destes lugares. Ordenamos a v. revma. que não consinta em sua freguesia semelhante abuso, fazendo saber aos paroquianos que lhes proibimos absolutamente se reunirem para ouvir tal pregação, vista como competindo, na igreja católica, somente aos

> ministros da religião, a missão santa de doutrinar os povos; um secular, quem quer que ele seja, ainda quando muito instruído e virtuoso, não tem autoridade para exercê-la.
>
> [O arcebispo recomenda ainda] se apesar das advertências de v. revma., continuar o indivíduo em questão a praticar os mesmos abusos, haja v. revma. de imediatamente comunicar-nos a fim de nos entendermos com o Exmo. Sr. chefe de polícia.[27]

Não parece ter surtido efeito a circular do arcebispo, pois Antônio Conselheiro continuou pregando, construindo e reformando igrejas e cemitérios. Em 1887, das 189 paróquias, somente 65 estavam com párocos efetivos, o que enfraquece qualquer ação mais efetiva de D. Luiz.[28] Ao invés de as pressões afastarem os sertanejos do peregrino, ocorre justamente o contrário. Diz o delegado de Itapicuru, em 10 de novembro de 1886, que toda "aquela multidão o tratava por Meu Pai. Os habitantes dos sítios e povoados por onde passava chamavam-no também Irmão Antônio, se bem que o nome de Conselheiro já fosse conhecido e afamado".[29]

A desobediência às ordens do arcebispo era causada não pela identificação dos padres com a pregação de Conselheiro, mas pela aceitação do fato consumado: o direcionamento religioso efetivo era dado pelo peregrino; era a ele que as multidões ouviam e seguiam. Uns buscaram a convivência pacífica para obter frutos políticos, como é o caso do cônego Borges, de Itapicuru;[30] outros para garantir a participação de Conselheiro nas construções e reformas dos cemitérios, igrejas e outras obras pias; e, finalmente, alguns estavam mais interessados nos assuntos terrenos do que nas questões espirituais. Os padres que resistiam à ação pastoral de Conselheiro temiam, como o arcebispo, que ele estivesse "perturbando as consciências e enfraquecendo, não pouco, a autoridade dos párocos".

É provável que a última vez que Antônio Conselheiro saiu da Bahia tenha sido em 1887. Informa João Brígido que o encontrou em Fortaleza, de onde ia para os sertões de Canindé para cumprir um voto que fez a São Francisco e "depois seguirei para onde me chamam os mal-aventurados".[31] Conselheiro deve ter ido a Canindé, interior do Ceará, onde a capela de São Francisco das Chagas, construída entre 1775 e 1796, atraía milhares de romeiros. Nesse mesmo ano, o arcebispo da Bahia voltou à carga, solicitando do presidente da província a internação de Antônio Conselheiro no Hospício D. Pedro II, no Rio de Janeiro, pois "está, há algum tempo, sob domínio de monomania religiosa, que o impele a pregar doutrinas subversivas entre as populações que percorre, fazendo com isso um grande mal à religião e ao estado, a ponto de distrair a muitos de suas ocupações, arrastando-os após si e pregando-lhes a desobediência às autoridades constituídas, o que é uma constante ameaça à ordem e tranquilidade pública nos sertões desta província, infelizmente ainda muito incultos". Para o presidente da província, com "a admissão do infeliz monomaníaco no Hospício de Alienados" cessaria "o estado de perturbação moral e material em que se acha grande parte do povo do interior desta Província".[32]

Apesar da ênfase do pedido, o ministro dos Negócios do Império, barão de Mamoré, rejeitou o envio de Antônio para o Hospício D. Pedro II, alegando não haver lugar disponível. Sugeriu que fosse internado no Asilo de Alienados de Salvador. Com a negativa do ministro, encerrou-se mais uma tentativa de aprisionamento do peregrino, a última durante o Império.[33]

No mesmo ano, provavelmente atraída pela troca de correspondência entre o presidente da província da Bahia e o ministro dos Negócios do Império, a *Folhinha Laemmert*, do Rio de Janeiro, publicou uma notícia descrevendo Conselheiro como um indivíduo "que exerce grande influência no espírito das classes populares; servindo-se de seu exterior misterioso e costumes ascéticos, com que se impõe à ignorância e à simplicidade". Diz que "deixou crescer a barba e os cabelos, veste uma túnica de algodão e alimenta-se tenuamente, sendo quase uma múmia. Acompanhado de duas professoras, vive a rezar terços e ladainhas, a pregar e dar conselhos às multidões que reúne onde lhe permitem os párocos; e movendo sentimentos religiosos, vai arrebanhando o povo e guiando-o a seu jeito. Revela ser homem inteligente, mas sem cultura".[34]

Em 1888, Durval Vieira de Aguiar, oficial da polícia baiana, encontrou o peregrino em Monte Santo:

> Quando por ali passamos achava-se na povoação o célebre Conselheiro, sujeito baixo, moreno, acaboclado, de barbas e cabelos pretos e crescidos, vestido de camisolão azul, morando sozinho em uma desmobiliada casa onde se apinhavam beatas e afluíam os presentes com os quais se alimentava. Esse sujeito é mais um fanático ignorante do que um anacoreta, e sua ocupação consiste em pregar uma incompleta moral, ensinar rezas, fazer prédicas banais, rezar terços e ladainhas com o povo; servindo-se para isso das igrejas, onde, diante do viajante civilizado, se dá um irrisório espetáculo, especialmente quando recita um latinório que ele nem os ouvintes entendem. O povo costuma afluir em massa aos atos religiosos do Conselheiro, a cujo aceno cegamente obedece, e resistirá, ainda mesmo a qualquer ordem legal, por cuja razão os vigários o deixam impunemente passar por santo, tanto mais quando ele nada ganha, e, ao contrário, promove extraordinariamente os batizados, casamentos, desobrigas, festas, novenas e tudo o mais em que consistem os vastos rendimentos da igreja. Nessa ocasião havia o Conselheiro concluído a edificação de uma elegante igreja no Cumbe, onde, a par do movimento do povo, mantinha ele admirável paz.[35]

Nesses três documentos – dada a sua importância foi necessário transcrevê-los integralmente –, um oficial, a solicitação de Bandeira de Melo; outro, uma notícia publicada na Corte; e o depoimento de Aguiar, é possível compreender como Antônio Conselheiro era visto pelo Estado e pelas camadas intelectualizadas. A população é ignorante, inculta e "considerada simples". O Conselheiro pregava doutrinas subversivas que, sintomaticamente, eram compreendidas pela população apesar de ele ser, segundo esses informantes, um fanático religioso, monomaníaco, sem cultura, reconhecendo-se somente a sua inteligência.

A chave que pode explicar a encarniçada perseguição ao peregrino – afinal, existiram vários beatos no Nordeste sem que tenham sido punidos pelas autoridades – pode ser encontrada no perigo concreto representado pelas pregações. Como dizem os documentos, "o mal à religião e ao Estado, a desobediência às autoridades, a ameaça à ordem e à tranquilidade, distraindo os sertanejos das suas ocupações e, inclusive, podendo-os guiar". O barão de Jeremoabo descreve o momento da abolição da escravatura relacionando-o com as pregações do Conselheiro e a desorganização do trabalho. Diz o barão que

> com a abolição do elemento servil ainda mais se fizeram sentir os efeitos da propaganda pela falta de braços livres para o trabalho. A população vivia como que em delírio ou êxtase e tudo quanto não fosse útil ao inculcado enviado de Deus, facilmente não se prestava. Os cemitérios e capelinhas eram construídos com materiais carregados na cabeça ou puxados por pessoas do povo na distância. Assim foi escasseando o trabalho agrícola [...].[36]

No relatório do vice-presidente da província, de abril de 1889, há um alerta de que cabe ao poder público a tarefa de "evitar a vagabundagem" e que entre os ex-escravos "não se firmou a convicção que é pelo trabalho que podem e devem cooperar para a grandeza da Pátria [...], deu-se em algumas fazendas por eles abandonadas, perturbação no trabalho".[37] Nesses anos (1888-1889), a Bahia passava por mais um período de seca, obrigando o poder público a dar trabalho aos flagelados na construção de açudes, estradas e cemitérios, para diminuir a tensão social.

Em outras palavras, Antônio Conselheiro dava um sentido à vida dos sertanejos, demonstrando no dia a dia os limites do poder autocrático do Estado, da Igreja e dos latifundiários e, mais ainda, a possibilidade de superação dessa ordem social. Não há uma pregação política no sentido da tradição revolucionária ocidental tributária da Revolução Francesa, nem existe um problema simplesmente econômico devido à desorganização do trabalho, mas é a prática cotidiana que coloca a religião como elemento aglutinador da comunidade, superando qualquer interpretação fragmentada da realidade.

As relações com alguns membros do clero não entram em conflito com essa visão de mundo, pois à Igreja foram reservados somente os atos formais da religião (batizados, casamentos etc.). É nas pregações do peregrino que se desenha o mundo novo: ele é o líder a quem o "povo cegamente obedece", que pode "guiá-lo", e aí está a doutrina subversiva. A lembrança de Isaías (65, 17-23) é inevitável:

> Vejam! Eu vou criar um novo céu e uma nova terra. As coisas antigas nunca mais serão lembradas, nunca mais voltarão ao pensamento. Por isso, fiquem para sempre alegres e contentes, por causa do que vou criar. [...] Construirão casas e nelas habitarão, plantarão vinhas e comerão seus frutos. Ninguém construirá para outro morar, ninguém plantará para outro comer, porque a vida do meu povo será longa como das árvores, meus escolhidos poderão gastar o que suas mãos fabricarem. Ninguém trabalhará inutilmente, ninguém gerará filhos para morrerem antes do tempo, porque todos serão a descendência dos abençoados de Javé, juntamente com seus filhos.

Religião e poder

O choque entre Antônio Conselheiro e a Igreja ocorria no momento em que esta sofria fortes ataques dos liberais, críticos da união Estado-Igreja, garantida pela Constituição de 1824. Por outro lado, a Igreja, seguindo as determinações do Concílio Vaticano I, empenhava-se em clericalizar todos os atos religiosos, alicerçando-os no "modelo de Igreja inspirado no Concílio de Trento, com ênfase na autonomia em relação ao poder civil e no fortalecimento do poder hierárquico". Era necessário também "substituir suas crenças [do povo] devocionais, de cunho marcadamente familiar, por expressões religiosas de caráter mais clerical, com ênfase no aspecto sacramental". Assim, tornam-se fundamentais "frequentes visitas pastorais à diocese, promoção das sagradas missões e divulgação de novas devoções piedosas".[38]

O missionário passou a ser um importante instrumento da Igreja para enfrentar os beatos e as formas de religiosidade popular. Vindos em sua maioria do exterior, não conseguiam entender a complexidade do mundo sertanejo e, apesar da afluência de milhares de fiéis às predicações, após a saída da "santa missão" a vida das comunidades voltava ao normal. A ênfase na pregação escatológica servia mais para impor pelo terror as determinações do missionário que para demonstrar a possibilidade de construir um novo mundo segundo os preceitos bíblicos. Vale citar o capuchinho João Batista de Cingoli:

> Esse dia há de vir infalivelmente e a esse juízo ninguém escapará. Talvez não tarde muitos anos; se o Anti-Cristo não anda no mundo, andam já os seus precursores a preparar-lhe o caminho; os inimigos do Apocalipse parecem que estão quase desenvolvidos; tudo vai mostrando próximo este dia.[39]

A dissociação dos missionários do mundo sertanejo pode ser ilustrada pela descrição que o frei João Evangelista Monte Marciano – que também esteve em Canudos em 1895, como veremos no Capítulo 2 – faz do paraíso:

> [...] a formosíssima cidade estava disposta em amplo quadro; de cada lado duas muralhas, assentadas sobre fundamentos de preciosas pedras; três magníficas e grandiosas portas cuja resplandecência porfiava a nitidez mais pura do cristal, incrustadas em doze raras e peregrinas pedras. Luxuosos palácios cujas linhas arquitetônicas ondeavam garbosamente, perdendo-se esses traços luminosos, no fundo azul do firmamento matizado de estrelas; espaçosas ruas ladeadas de árvores frondosas, cujas extremidades assentavam sobre escarpas de ouro finíssimo. Eterno Sol de Justiça, banhando com sua luz fulgurante as pupilas de seus felizes habitantes [...], na face dos seus cidadãos o júbilo, a consolação, o contentamento, porque todos estão arrebatados pela visão de Deus.[40]

Esse sermão demonstra que as referências históricas, geográficas e até religiosas dos missionários estavam distantes do cotidiano do sertanejo. Se o objetivo do sermão era descrever as delícias do paraíso, a abundância de bens inacessíveis, em vida, ao fiel, é difícil saber se obteve os resultados desejados, pois no mundo sertanejo inexistiam grandes cidades, cercadas por altas muralhas (tal qual a cidade medieval europeia), portas incrustadas com pedras, luxuosos palácios e ruas ladeadas de árvores frondosas.

Os missionários organizavam durante as "santas missões" a queima pública dos objetos que simbolizavam a vaidade humana. A chegada da missão transtornava a vida da comunidade, em vez de a religião romana estar integrada à vida sertaneja. Para o fiel,

> agora é tempo da gente se arrepender, meu Deus! [...] A multidão se reunia de tarde. As manhãs, até a hora do almoço, eram ocupadas pelos frades em receber confissões e donativos. À hora da penitência todos se dirigiam para o ponto marcado. Aí os frades chegavam, com a enorme cruz negra na frente. Organizava-se o préstito na plangência da ladainha tirada pelos frades e entoada pela multidão. Depois, esta, tomada de frenesi, começa a clamar "Piedade, Senhor...". Gente se ajoelhava na estrada, metia a cabeça na areia, soluçava alto".[41]

A periodicidade das "santas missões" na segunda metade do século XIX acentuou o enfrentamento com o beato, que, na prática, desempenhava a função do missionário sem ter qualquer vínculo institucional com a Igreja católica, além de sua presença não alterar o ritmo de vida da comunidade, pois a sua pregação, na maioria das vezes, era compatível com a complexidade do mundo sertanejo. Em outras palavras, o beato é uma das manifestações da religiosidade sertaneja. Com seu exemplo de vida, radicaliza a vivência da fé. Ao contrário do missionário – que é uma presença estranha na comunidade, usa linguagem pouco compreensível e exemplos que causam espécie nos fiéis[42] –, o beato é um sertanejo, vive seus problemas e prega uma religião que é transcendente sem deixar de ter relação direta com a vida cotidiana.

A penitência, outro componente importante no cristianismo brasileiro, acentuava-se nos momentos de secas, epidemias, revoluções e calamidades públicas em geral. Curiosa era a presença da festa como uma contrapartida da expiação numa simbiose do sagrado com o profano, a exemplo da festa de São Gonçalo do Amarante, onde dançava-se toda a noite na igreja do santo, seguindo uma tradição originária desde os primeiros séculos do cristianismo, quando era comum dançar nas igrejas durante os cultos. No século IV, São Basílio Magno, temeroso dos efeitos sensuais da dança, criticava a participação das mulheres:

> Elas... atraem desavergonhadamente sobre si a atenção de qualquer homem. Cabelos desgrenhados, vestidas de miniblusas, pulando e rodopiando, dançam de olhos cobiçosos e dando estridentes risadas; como que tomadas de frenesi, excitam a concupiscência dos jovens. Executam danças de roda nas igrejas e junto aos túmulos dos mártires.[43]

O penitente flagelante é muito comum nessa época no Nordeste.[44] Durante as santas missões, os frades davam o exemplo: lideravam a procissão – geralmente à noite – e, aos brados de "misericórdia, misericórdia", açoitavam-se com um látego com pontas de ferro, causando grande impacto nos fiéis. Outros penitentes acompanhavam a procissão, alguns coroados de espinhos, com as costas nuas marcadas pelo sangue que escorria em profusão.

Em algumas regiões havia companhias de penitentes que reuniam dezenas de fiéis à noite, flagelando-se às portas das igrejas, capelas e cemitérios. Alguns percorriam a cidade e todas as janelas das casas fechavam-se em sinal de respeito. Na manhã seguinte, ficavam registradas nas calçadas, e principalmente nas proximidades da igreja matriz, as marcas de sangue dos penitentes. Outros preferiam encostar o corpo nas paredes da igreja para registrar devoção ao Nosso Senhor.

A flagelação é entendida como um elemento importante para alimentar as almas, que além das orações recebem o sangue derramado pelos penitentes. Com isso, concedem uma proteção espiritual (a boa morte) e auxílios materiais (proteção aos negócios, contra os adversários locais e uma vida feliz). Os flagelantes sempre são homens; as mulheres somente assistem ao ato, geralmente a distância.

Onde existem grupos de penitentes são organizados rituais em que o fiel veste uma espécie de saia branca que receberá o sangue, expondo publicamente os efeitos da flagelação e deixando o dorso nu. Na mão direita, mantém um cordão de couro com fragmentos de lâmina de faca.

Alguns religiosos, como D. Antonio Viçoso, bispo de Mariana, usavam um cilício com várias pontas, e o bispo de Mariana acrescentava suplícios não usuais, como o café amargoso e uma enorme quantidade de pulgas e percevejos no seu catre, segundo o seu biógrafo.[45]

As maiores procissões ocorriam durante a Semana Santa, rememorando o drama de Jesus Cristo e encerrando a Quaresma, quando ocorriam de forma mais intensa os flagelos e outros atos de fé. Na Quinta-Feira e Sexta-Feira da Paixão, as famílias viviam o martírio de Cristo como algo presente, com intenso fervor religioso.

A presença cotidiana da morte e o desejo de salvação transformam a relação dos vivos com os mortos. Na região do Cariri, no Ceará, era costume açoitar o defunto pesado, pois acreditava-se que o peso corporal era proveniente dos pecados. Outras vezes, o cadáver era exposto em desfile público, acompanhado ao som de uma banda de música e pelo espocar de rojões.

Por ocasião do período de secas ou repiquetes, as comunidades usavam diversos artifícios para solicitar a interferência divina. Uns apoderavam-se da imagem de um santo de uma casa da comunidade, só a devolvendo após o fim do inverno, depois da colheita, em ato festivo acompanhado de músicas e rojões. Em outras comunidades, realizavam-se inúmeras procissões pedindo a intermediação da Virgem Maria.[46]

Foi nesse universo religioso que durante três décadas se destacou a figura do padre José Antônio de Maria Ibiapina. Nascido em Sobral, Ceará, em 1806, formou-se em direito e foi designado Juiz de Direito da comarca de Quixeramobim, onde conheceu a família de Antônio Conselheiro. Um ano depois, eleito deputado, cumpriu o mandato até 1838. Instalou-se no Recife e advogou até 1850. Viúvo, abandonou a advocacia, distribuiu seus bens e isolou-se durante três anos. Foi ordenado padre em 1853, passando a dar aulas no seminário de Olinda. Dois anos depois, resolveu abandonar Recife e iniciar uma longa jornada de 28 anos como missionário pelo sertão.

Organizou a construção de 22 casas de caridade, hospitais, açudes e escolas, transformando-se em uma lenda para o sertanejo. Durante a grande seca de 1877-1879, auxiliado pelas mulheres que cuidavam das casas de caridade, desempenhou papel relevante no atendimento aos flagelados. Para ele,

> estar na crise penosa com sinceridade é grande bem de Deus, é como se estivéssemos na véspera do martírio; que martírio será morrer à fome, ver morrer os filhos caros sem poder com lágrimas adoçar os lamentos da fome e a morte penosa. Mais viva o bom Jesus, que nos sacrificaremos resignados porque foi de seu agrado que assim acabássemos no meio de um quadro tão doloroso.[47]

Ibiapina foi considerado precursor de Antônio Conselheiro e dos beatos do fim do século XIX no Nordeste. Nada mais equivocado, pois sua ação se aproxima da dos missionários das ordens religiosas, com a diferença de realizar numerosas obras permanentes que serviam para minorar os sofrimentos dos sertanejos. A manutenção dos vínculos com a Igreja romana sem atritos com seus superiores, a aceitação da estrutura econômico-social da região e a ausência de conflitos com o poder estabelecido distanciam-no do fundador de Canudos, como veremos adiante.

Nesse momento, os beatos são perseguidos pelo processo de romanização do clero brasileiro, mas, da mesma forma que Paulo não consultou ninguém nem foi a Jerusalém para anunciar o Evangelho (Gl 1,15-17), os beatos pregam o regime novo do espírito (Rm 7,6) distantes do controle efetivo da Igreja. A desqualificação, as ameaças e a solicitação de repressão estatal os colocam entre dois caminhos: a subordinação ao clero ou a afirmação da religiosidade plena e autônoma.

A Igreja romana permitia a espiritualidade com ênfase na "importância do afastamento das preocupações humanas como condição para se iniciar a subida da montanha da santidade, através da imitação de Cristo". Isso distanciava, mas mantinha no seio da Igreja os padres que tivessem uma ação semelhante à de Ibiapina, excluindo qualquer convivência com os beatos. D. Macedo Costa, bispo do Pará, sintetiza com perfeição a nova política da Igreja: "Nas coisas da religião o bispo ordena, os fiéis obedecem".[48]

Frente à religiosidade sertaneja, as pesquisas universitárias insistem em defini-lo como um catolicismo rústico, valendo-se da expressão "civilização rústica brasileira", desenvolvida por Antonio Candido. Segundo ele, "o termo 'rústico' é empregado aqui não como equivalente de *rural*, ou de *rude*, *tosco*, embora os englobe. Rural exprime sobretudo localização, enquanto ele pretende exprimir um tipo social e cultural, indicando o que é, no Brasil, o universo das culturas tradicionais do homem do campo: aquelas que resultaram do ajustamento do colonizador português ao Novo Mundo, seja por transferência e modificação dos traços de cultura original, seja em virtude do contato com o aborígine".[49]

Maria Isaura Pereira de Queiroz considera que, apesar "de se poder distinguir no Brasil uma religião oficial e uma religião popular, o catolicismo brasileiro forma um conjunto integrado. Não há separação nítida entre suas variantes". O catolicismo brasileiro, segundo a autora, foi caracterizado pela "quantidade mínima de sacerdotes e falta de conhecimentos religiosos". O sincretismo com os cultos africanos "foi um fenômeno urbano; no campo, os cultos africanos desapareceram quase por completo, pois faltava-lhes um contexto social propício [...]. O sincretismo com as religiões indígenas não foi muito importante". O catolicismo rústico "sofreu influências fundamentais de dois fatores: o catolicismo popular português e a falta de sacerdotes". Para Queiroz,

> o caboclo brasileiro não habita em aldeias senão raramente; constrói sua casa nas terras que cultiva, e mora isolado de seus vizinhos. Cada família tem vida econômica independente; um conjunto delas forma o grupo de vizinhança que, na zona paulista, em parte das zonas mineira e paranaense, recebe o nome de "bairro rural".

A função do catolicismo na sociedade rústica brasileira

> é antes social do que propriamente religiosa [...]. Falta a este catolicismo um papel religioso bem definido, de onde o caráter subsidiário do aperfeiçoamento espiritual e moral neste contexto [...]. Assim, na religião rústica brasileira, moralidade e espiritualidade não são buscadas em si mesmas, mas pela utilidade que têm em assegurar uma existência mais tranquila e mais agradável no grupo todo de vizinhança.

Conclui afirmando que estamos

> diante de um tipo de organização religiosa que pertence realmente ao passado, malgrado ainda o encontremos vigente e resistente em muitas regiões. Veio do passado até nós, mas persiste preso indissoluvelmente ao passado, uma vez que não apresenta perspectivas abertas para o futuro [...]. À medida que os efeitos da urbanização se espalham, as religiões oficiais se reforçam e se estruturam de maneira mais vigorosa, contrastando com a fluidez e a indeterminação da religião rústica brasileira.[50]

O conceito de catolicismo rústico desqualifica as formas de religiosidade sertaneja, pois rústico pressupõe a existência de um catolicismo mais elaborado, adotado pela classe dominante, e outro de qualidade inferior, produto da "falta de conhecimentos religiosos". Há uma nítida distinção entre a religiosidade popular e o catolicismo oficial da Igreja Romana. Tanto não há integração, como pensa Maria Isaura Pereira de Queiroz, que o processo de romanização paulatinamente extinguiu ou controlou todas as manifestações religiosas existentes no Brasil: são dois mundos diferentes e que compreendem a religião de forma distinta.

O sincretismo com as religiões africanas e indígenas parte do pressuposto do predomínio inconteste do catolicismo, que, de forma marginal, incorporou alguns preceitos das religiões dos dominados. Esse equívoco, repetido *ad nauseam* nas interpretações do catolicismo brasileiro, parte do pressuposto de que uma conquista espiritual submeteu as religiões africanas e indígenas. Na verdade, torna-se difícil identificar os traços exclusivamente europeus no catolicismo praticado principalmente pela população pobre. Em vez de um catolicismo sincrético, adotamos uma religião que associa diversas heranças. Com o passar do tempo, estruturaram um corpo doutrinário que se expandiu através de uma prática religiosa de transmissão oral, e não mediante a linguagem culta dos padres e bispos. A preservação dessas religiões sob formas não tão visíveis, associada com a permanente criação/recriação do cristianismo, deu à religião sertaneja uma especificidade que a distancia do catolicismo romano ou ibérico.

O retrato do sertanejo nordestino em nada se assemelha ao caboclo brasileiro exposto por Maria I. P. de Queiroz, assim como o conceito de bairro rural não se aplica ao sertão, onde o latifúndio, o coronelismo, a seca e a escassez permanente de recursos para explorar a terra criaram uma ordem social que aprisionou o destino do sertanejo. Daí a dificuldade no entendimento da religião, que, em vez de ter um caráter subsidiário, é o elemento central da vida sertaneja. Assim, não estamos diante de uma religiosidade do passado sem perspectiva de futuro. Ao contrário, a indiferença frente ao catolicismo romanizado – que, como veremos, em alguns momentos chega à hostilidade – e a permanência de uma visão de mundo integralizante demonstram a organicidade da religiosidade sertaneja, sua visão de totalidade.

Por outro lado, Pablo Richard, teólogo identificado com a Teologia da Libertação, lembra que "nos movimentos sociais de tipo popular messiânico [...], a religião se mistura ao protesto social [...]. O fato de a religiosidade popular servir de expressão às insurreições de caráter popular [...] coloca o problema da ambiguidade da religião como protesto e alienação".[51] Richard entende a religião somente como manifestação restrita a uma parte da existência humana, dissociada do conjunto da vida. Lembra a excepcionalidade de a religião também servir como instrumento dos dominados na luta política, como se fosse um instrumento dos camponeses no estágio pré-político.

Assim, Richard ataca a romanização do clero, considerando os novos bispos "alheios à realidade latino-americana". Cabe perguntar como os antigos bispos estavam sintonizados à nossa realidade, ou se a crítica à romanização encobre uma oposição da Teologia da Libertação, a centralização atual da Igreja católica nas mãos do papa. Em outras palavras, a suposta identificação dessa corrente teológica com o cristianismo brasileiro, anterior às reformas de Pio IX (1846-1878), desconsidera o elemento central: a profunda espiritualidade, a visão totalizante da religião e a inexistência de uma autoridade formal. Ou seja, mantém o desprezo pelo sagrado popular de forma muito semelhante aos defensores da romanização. Para o sertanejo, a religião não é apenas um instrumento de transformação social, mas a fonte inspiradora de um mundo novo.[52]

Profetismo e beatismo

O beatismo brasileiro deve ser entendido como um elemento de continuidade da tradição profética judaico-cristã. Desde a época de Samuel (séc. xii a.C.) até os profetas do período heleno-persa (séc. iv a.C. a ii a.C.) a história dos hebreus é rica em exemplos de profetismo.[53] O dilema era saber o que Deus desejava do homem para libertá-lo da insegurança cotidiana que ameaçava sua sobrevivência. Além dos problemas políticos – Israel foi dominado por vários impérios da região do Crescente Fértil –, as dificuldades impostas pela natureza, principalmente a escassez de chuvas, tornam-se presença constante nas palavras dos profetas, como em Oseias (14, 6-8), entre tantos outros exemplos:

> Serei como orvalho para Israel; ele florescerá como lírio e estenderá raízes como o cedro do Líbano. Seus galhos crescerão, seu esplendor será como da oliveira e seu perfume como o cedro do Líbano. Voltarão a sentar-se à minha sombra, farão reviver o trigo, florescerão como videiras e serão famosos como o vinho do Líbano.

A relação dos profetas com os sacerdotes é de conflito permanente. Os profetas

> tinham a percepção dos laços estreitos que ligavam o culto a toda a existência do povo. Se criticavam a sua frequência na liturgia, era porque tinham constatado que ele se tornara estéril, isto é, que o culto não transformava mais a vida das pessoas como devia fazê-lo. Ezequiel exprimiu esta ação transformadora do culto, entendida muito além do santuário (Ez 47).[54]

Em Isaías, Deus repudia o formalismo da religião: "O Senhor disse: esse povo se aproxima de mim só com palavras, e somente com os lábios me glorifica, enquanto o seu coração está longe de mim. O culto que me prestam é tradição humana e rotina" (Is 29,13).

O êxtase profético de um Deus disposto ao diálogo é relatado como uma possessão divina, como um transe: "Então o espírito de Javé virá sobre você, e também você entrará em transe com eles e se transformará em outro homem" (1Sm 9,6). Pobremente vestidos com um manto de pele animal (Zc 13,4), em determinadas épocas vivendo em comunidades de profetas (1Sm 19,9), revelam não só a ira divina, mas um Deus conselheiro: "... ele é maravilhoso para dar conselhos e grandioso em sabedoria" (Is 18,29).

A tradição cristã mantém o profetismo como um dos seus componentes, particularmente nos primórdios do cristianismo, além de incorporar outros, como o ideal do martírio. O cristão "acreditava firmemente que quem morresse como mártir no testemunho de Cristo estaria na glória de Deus". Portanto, o

> mártir cristão sente-se interiormente livre para abraçar os suplícios e a morte, de tal modo que tudo se transforma para ele não só em uma nova possibilidade, mas na esperançosa certeza de ele se encontrar em Deus [...]. Por isso ele é capaz na hora do martírio de entoar hinos, de estar cheio de alegria e contentamento como se fora convidado para uma festa.[55]

Depois da fase das perseguições dos romanos e com o processo de institucionalização da Igreja, intensificado após o Concílio de Niceia (315), novos problemas despontam para o cristianismo, a exemplo da relação entre a Igreja e o Estado Romano, o convívio com o mundo secular, a sistematização dos dogmas e as diferentes formas de distanciamento do mundo.

A tradição milenarista e as formas religiosas de afastamento do mundo são combatidas pelos padres da Igreja. No século III, Orígenes apresenta "o reino como um acontecimento que teria lugar, não no espaço ou no tempo, mas apenas nas almas dos crentes. Orígenes substituiria uma escatologia coletiva e milenarista por uma escatologia da alma individual". No início do século V, Santo Agostinho considerava que "o Apocalipse deveria ser interpretado como uma alegoria espiritual; e quanto ao Milênio, ele tinha começado na origem do cristianismo e estava plenamente realizado na Igreja".[56]

A Igreja não vê com bons olhos os religiosos errantes que surgem em grande número no fim do século IV. Com túnicas em farrapos, longas barbas e cabelos, percorriam as cidades e campos pregando o Evangelho. Grande parte desse surto monaquista deve ser creditada à obtenção da liberdade pelo escravo que se tornava monge e também pelo afastamento das tarefas cotidianas identificadas com o trabalho compulsório. Por outro lado, deve ser lembrado o desejo dos monges de viver a religiosidade de forma radical, renunciando aos bens terrenos, inclusive negando a Igreja como instituição do mundo secular. O amor a Deus acima de todas as coisas, o nomadismo e a renúncia dos bens materiais são o ideal do monge que tem como paradigma a vida dos apóstolos (*imitatio vitae apostolorum*).

Durante a Alta Idade Média, são raras as manifestações messiânicas ou milenaristas no interior da Igreja. Com Joaquim de Fiore (1145-1202), eremita calabrês, rompe-se a tradição de que o milênio estava fora da dimensão do tempo humano. Apesar de condenado em alguns concílios regionais, Fiore influencia papas e reis. Para ele, a história estava dividida em três épocas: a primeira ia de Adão ao nascimento de Cristo; a segunda começava com Cristo e o fim estava próximo, apesar de não indicar claramente quando iniciaria a terceira época. Nas suas interpretações,

> Joaquim não tomou em conta o fim da história, senão a sua consumação durante a terceira época [...]. Era destino da humanidade uma sociedade religiosa pura, em que todos leriam as Escrituras com "novos olhos", revelando em plenitude o plano de Deus [...]. Joaquim resumiu sua visão quando disse em *Liber Concordie* que "... a terceira (época) será a idade do Espírito Santo, de quem o Apóstolo disse: Onde está o espírito do Senhor há liberdade".[57]

O longo período desde a constituição do cristianismo até os tempos modernos transformou a religião em uma ideologia justificadora da ordem social. Nesse processo foram se desfazendo as raízes fundadoras da religião que não se constituiu para enfrentar os dilemas de uma sociedade de classes. Quanto mais distante do mistério criador da nova fé, maiores as tentativas de racionalizá-lo, de adaptá-lo a uma determinada conjuntura histórica, redundando no distanciamento da religiosidade originária. O passado foi se transformando em um estorvo que necessitava ser removido, permitindo a reprodução de uma religiosidade burocrática paradoxalmente cada vez mais secular, mais distante do sagrado.

A busca da racionalidade da fé, já presente em Paulo (At 17,16-34), é um fator permanente na história do cristianismo. A expansão da religião entre as camadas cultas do Império Romano obrigou os padres da Igreja a enfrentarem o desafio de se confrontarem com a filosofia grega, aceitando inclusive os seus paradigmas: Santo Agostinho e São Tomás de Aquino, apesar da distância no tempo histórico, são os maiores representantes dessa tendência.

Desde o início do cristianismo, os surgimentos das heresias apontam para uma experimentação concreta da fé. As utopias heréticas se transformam em momentos de materialização do futuro, onde a comunidade, com todas as limitações históricas, viabilizava seu projeto de vida, dando ao mundo um sentido: o da salvação. A construção dessas utopias – que muitas vezes se estenderam durante décadas – tornava suportável a vida para os pobres e miseráveis. O sinal de um novo tempo conduzia a comunidade para uma fé dinâmica, entrelaçada com a vida cotidiana, em que amar o Senhor deixava de ser fórmula vazia, constituindo-se em sinônimo de transformação social. Aí residia o maior perigo para os dominantes: a fé, em vez de estar congelada, distante da vida, é o agente da mudança, pois a plenitude religiosa não se coaduna com a dissociação entre os mundos secular e sagrado.

Não é possível limitar dentro dos parâmetros oficiais da Igreja a inquietude religiosa e a busca incessante dos mistérios da fé. A instituição Igreja secularizou-se rapidamente: em vez de *estar* no mundo, passou a *ser* do mundo. Cada vez mais foi se ampliando a distância entre vida terrena e vida eterna: os nexos entre uma e outra foram banalizados.

A fé mística – como a dos beatos e profetas – é uma dura crítica à trivialidade dos rituais e sacramentos, ao automatismo das cerimônias e à predominância do aparato decorativo no culto. Na busca de Deus, o fiel encontra na Igreja institucionalizada um obstáculo para a salvação, apesar dos esforços seculares de transformá-la em um instrumento da vontade do Senhor.

Assim, o processo de evangelização do Brasil não deve ser dissociado da tradição judaico-cristã. Ele se desenvolve no momento mais candente da Contrarreforma católica, quando a Igreja está subordinada ao Estado através da instituição do Padroado, que consistia "no direito de administração dos negócios eclesiásticos, concedido pelos papas aos soberanos portugueses. Acresce ainda que, em 1522, o papa Adriano conferiu a D. João III a dignidade de Grão-Mestre da Ordem de Cristo, transmitida em seguida aos seus sucessores no trono". Assim, os reis de Portugal tornaram-se "os chefes efetivos da Igreja do Brasil por duas razões convergentes: pelos direitos de Padroado e pelo título de Grão-Mestre da Ordem de Cristo. Este último título conferia aos reis de Portugal também o regime espiritual, devendo, portanto, zelar pela vida cristã nas colônias portuguesas".[58]

O catolicismo oficial, controlado pela Igreja no Brasil colonial, ficou restrito a um pequeno número de fiéis. Para a maioria da população, a religião deveria servir para auxiliar a reprodução da comunidade. Lembra Davidson que os santos

> eram aceitos não como modelos de vida cristã – o que era a intenção da Igreja –, mas como representantes da comunidade, com poderes para protegê-la e curá-la [...]. As estátuas dos santos não eram vistas como elementos auxiliares da devoção, mas como objetos a serem usados nos rituais para demonstrar a inquietação da comunidade.[59]

A cristianização do indígena no Brasil segue o modelo clássico da atividade evangelizadora que, por razões práticas, sempre teve de se adaptar ao contexto histórico no qual atuava. Manuel da Nóbrega aproveita do vocábulo trovão (em tupi, Tupã) para evocar Deus: "*Esta gentilidad a ninguna cosa adora, ni conocen a Dios, solamente a los truenos llaman Tupane, que es como quien dice cosa divina. Y asi nós no tenemos oiro vocablo más conveniente para los traer a conocimiento de Dios que llamarle Padre Tupana*".[60] O mesmo Nóbrega, numa carta de 1552, sugeria conservar alguns hábitos dos indígenas, desde que não contrariassem o catolicismo: "… e isto para os atrair a deixarem os outros costumes essenciais e, permitindo-lhes e aprovando-lhes estes, trabalhar por lhes tirar os outros, e assim pregar-lhes, a seu modo, em certo tom, andando, passeando e batendo nos peitos, como eles fazem quando querem persuadir".[61]

A busca de referenciais indígenas associados com o cristianismo visando facilitar a evangelização está presente em vários momentos da história do catolicismo no Brasil. O mesmo processo ocorreu durante a evangelização da Europa Ocidental quando heróis pagãos foram incorporados ao panteão cristão: o matador de dragão em São Jorge, o deus da tempestade em Santo Elias, deusas da fertilidade em santas ou na Virgem Maria. Segundo Mircea Eliade,

> pode-se dizer que uma parte da religião popular da Europa pré-cristã sobreviveu camuflada ou transformada nas festas do calendário ou no culto dos Santos. A Igreja teve de lutar por mais de dez séculos contra o contínuo afluxo de elementos pagãos (isto é, elementos pertencentes à religião cósmica) nas práticas e nas lendas cristãs. O êxito dessa luta encarniçada não foi muito grande sobretudo no sul e sudeste da Europa, onde o folclore e as práticas religiosas das populações rurais ainda apresentavam, em fins do século XIX, figuras, mitos e rituais da mais remota antiguidade, e mesmo da pré-história.[62]

O panorama religioso no Brasil não se alterou com a Independência. D. Pedro I substituiu o rei de Portugal, passando a controlar a Igreja, pois dispunha o artigo quinto da Constituição de 1824: "a religião Católica Apostólica Romana continuará a religião do Estado". Durante a Regência (1831-1840) desencadeou-se um movimento liderado por Diogo Antônio Feijó, padre e regente do Império, que pretendeu ampliar a distância da Igreja brasileira do controle da Cúria romana, tendo como pretexto a polêmica sobre o celibato eclesiástico.

No Segundo Reinado, D. Pedro II, temeroso da influência política dos padres liberais – afinal, as eleições realizavam-se nas igrejas, local onde se reuniam os votantes –, escolhe bispos conservadores para as sedes episcopais, como é o caso de D. Viçoso, bispo de Mariana, que foi nomeado em grande parte devido ao apoio dado ao governo central quando da revolta liberal de 1842. Nessa época, a Santa Sé iniciou com Pio IX uma ofensiva para controlar a crescente autonomia das Igrejas nacionais, além de instituir várias medidas que reforçaram a autoridade política e religiosa do papa, como, entre outras, o dogma da infalibilidade papal (1871), a veneração pessoal do Sumo Pontífice e o dogma da Imaculada Conceição (1854). No Brasil, a centralização pontifícia aumentou a autoridade dos bispos sobre o clero secular e o clero regular. Muitas ordens religiosas foram incentivadas a vir ao Brasil para colaborar na reforma do clero nacional, como os redentoristas e os lazaristas. Também foram introduzidas novas devoções – como a do Sagrado Coração de Jesus –, que deveriam substituir aquelas existentes desde a colônia, mas fora do controle eclesiástico, promovendo a vinda de professores estrangeiros para os seminários e a ida de seminaristas para estudar na Europa.

A romanização da Igreja brasileira não permitiu uma relação harmônica com as práticas religiosas populares onde "convivia com a misteriosa presença de almas do outro mundo, num misto de respeito, piedade e medo; protegia-se com rituais que garantiam proteção contra doenças, animais peçonhentos, mau-olhado, quebranto, feitiço. Contra inimigos havia orações bravas, que não eram para ser rezadas, mas levadas ao pescoço, em bentinhos ou patuás, ou pregadas atrás das portas das casas". O padre "era relativamente pouco importante nesta religiosidade assentada sobre instituições e lideranças leigas; rezadores, benzedores, imagens milagrosas e objetos protetores tinham poder suficiente para resolver quase todas as situações".[63]

No cristianismo brasileiro a religião não é apenas um complemento da vida, com rituais e sacramentos previamente determinados, em que a rotina substitui a comunhão com Deus. O espaço da religiosidade sertaneja foi limitado pelo racionalismo doutrinário imposto pela romanização. O Deus vivo foi substituído pelo Deus morto. Cristo foi afastado do mundo, transformado em uma imagem. A alegria e os tormentos da fé são deslocados pelos rituais romanos que tentam domesticar o cristão, mas a vida religiosa manteve seu próprio movimento, independentemente da

Igreja e da hierarquia. Isso não significou que houvesse oposição entre os fiéis e o padre: a função sacerdotal continuava sendo exercida pelo padre, só que ele não representava o elemento central na religiosidade da comunidade.

A relação com Deus, diferentemente do catolicismo romano e do protestantismo, não era direta nem mediada pelo padre ou pelo pastor. Os santos eram os intermediários entre o fiel e Deus, daí a relação de cumplicidade entre o devoto e o seu santo protetor. Atribui-se enorme importância ao impulso religioso pessoal, o que historicamente foi motivo de desavença com a Igreja católica, pois possibilita uma vida religiosa distante do controle da hierarquia eclesiástica: para o clero, fé é sinônimo de doutrina e de Igreja.

A Igreja lutou para domar a religiosidade autônoma, estendendo o seu domínio a todas as esferas do sagrado. A inquietude espiritual, a busca incessante de Deus, a impossibilidade de reduzir essa prática à rotina institucional da Igreja, a independência religiosa e a necessidade de liberdade transformaram os beatos – e o maior deles, Antônio Conselheiro – em pedagogos ambulantes, que associavam o pensamento à ação, a procura da paz interior à vivência radical da fé, o caminho à missão.

2
Os Frutos da Terra

Depois de 1889, Antônio Conselheiro continuou a percorrer cidades, vilas e arraiais, reformando igrejas e cemitérios, sendo cada vez mais ouvido pelos sertanejos e consolidando a sua liderança religiosa. Com a intensificação dos conflitos intraoligárquicos e a reorganização do Estado, o embate com os novos donos do poder era inevitável. Manuel Benício relata um incidente ocorrido na feira de Chorrochó ilustrativo da situação explosiva no sertão: todo vendedor devia pagar um imposto para expor seus produtos, além de outro tributo para pesar e vender as mercadorias. Os fiscais extorquiam o máximo dos sertanejos e chegaram a tentar cobrar cem réis de uma sertaneja pela porção de terreno onde exporia uma esteira avaliada pela vendedora em oitenta réis. À noite, em uma de suas costumeiras prédicas, o Conselheiro, que estava em Chorrochó, recordou o acontecimento que tinha causado grande revolta entre os feirantes: "Eis aí a República, o cativeiro, trabalhar somente para o governo. E a escravidão anunciada pelos mapas que começa. Não viram a tia Benta [a vendedora da esteira], é religiosa e branca, portanto a escravidão não respeita ninguem".[1]

Informa Aristides Milton que em 1892 foram enviadas três forças policiais para tentar prender o Conselheiro: uma com 35 praças da polícia, outra cujo número de componentes se desconhece e uma terceira com oitenta praças. Como nenhuma delas obteve resultado positivo, cresceu ainda mais o prestígio do peregrino.[2] No ano seguinte, em Bom Conselho, o Conselheiro queimou um edital de cobrança de impostos, e o juiz de direito da comarca, Arlindo Leoni, solicitou do governador do estado, Rodrigues Lima, uma ação policial contra a ação subversiva do líder religioso. Foi enviada outra força policial, que em Massetê (26 de maio), entre Cumbe e Tucano, atacou os conselheiristas sem êxito e foi repelida.[3] De acordo com o barão de Jeremoabo, "o comandante correu em fuga batida pelos matos e, espavorido e esbaforido, chegou à vila de Tucano sem boné, sem espada e com a farda em tiras".[4] Vale ressaltar que no mês anterior, em Nova Soure, em abril, dezenas de manifestantes protestaram contra os novos impostos e quebraram as tabuletas. O Conselheiro e seu séquito, passando pela cidade, acabaram se incorporando ao protesto. Em entrevista ao *Jornal de Notícias*, de Salvador, o barão de Jeremoabo comentou a manifestação:

> Uma horda de mais de 500 homens, carregados de armas de fogo, facões, cacetes e chucho, fora os índios de Mirandela, com arcos e flechas, percorreu as ruas com ameaças, insultos e impropérios, protestando que, se de novo fossem colocadas as tabuletas, seriam outra vez despedaçadas, e que ninguém, absolutamente ninguém, pagaria um real de imposto, porque não reconheciam e nem obedeciam as leis da República.[5]

Esses incidentes tiveram repercussão nacional. Machado de Assis comentou ironicamente em sua coluna semanal na *Gazeta de Notícias* que no interior da Bahia "um fanático anda aconselhando aos contribuintes que não paguem impostos. Já destroçou cinquenta policiais, matando alguns; marcharam contra ele forças de linha. Não deis a César o que é de César, tal é a máxima desse chefe de seita".[6] O governador Rodrigues Lima solicitou o apoio do governo central para combater os conselheiristas. Em telegrama enviado ao presidente Floriano Peixoto, o governador afirmou que

> tendo se manifestado um movimento sedicioso em alguns termos da comarca de Itapicuru, insuflado e dirigido por um fanático conhecido por

> Antônio Conselheiro que, reunindo grande número de criminosos, aconselha a população a não pagar impostos decretados pelos respectivos conselhos municipais, desacatando força policial que para ali tem seguido, a ponto de atacá-la, fazendo fogo sobre a mesma, ferindo e matando praças, solicita autorização do presidente para que o comandante do Distrito Militar ceda cem praças e oficiais "para a repressão a tais atentados, restabelecendo ordem naquela comarca".

Na Câmara Federal, César Zama atacou o governador pela solicitação de forças federais para reprimir o Conselheiro, lembrando que o Estado tinha um corpo policial de 1.600 praças, suficiente para manter a ordem pública. Artur Rios, aliado de Rodrigues Lima, justificou o pedido, pois era necessário "manter a ordem e fazer respeitar o princípio da autoridade" porque Antônio Conselheiro estava açulando os sertanejos a não "pagar impostos municipais, estaduais e gerais; aconselhou a resistência a essa população e conseguiu reunir em atitude de resistência não mil pessoas, como disse o telegrama, mas três mil pessoas, provocando assim grandes conflitos".[7]

Depois do quarto ataque em menos de dois anos, Antônio Conselheiro resolveu fundar um arraial, aproveitando sua experiência de excelente organizador de comunidades. Dada a situação política, não era mais possível continuar peregrinando pelo sertão. Chegara o momento de criar um arraial que permitisse congregar seus seguidores imediatos e também aqueles que sempre o admiraram, mas não podiam viver sem uma morada fixa. O historiador Edmundo Moniz, marcado pelo anacronismo histórico, preferiu considerar que "Antônio Conselheiro começou a dar corpo à ideia de fundar uma cidade comunitária, onde não houvesse discriminação nem privilégios. É provável que nessa época já tivesse lido *A utopia* de Tomás More [Thomas Morus]. Foi então que marchou para o norte em longa e penosa caminhada".[8]

A fundação

É difícil encontrar alguma explicação para a escolha de Canudos como o local para a edificação do arraial. Localizado "à margem do Vaza-Barris, numa região onde correm alguns afluentes do citado rio – os riachos Mamuquem, Umburanas, do Mota e da Providência e o rio Sargento. O pequeno povoado desfrutava de posição privilegiada. É que por ali passavam as estradas do Cambaio, do Calumbi ou do Rosário, de Massaracá, de Jeremoabo, caminhos abertos à penetração do rio São Francisco".[9] Não é possível concordar com a ideia de que Antônio Conselheiro escolheu a região imaginando a possibilidade de um ataque governamental e daí buscou um local distante, de difícil acesso, pensando em transformá-lo em uma fortaleza inexpugnável.[10] Dada a manutenção dos contatos econômicos e sociais com as vilas e cidades da região, o arraial teria de ser criado em uma área que possibilitasse o acesso dos simpatizantes de Conselheiro. Devido ao número de seguidores, o peregrino tinha de encontrar um local próximo a uma fonte de água e que tivesse razoável base econômica inicial, permitindo atender às necessidades mais imediatas.

Antônio Conselheiro tinha passado algumas vezes pela fazenda Canudos, citada em documentos oficiais desde, pelo menos, 1874. Após o término da guerra, em 1898, Paulo Fontes, casado com uma das filhas de Fiel José de Carvalho Oliveira (proprietário das fazendas de Cocorobó, Poço de Cima e Canudos) e primo do barão de Jeremoabo, entrou com uma ação federal contra o Exército pelo gado consumido pelos soldados (657 cabeças de gado bovino e 344 de gado lanígero). Recebeu a indenização dez anos depois no valor de quarenta contos de réis.[11]

Logo ao se instalar às margens do Vaza-Barris, em meados de junho de 1893, Antônio Conselheiro alterou a denominação do local, passando a chamá-lo de Belo Monte, no que foi seguido por todos os conselheiristas. Lá encontrou um pequeno núcleo com cinquenta casebres e dois negociantes e criadores instalados com suas famílias, que terão um importante papel no arraial conselheirista: Antônio da Mota e Joaquim Macambira. Registra Moreira Pinto – em obra escrita em 1883, mas somente publicada em 1894 – o verbete Canudos como "um povoado do Estado da Bahia, no município de Jeremoabo e freguesia de Massaracá, à margem do rio Vaza-Barris. Tem uma escola pública de instrução primária criada pela Lei Provincial nº 602, de 2 de agosto de 1881".[12]

Na primeira fase do arraial – até novembro de 1896 –, a ocupação de Belo Monte foi relativamente organizada. Havia várias ruas (a dos Caboclos, da Caridade, do Cemitério, da Professora – a escola era paga, dois mil-réis, e a professora era originária de Tucano, Maria Bibiana), havendo em algumas delas uma ocupação socialmente homogênea, como na Rua dos Negros.[13] O centro do arraial era formado pela igreja velha e pela igreja nova – cuja construção começou em janeiro de 1894 – e nas proximidades um conjunto de casas formava o centro comercial. A "cartografia gerada à época da guerra sugere que o núcleo [da comunidade] possa ter-se originado e se irradiado a partir das imediações da Igreja Nova, nas imediações do alto da Fazenda Velha, situada na margem oposta do rio. Da extremidade da igreja construída pelo Conselheiro partia a chamada Rua de Monte Alegre, que conduzia à conexão com a estrada do Cambaio rumo ao poente. Consolidou-se como única via de circulação de maior regularidade e alinhamento, ladeada por habitantes de melhor padrão".[14] Os primeiros habitantes do arraial moravam na região central e, com a chegada de novos moradores, ampliou-se a área de ocupação. As casas do arraial, em sua maioria, eram construídas na forma tradicional do sertão, usando barro e madeira entrelaçada para sustentar as paredes, recobertas com barro branco e com cobertura feita de icó. Geralmente as casas possuíam de dois a três cômodos, divididos entre sala, quarto e cozinha.

A maior parte dos que migraram para o arraial vieram das áreas já percorridas por Conselheiro, mas também havia aqueles provenientes de regiões mais distantes, atraídos pela imagem do santo sertanejo. Dos mais vinculados às atividades religiosas, parte deles acompanhava o peregrino havia vários anos, e outros foram incorporados após a criação de Belo Monte.[15]

O Conselheiro "jamais obrigou alguém a frequentar devoções. [...] Às orações da latada iam as mulheres, em maior número, e os homens mais tocados de espírito religioso. O resto cuidasse dos seus haveres, deveres e obrigações, sem malquerença a ninguém". O próprio Honório "só uma vez ou outra aparecia pela igreja. Não gostava muito de reza".[16]

Dos colaboradores religiosos de Conselheiro, poucas informações restaram. De Antônio Beatinho, o mais conhecido devido ao episódio de 2 de outubro de 1897, quando tentou negociar a rendição dos conselheiristas, o pouco que se sabe foram as palavras que trocou com o general Artur Oscar e seu aspecto físico. Do sineiro Timóteo Bispo de Oliveira, o Timotinho, sabe-se que o peregrino foi padrinho de um dos seus filhos – a madrinha foi Nossa Senhora – e que era o sineiro da comunidade. O Taramela, apelido de José Félix, já seguia o Conselheiro antes da criação do arraial e sabia ler e escrever. Leão Ramos ou Leão da Silva, o Leão de Natuba (atual Nova Soure, Bahia), estava secretariando o peregrino havia muitos anos e em Canudos foi funcionário do armazém de Antonio Vilanova. Um lugar especial foi reservado a Paulo José da Rosa, "bem velhinho, também de Natuba, que morreu e foi enterrado na frente da igreja", como informou Honório Vilanova.[17] Com exceção do Taramela, todos morreram na guerra.

Da liderança dos combatentes[18] também pouco se sabe. João Abade, o célebre comandante militar da comunidade – também chamado comandante de ruas –, nasceu em Tucano (Bahia). Chegou a Canudos junto com Conselheiro, com a fama de ter dirigido com sucesso os conselheiristas no combate de Masseté. Alto, forte, conhecido pela valentia, é acusado de ter no passado participado de um grupo de cangaço. Pajeú, de quem se sabe muito pouco, era negro, pernambucano e, provavelmente, foi soldado antes de seguir o peregrino. É conhecido na literatura da época como o principal articulador dos piquetes, grupos móveis de combatentes conselheiristas que atacam as expedições militares antes de chegarem ao arraial. São alguns dos outros líderes José Venâncio, nascido no povoado de São Romão e, em certo momento, a principal figura militar e encarregado de obter armamento em outros municípios da região para os conselheiristas;[19] Pedro José de Oliveira, o lendário Pedrão, nascido nas vizinhanças do arraial, na Várzea da Ema; Bernabé José de Carvalho; e Antônio Marciano dos Santos, de Riacho dos Dantas, Sergipe. Uma lista de dezenove combatentes e seus respectivos locais de combate é apontada por Bombinho, fato único nos relatos sobre a defesa do arraial.[20] De todos, tudo indica que somente Pedrão sobreviveu à guerra, pois saiu de Canudos pouco antes da morte do Conselheiro.

Entre os negociantes é que se encontravam os conselheiristas de mais alta posição social. Antônio da Mota, que já vivia em Canudos antes da chegada do peregrino, dedicava-se ao comércio de couro e tinha uma loja no centro do arraial. Era conhecido do peregrino havia mais de dez anos, além de compadre. Antônio Vilanova – que se chamava Antônio Francisco de Assunção, recebendo o sobrenome Vilanova devido ao uso da cidade de Vila Nova da Rainha como base de suas atividades comerciais – foi o mais famoso comerciante do arraial, acusado de ter enriquecido em Canudos. Nascido no Ceará, vivia na Bahia desde a seca de 1877 e foi para Belo Monte a pedido de Conselheiro. Logo assume papel destacado e se transforma no alvo preferido dos ataques dos inimigos do peregrino, principalmente dos comerciantes da região. Joaquim Macambira, assim como Antonio da Mota, negociante de couros, especialmente, vivia em Canudos antes da chegada de Conselheiro. Comerciante astuto, tinha ampla rede de amizades na região, que serão de extrema valia no momento do conflito militar. Norberto das Baixas, originário de Bom Conselho, importante negociante, teve doze filhos e também desempenhou funções militares no início da guerra. De todos, somente Vilanova sobreviveu à destruição do arraial, mas da suposta riqueza que amealhou nunca usufruiu, morrendo em 1920, no Ceará.[21]

Outros personagens foram importantes no arraial, mas, dentro do que é possível resgatar historicamente, com confiabilidade,[22] é evidente o predomínio dos deserdados que, vivendo sob o domínio dos grandes proprietários de terra, não encontraram na sociedade oligárquica meios de sobreviver com dignidade. Em Belo Monte redefiniram suas identidades sociais, passando a construir seu próprio destino.

A economia da salvação

A organização econômica da comunidade seguia a tradição sertaneja. Os conselheiristas, desde os anos de peregrinação, adquiriam gado por meio de esmolas, caçavam e auxiliavam os pequenos agricultores no plantio e na colheita através de mutirões. Essa prática comunitária se manteve durante a constituição do arraial, pois uma parcela considerável da população – mulheres, crianças, velhos e desvalidos de toda ordem – não estava vinculada à produção agrícola ou à pecuária. Assim, a cooperação no processo produtivo foi elemento essencial para a reprodução da comunidade, dadas as condições do solo e do clima e o baixo desenvolvimento das forças produtivas. Não é o caso de considerar a existência de um suposto socialismo utópico devido à gratuidade na entrega da terra aos novos moradores. No arraial, havia o direito de propriedade sobre a produção familiar, assim como um fundo comum, organizado com parte do excedente produzido pela comunidade, que mantinha uma parcela da população que não tinha condições de subsistir dignamente. A organização econômica tinha como base o comunitarismo, isto é, a responsabilidade de cada indivíduo pela manutenção da coletividade.

Várias atividades adotavam o mutirão, uma antiga tradição do mundo sertanejo. O termo é de origem tupi, mas isso não significa que somente os indígenas o praticavam. Os negros, em várias regiões da África, já adotavam essa forma de cooperação no processo de trabalho e mesmo os portugueses tinham antigos costumes de ajuda mútua originários da Idade Média e que permaneceram durante séculos, como a vezeira (quando os pastores vigiavam diversos rebanhos de outros proprietários), as lamas de boi (pastos comunitários) e o forno comum da aldeia (onde as mulheres cozinhavam o pão das famílias). Essa forma de trabalho não se desenvolveu onde predominaram a grande propriedade, a monetarização da economia, a produção para o mercado e a individualização do processo produtivo, que expulsaram qualquer forma cooperativa de trabalho.

O mutirão foi adotado nas pequenas propriedades quando da derrubada da mata, semeadura, limpeza da roça e colheita, além da edificação das casas. Também se destinou à construção ou conservação de estradas vicinais, à pescaria – quando um braço de rio era fechado para que fosse apanhado o pescado – e à conservação de açudes, importantíssimos numa região assolada pela seca. Essas atividades desenvolveram-se à margem do complexo escravo-latifundiário, funcionando como um contraponto à economia mercantil voltada para o mercado externo. Até na realização do mutirão estava explícita a diferença; era um dia de festa, no qual o trabalho não se dissociava da alegria, da satisfação em ajudar um indivíduo ou a coletividade.[23]

Segundo Manuel Benício, às margens do rio Vaza-Barris eram cultivados diversos legumes, milho, feijão, batata, melancia, melão, cana-de-açúcar, entre outros gêneros. Nas áreas próximas ao arraial, caçavam, possuíam pomares e mantinham pequenas fazendas de criação de cavalos e gado vacum. A criação de bode era extremamente importante para a comunidade, havendo vários curtumes à beira do rio, e o couro acabou se transformando no principal produto de intercâmbio com as outras vilas e cidades da região. Parte dos lucros desse comércio, além de parcela dos salários recebidos pelos trabalhadores do arraial que vendiam sua força de trabalho nas fazendas da região, era destinada ao caixa comum da comunidade. As mulheres participavam das atividades produtivas fabricando farinha, bijus, redes e sal da terra, enquanto os ferreiros produziam foices, machados, facas e chuços. Para a construção da igreja nova, que tinha 270 metros quadrados, foi necessário organizar uma estrutura produtiva para a fabricação de tijolos, lajotas, telhas e a exploração de cal.[24]

O dinheiro, tanto do Império como da República, circulava no arraial. Segundo Honório Vilanova, o Conselheiro "não pegava em dinheiro da República! Mas não pegava em dinheiro de qualquer espécie, nem mesmo o de D. Pedro II!". Recorda que ele não "dormia com um tostão de um dia para o outro. Se recebia esmolas logo as passava a quem se achasse junto dele. Ou mandava comprar panos para vestir os necessitados".[25] Devido ao comércio, às esmolas e doações que os novos moradores traziam ao chegar ao arraial, o dinheiro afluía a Canudos, mas dada a organização econômica da comunidade, não permeava as relações sociais. Mesmo aqueles que eventualmente guardavam algum dinheiro não tinham como usá-lo no arraial, dada a economia de escassez, além dos princípios religiosos da comunidade, que dificultavam a acumulação e a demonstração de riqueza.

A comunidade estabeleceu relações constantes de comércio com as cidades e vilas da região, só interrompidas nos momentos mais agudos das três primeiras expedições e, definitivamente, quando a quarta expedição se aproximou do arraial, em junho de 1897. Especialmente entre junho de 1893, a fundação, e fevereiro de 1897, antes da expedição Moreira César, Canudos foi também um centro de romaria. Os romeiros ouviam os conselhos de Antonio Vicente e deixavam doações em dinheiro que eram utilizadas para a construção da igreja nova e para manter a comunidade.[26] Havia também constantes viagens para recolher recursos nas cidades e vilas próximas a Canudos.[27]

Apesar das esmolas, das doações e da produção local vendida no mercado, havia escassez de dinheiro circulando em Canudos e na própria região. Boa parte do intercâmbio era realizada pela troca simples, não mediada pela moeda. Vale ressaltar que a recusa das cédulas estava também relacionada com a política monetária dos dois primeiros presidentes republicanos (Deodoro da Fonseca e Floriano Peixoto), quando a quadruplicação do meio circulante levou à desvalorização da moeda. Explica Calasans que "em 1889 o câmbio estava a 21, e em 1897 estava a 7, foi caindo, caindo. O Conselheiro tem uma opinião sobre o Encilhamento, a carestia. Ele, em um dos sermões disse: 'a carestia é uma roça de milho cercada de formiga, não pode dar certo'".[28] Lembra Montenegro que havia "uma espécie de vale impresso e garantido por Antônio Vilanova [...]. Esse vale tinha franca aceitação nas localidades vizinhas".[29] Os comerciantes do arraial, principalmente Antônio Vilanova, foram alvos dos ataques dos negociantes da região que não aceitavam a recusa ao pagamento dos impostos oficiais e o estabelecimento de relações comerciais distantes da lógica tradicional, marcada pela exploração e pelo engodo.

A economia de Canudos, como a de qualquer vila da região, vivia assolada pela escassez. A seca, o solo árido e as pastagens pobres tornavam a sobrevivência cotidiana um desafio constante. A falta de água era um problema frequente, resolvido em parte pelas cacimbas, espécie de pequeno poço cavado no leito dos rios perenes. Como foi possível verificar observando a liderança que dirige a comunidade, a maioria dos moradores provinha do campesinato pobre, que não encontrava na estrutura de dominação tradicional meios de subsistir e/ou de agir com relativa autonomia sem que o poder do chefe local interviesse. Em Belo Monte abriu-se a possibilidade aos sertanejos de materializar os desejos de uma nova vida, longe do coronelismo, senhores de baraço e cutelo.

O intendente de Monte Santo e Canudos

Desde a transformação de Canudos em Belo Monte, o arraial se tornou um problema para a estrutura de dominação coronelística. O intendente de Monte Santo, João Cordeiro de Andrade – eleito em 18 de dezembro de 1892, no primeiro pleito municipal do novo regime –, em relatório de prestação de contas da sua gestão enviado ao Conselho Municipal em 1894, fornece a mais importante descrição oficial dos conflitos entre o poder local e a comunidade criada por Antônio Conselheiro.[30]

De início, o intendente faz a apologia ao novo regime e à incompreensão popular dos simpatizantes e seguidores de Antônio Conselheiro em relação às transformações advindas com a República: "povo muito pacífico, laborioso e ordeiro até então, hoje arrastado pela ignorância, superstição e fanatismo, desconhecendo o progresso político, garantia de nossos direitos pela liberdade e autonomia que nos trouxe o grande sistema democrático organizado com a proclamação da República dos Estados Unidos do Brasil".[31]

A maior preocupação do intendente é com os problemas financeiros do município. Lembra que a maior parte dos impostos é cobrada da exportação[32] de gado vacum, caprino, lanígero e do couro, além do imposto predial. A adoção desses impostos causa revolta em Uauá, arraial que na época fazia parte do município de Monte Santo: "Na povoação do Uauá em princípio de maio levantou-se um grupo contra o agente Joaquim José Rodrigues concitando o povo para não pagar direitos, e este vendo-se sem força pediu exoneração ficando por algumas feiras acéfala a arrecadação".[33] O exemplo do Uauá chegou ao Cumbe, onde "levou muitos meses sem cobrar-se [os impostos] desde fins de maio, quando por ali passou Antônio Conselheiro, até outubro e depois foi um serviço feito com desânimo sem garantia e o povo fugia constantemente ao pagamento de direitos".[34]

O Conselheiro e o arraial de Belo Monte se transformaram em elementos desestabilizadores da nova ordem republicana:

> Com a chegada deste chefe sedicioso [...] novas e sérias perturbações aparecem geralmente em todo o município principalmente depois que souberam que o governo não mandava mais força contra aqueles sediciosos que então todos os fanáticos, cada qual por si julgou-se um poder forte e irresistível encarando o abrigo que podiam encontrar nestes desordeiros no povoado de Canudos afrontando as autoridades e ao próprio governo, não consentindo que ali entrem senão os seus adeptos fanáticos.[35]

Frente a essa situação e

> não contando o município com a força suficiente para fazer garantir os agentes de arrecadação, recomendei-lhes que procedessem com a maior tolerância e prudência, porque antes de tudo achei preferível a paz, embora aparente, a não conflagrar o município e não distrair o povo, por isso, da atividade de seu trabalho e indústrias.[36]

O desafio representado pela comunidade fundada por Conselheiro entra em rota de colisão com o poder republicano:

> Antônio Conselheiro havia mudado o dia da feira do arraial de Canudos, que era no dia de segunda-feira, para quarta-feira, e criando entre seu povo uma polícia armada, juramentada e casa de prisão, determinando os casos em que os seus agentes deveriam recolher à prisão alguma pessoa, roubando e menoscabando assim das nossas instituições, dos poderes constituídos e do princípio de autoridade e da própria sociedade![37]

É nesse relatório que há a única explicação oficial mais detalhada para a expulsão do padre Vicente Sabino dos Santos, em 1894, do arraial de Belo Monte. Diz o intendente que o padre

> foi atacado por um dos polícias de Antônio Conselheiro, que de clavinote em punho dizia-lhe: "ou me casa ou morre", sendo de outra freguesia, sem cartas, sem proclamas, que queria dar ao vigário como garantia de não ter impedimentos imaculados. Que resta esperar-se quando dizendo esse povo tão religioso não respeita o próprio vigário, homem criterioso e cumpridor dos seus deveres.[38]

Nos outros arraiais, os sertanejos se recusavam a pagar os impostos e diziam: "não pago, por que não vai cobrar em Canudos?".[39] Quando o Conselho Municipal resolveu alterar os dias das feiras dos arraiais do município, em Uauá "o edital de publicação deste ato, foi à noite rasgado às ocultas e muitos a dizerem o dia da feira não se muda, não queremos. Veja-se o mal contagioso".[40] Em Canudos,

> as verbas de indústria e profissão sobre criatório e direito predial não foi arrecadada pela exaltação em que se achava a população às quais suspendi sua execução imediata até que se acalmassem os ânimos para não dar-se a conflagração no município e não havia da parte do governo nenhuma garantia. O guarda fiscal de Canudos não foi precavido e abandonou o cargo pela anarquia revolucionária por que tem passado aquela localidade,[41]

exemplo seguido em

> Uauá onde muito podia render houve um levantamento do povo contra o primeiro Agente Joaquim José Rodrigues obrigando este a exonerar-se pelo que levou alguns meses sem cobrança e daí para o fim do exercício foi feita sem resultado pagando somente aqueles mais ordeiros, principalmente na verba de exportação.[42]

O intendente, desolado, concluiu o relatório afirmando que tem

> procurado os meios brandos para acalmar os ânimos e o povo se coadunar com o novo sistema de organização, que em todos os Países, mesmo os mais civilizados, passaram por sérias evoluções durante muitos anos para depois marchar na senda da ordem e do progresso.[43]

No ano de 1893, devido à resistência popular em pagar os impostos, o orçamento municipal foi deficitário, conforme indica o intendente na página 6 do seu relatório.

A apologia da República e o uso de alguns conceitos positivistas pelo intendente de um município do longínquo sertão baiano, distante das polêmicas políticas dos grandes centros, reforça a observação de José Veríssimo, feita à época, de que graças

> [à] influência militar no primeiro governo da República e principalmente do General Benjamin Constant, que com razão ou sem ela passava por decidido sectário de Augusto Comte, o positivismo foi quase uma religião de Estado, a qual não era porventura desvantajoso praticar. Pulularam por esse tempo os positivistas, pois sê-lo era uma boa recomendação.

O uso de frases e conceitos positivistas começou

> a fazer parte obrigada de todos os discursos, de todas as arengas, de todas as discussões, e viram-se jornais de província, que de Augusto Comte até o nome ignoravam na véspera, lardearem frases positivistas a sua prosa sobre a politicagem local. Nesse período o positivismo oficialmente dominante[,] sob a égide do mais influente membro do Governo Provisório e dos seus lugares tenentes imediatos, só encontra, senão neófitos muito convencidos, catecúmenos condescendentes, devotos espontâneos ou pelo menos pagãos simpáticos.[44]

A adoção dos novos impostos surgidos com a ordem republicana encontrou forte resistência em sua cobrança por parte das comunidades.

O poder local, quando a população se revoltava contra os fiscais, não tinha força policial suficiente para impor o recolhimento dos tributos. A fixação de Antônio Conselheiro em um arraial com uma organização econômico-política construída pelos próprios conselheiristas – diferentemente da época de peregrino, quando, apesar de permanecer longos períodos em alguns arraiais, tinha de conviver com uma estrutura já existente – é um fator que estimulou a rebelião dos arraiais do município,[45] atraindo descontentes com a ordem coronelística, afrontando o novo governo e transformando cada sertanejo em agente do seu próprio destino: "cada qual por si julgou-se um poder forte", como escreveu João Cordeiro de Andrade.

O confronto com as autoridades se aprofundou quando os conselheiristas não aceitaram a mudança do dia da feira semanal – informação importante, reafirmando que Canudos mantinha um comércio regular com as outras comunidades da região –, sendo seguidos pelos outros arraiais. Além de tudo, havia em Belo Monte um poder armado próprio, que rompia com o monopólio da força do Estado ou dos coronéis, protegendo a comunidade frente a qualquer ação repressiva governamental. O estabelecimento de um presídio no próprio arraial demonstra a desvinculação total em relação aos poderes "legitimamente constituídos", pois quem determinava o recolhimento à "casa de prisão" era a própria comunidade, ao contrário do período de peregrinação, quando, segundo algumas fontes, Conselheiro entregava ao poder público os criminosos. A expulsão do padre Sabino – se é que ocorreu daquela forma –, que parece somente um detalhe frente ao conflito maior em relação aos impostos, é extremamente importante. A comunidade que tinha na religião o elemento aglutinador, gerador de uma organização econômico-política, começava a se afastar gradualmente do completo controle da Igreja, que, nos primeiros dois anos do arraial, ainda mantinha presença romana através dos membros simpatizantes da ação pastoral de Antônio Conselheiro.

O relatório Monte Marciano

Ao passo que a vida ia seguindo no arraial, os conflitos se tornavam cada vez mais constantes com o poder coronelístico. A comunidade foi visitada por dois freis capuchinhos, João Evangelista Monte Marciano e Caetano São Leo,[46] acompanhados pelo padre Sabino. Foram a Belo Monte por ordem do bispo D. Jerônimo Tomé da Silva, que, prestes a viajar a Roma, recebera uma solicitação do governador Rodrigues Lima para enviar uma Santa Missão com o objetivo de dissolver a comunidade, prática já usada em Pau d'Alho, Pernambuco, em 1852, pelo frei Caetano de Messina.[47] Aponta José Calasans que, inicialmente, a solicitação para o envio de uma missão foi do deputado Antonio Bahia. Em comissão, os parlamentares foram ao governador apresentar a solicitação.[48]

Chegaram a Canudos em 13 de maio, coincidentemente no sétimo aniversário da libertação dos escravos.[49] Relata que na viagem encontrou uma guarda avançada dos conselheiristas, o que revelava um cuidado com a defesa do arraial frente a algum ataque-surpresa das forças policiais, reforçando informações expostas no relatório do intendente de Monte Santo. Descreve a região circunvizinha como apta para a criação "miúda" e próxima a Canudos, e ressalta a existência de uma planície fértil regada pelo rio Vaza-Barris.

As casas eram de barro, cobertas de palha, sem janelas e construídas sem alinhamento. Na praça central havia doze casas cobertas de telha, além da igreja e da residência de Antônio Conselheiro. Apesar de descrever os moradores com aspecto cadavérico e quase nus, logo após diz que eles usam "camisa, calça, blusão de azulão, gorro azul à cabeça, alpercatas nos pés" e observam a Missão com "ar inquieto e o olhar ao mesmo tempo indagador e sinistro". Conclui as primeiras observações considerando o arraial "um acampamento de beduínos".

Hospedaram-se na casa reservada ao padre Sabino, que estava desocupada havia um ano, desde que "sofrera grande desacato". Diz que em duas horas vê passarem oito cadáveres e que a média diária nunca é inferior a esse número. Foi à igreja nova procurar o Conselheiro, retratando-o nestes termos: "um porte grave e ar penitente [...], que teria contribuído para enganar e trair o povo simples e ignorante dos nossos sertões".

Procura falar isoladamente com o Conselheiro, diz que sua missão era de paz, estranha o número de homens armados e condena a ociosidade[50] e a miséria da comunidade, onde "diariamente se davam 8 a 9 óbitos", apesar de relatar somente um caso de extrema-unção durante a sua permanência no arraial. Encerra a conversação de forma impositiva: "Por isso, de ordem e em nome do senhor arcebispo, ia abrir uma santa missão e aconselhar o povo a dispersar-se e a voltar aos lares e ao trabalho, no interesse de cada um e para o bem geral". Os conselheiristas, que foram se aproximando durante a conversa, protestaram: "Nós queremos acompanhar o nosso Conselheiro".

O começo de um atrito foi impedido por Conselheiro, que lembrou ao frei que os homens armados eram para a sua proteção, para evitar incidentes como o de Masseté. Monte Marciano aproveita para afirmar que Conselheiro não reconhece a República, contrariando a orientação da Igreja: "Se é católico, deve considerar que a igreja condena as revoltas e [...] ensina que os poderes constituídos regem os povos em nome de Deus". Depois de uma breve lembrança histórica, afirma: "É mau pensar assim, é uma doutrina errada a vossa". Um conselheirista imediatamente responde: "V. revma. é que tem uma doutrina falsa e não o nosso Conselheiro". O líder de Canudos encerra a discussão: "Eu não desarmo a minha gente e não estorvo a santa missão".

Após descrever a discussão na igreja, o frei faz um breve relato da vida de Conselheiro. Afirma que apesar do "zelo religioso, disciplina e ortodoxia católica", ele "contesta o ensino, transgride as leis e desconhece as autoridades eclesiásticas". Seus seguidores propalavam "doutrinas subversivas da ordem, da moral e da fé". Acusa os conselheiristas de aliciar o povo para o arraial com a promessa de que vão se salvar "porque nos outros lugares tudo está contaminado e perdido pela República: ali nem é preciso trabalhar; é a terra da promissão, onde corre um rio de leite, e são de cuscuz de milho os barrancos". Diz que os moradores que possuíam bens deveriam vendê-los e entregar o dinheiro a Conselheiro, passando a ter direito a vestuário e alimentação.

Os conselheiristas, "essa turba desorientada", segundo Monte Marciano, eram formados por oitocentos homens e duzentas mulheres; os primeiros "estão sempre armados e, dia e noite, montam guarda a Antônio Conselheiro", enquanto as "mulheres se ocupam em preparar a comida, coser e enfeitar os gorros de que usam os homens", além de rezar à noite.

Uma significativa passagem do relatório é relativa à ligação de Conselheiro com a religião:

> Quanto a deveres e práticas religiosas, Antônio Conselheiro não se arroga nenhuma função sacerdotal, mas também não dá jamais o exemplo de aproximar-se dos sacramentos, fazendo crer com isto que não carece deles, nem do ministério dos padres; e as cerimônias do culto a que preside, e que se repetem mais amiúde entre os seus, são mescladas de sinais de superstição e idolatria, como por exemplo, o chamado "Beija" das imagens a que procedem com profundas prostrações e culto igual a todas, sem distinção entre as do Divino Crucificado e da Santíssima Virgem e quaisquer outras.

Conclui informando que o peregrino reunia a população para dar conselhos "que se ressentem sempre de seu fanatismo em assunto de religião e da sua formal oposição ao atual regime político".

O frei, a todo custo, procurou desqualificar Antônio Conselheiro e seus seguidores. Encontrou dificuldade em enquadrá-lo como um herege, pois, segundo ele, o peregrino mantinha-se na ortodoxia católica, nunca exercendo qualquer função sacerdotal e somente dando conselhos. Conselheiro foi acusado de não reconhecer a autoridade eclesiástica, o que para o catolicismo romanizado era um grave pecado. Com relação ao culto das imagens, não passava de uma antiga divergência na história do cristianismo. Em Bizâncio, durante séculos, vários concílios condenaram ou adotaram a adoração das efígies de Jesus, Maria e dos santos.[51] Portanto, não representava nenhuma manifestação fanática dos conselheiristas.

Considerar o arraial uma terra da promissão nada mais era que manter viva a tradição bíblica, como em Ezequiel (36, 28-30):

Então habitarei na terra que dei a vossos pais: sereis o meu povo e eu vosso Deus; libertar-vos-ei de todas as impurezas. Chamarei o trigo e o multiplicarei e já não vos entregarei à fome. Multiplicarei os frutos das árvores e o produto do campo, a fim de não voltardes a sofrer o opróbrio da fome entre as nações.

A comunhão dos bens também é tributária dessa tradição:

Não havia entre eles necessitado algum. De fato, os que possuíam terrenos ou casas, vendendo-os, traziam os valores das vendas e os depunham aos pés dos apóstolos. Distribuía-se então, a cada um, segundo a sua necessidade (At 4,34-35).

A "turba desorientada" mantinha o arraial em ordem, organizava a divisão do trabalho, garantindo a sobrevivência de uma população relativamente numerosa para os padrões da época e da região. Isso explica a permanência da comunidade e, inclusive, a ampliação da população, demonstrando que o índice de mortalidade indicado por Monte Marciano é uma quimera, pois, se o número de óbitos fosse de oito a dez por dia, não precisaria invocar o poder público para destruir o arraial, que, por si só, desapareceria. Como o objetivo do relatório foi transformar Canudos num reduto que colocava em risco as instituições republicanas, subterfúgio utilizado pelo frei para impedir o crescimento do arraial e a proliferação pela região de outros movimentos religiosos que rompessem com a Igreja romana – as tensões na zona do Cariri, Ceará, ocorrem nessa época –, a ênfase na defesa da ordem constitucional ameaçada por um movimento restaurador passou a ser o principal elemento de acusação ao peregrino. Monte Marciano ficou sete dias em Canudos, com ampla liberdade para pregar – excetuando-se pequenos incidentes, como veremos adiante –, não havendo, portanto, nenhuma restrição à missão, apesar de o frei assumir uma posição de ostensiva hostilidade frente aos conselheiristas, chegando até a ordenar a dissolução do arraial.

No primeiro dia da missão, 14 de maio, mais de quatro mil pessoas compareceram às pregações, o que representava um significativo aumento da população do arraial (eram mil, como citado no início do relatório), podendo ser creditado ao exagero do religioso ou à vinda de fiéis das vilas e arraiais vizinhos, o que deve ter ocorrido, só que não necessariamente na quantidade descrita por Monte Marciano.

O Conselheiro assistiu às pregações sem nenhuma interferência, a não ser uma leve discordância manifestada com um gesto de cabeça no momento em que o frei discorria sobre a quantidade de alimento a ser ingerida durante o jejum. O capuchinho considerava que para facilitar a observância do jejum era permitido o consumo de líquidos, tomar uma xícara de café pela manhã e comer carne no jantar. Um assistente aparteia o pregador: "Ora, isto não é jejum, é comer a fartar". Dada a economia de escassez existente no sertão, o jejum prescrito pela Igreja era, evidentemente, considerado pelo sertanejo como lauta refeição. Ou havia abstinência de alimentos sólidos, ou não era jejum, mas um período no qual a alimentação era reduzida. Mais uma vez temos um confronto entre o cristianismo brasileiro e os preceitos romanos: dois mundos, duas tradições e vivências religiosas distintas.

Nos outros quatro dias não ocorreu qualquer incidente. Os ânimos voltaram a se exaltar quando o capuchinho começou a pregar "sobre o dever da obediência à autoridade, e fiz ver que, sendo a República governo constituído no Brasil, todos os cidadãos, inclusive os que tivessem convicções contrárias, deviam reconhecê-lo e respeitá-lo". Lembrando das palavras do papa, diz que "a Igreja católica não é nem será nunca solidária com instrumentos de paixões e interesses particulares ou com perturbadores da ordem pública". Obviamente, houve uma reação contra as palavras do frei: "Espalharam que eu era emissário do governo e que, de inteligência com este, ia abrir caminho à tropa que viria de surpresa prender o Conselheiro e exterminar a todos eles".

A defesa do governo com o qual Antônio Conselheiro já tinha tido vários atritos e que, dada a rearticulação do poder político regional advinda com a República, intensificou o controle e a exploração econômica dos sertanejos, só poderia encontrar resistência entre os conselheiristas. A migração para o arraial e a construção da comunidade, longe de representar uma ameaça para a ordem pública, era para o sertanejo um momento de independência, de autonomia, frente ao poder autocrático secular dos dominantes. Sem exagero, consideraram Monte Marciano um emissário do governo, o que era rigorosamente verdadeiro, e que a missão, em vez de se restringir aos assuntos da religião, tinha como objetivo dissolver o arraial, o que já tinha acontecido em outros momentos na história do sertão. A recusa a rezar uma missa e o entrevero do frei com José Venâncio, homem de confiança de Conselheiro, agravou ainda mais o conflito dos moradores com a missão.[52]

Assim, os conselheiristas passaram do protesto à ação: "Ocuparam com gente armada todas as estradas do povoado, pondo-o em estado de sítio, de modo a não poder ninguém entrar nem sair sem antes ser reconhecido". Em 20 de maio, às 11 horas da manhã, João Abade convocou a população para se reunir na praça

> coalhada de homens armados, mulheres e meninos que, a queimar foguetes, e com uma algazarra infernal, dirigiram-se para a capela, erguendo vivas ao Bom Jesus, ao Divino Espírito Santo e a Antônio Conselheiro, e de lá vieram até nossa casa, dando foras aos republicanos, maçons e protestantes, e gritando que não precisavam de padres para se salvar, porque tinham o seu Conselheiro.

O rompimento religioso se consumou: não precisavam mais de padres, de seus ofícios e sacramentos para se salvar. Muitos anos depois, um sobrevivente, Manuel Ciríaco, comentando esse episódio, recordou que "em 1895 vieram para cá uns frades e falaram com o Bom Jesus. Este os recebeu com brandura. Pois não é que os homens pagaram a hospitalidade indo pregar contra o Conselheiro? Aí o povo danou-se e se não fosse o Conselheiro a coisa tinha pegado fogo".[53]

Disse Monte Marciano que durante a missão realizou "55 casamentos de amancebados, 102 batizados e mais de 400 confissões". Esses números representam uma rejeição dos conselheiristas em relação à "Santa Missão", pois, segundo o capuchinho, "havia mais de seis mil pessoas assistindo à Missão e a maior parte era gente de fora". O número de confissões corresponde somente a 7% dos assistentes da missão e mesmo o número de batizados e casamentos é relativamente baixo, dado o isolamento da região e a ausência de padres. Isso pode significar um distanciamento do catolicismo romano e a afirmação de uma religiosidade sertaneja, que se afastava paulatinamente da Igreja sem perder os vínculos com as comunidades vizinhas, com o universo referencial regional.

No fim do relatório, depois de sete dias em Canudos, Monte Marciano considerou sua missão cumprida, pois denunciou "a impostura e a perversidade da seita fanática no próprio centro de suas operações". Muitos abandonaram o arraial, segundo o capuchinho, e foram "resgatar o seu erro pela obediência às legítimas autoridades e pelo trabalho". Insistiu o frei sobre a necessidade de restabelecer "no povoado dos Canudos o prestígio da lei, as garantias do culto católico e os nossos foros de povo civilizado". Para ele, a "seita político-religiosa, estabelecida e entrincheirada nos Canudos, não é só um foco de superstição e fanatismo e um pequeno cisma na igreja baiana; é, principalmente, um núcleo, na aparência desprezível, mas um tanto perigoso e funesto de ousada resistência e hostilidade ao governo constituído no país". Concluiu afirmando que "é aquilo um estado no Estado".[54]

O encerramento do relatório foi incisivo, conclamando a intervenção do poder público para o restabelecimento da ordem. Como o Estado estava separado da Igreja, segundo o disposto na Constituição de 1891, não bastava considerar Antônio Conselheiro um líder cismático. Tornava-se fundamental considerá-lo um líder político, defensor do antigo regime e que estava colocando em risco as instituições republicanas. A própria publicação do relatório, que poderia ficar restrito ao âmbito de uma correspondência do arcebispo ao governador, era mais uma tentativa de transformar Canudos em alvo preferencial da Igreja, temerosa da influência crescente de Conselheiro entre os sertanejos. A solicitação da intervenção governamental parte do pressuposto de que o Estado é ainda o braço armado da Igreja para enfrentar os dilemas da espiritualidade. No campo da fé, o poder da força substituiu o convencimento pelo verbo.

Vale destacar que a organização inicial de Belo Monte ocorreu através de um movimento espontâneo, em que os conselheiristas se fixaram definitivamente, representando uma ruptura com o passado de vinte anos de peregrinação. Nessa época, antes da fundação de Belo Monte, estimava-se, no máximo, em duas centenas o séquito de Antônio Conselheiro, contando com a simpatia de milhares de sertanejos que apoiavam o peregrino com doações e esmolas. Em Canudos, a relação se alterou, pois Conselheiro, ao se instalar no arraial, transformou-o também em centro religioso, pois muitos sertanejos o procuravam para ouvi-lo. Assim, inúmeros conselheiristas continuavam vivendo nas comunidades próximas, ampliando o raio de influência do líder de Belo Monte e aumentando o perigo para o Estado republicano, pois, em vez de se concentrarem em um só local, o que facilitaria a repressão, estavam presentes em toda a região.

Por outro lado, crescia a cada dia o número de conselheiristas que se transferiam com sua família para Belo Monte, atraídos pela novidade representada por uma comunidade que surgia e se desenvolvia em torno de um líder religioso reconhecido como um santo sertanejo. Em fevereiro de 1894, nove meses após a fundação de Belo Monte, o coronel Aristides Borges escreveu ao seu chefe político, o barão de Jeremoabo, preocupado com o deslocamento de mão de obra para Canudos:

> O Antonio Conselheiro continua a ser motivo da saída de muita gente daqui e outros pontos, que ameaça ficarem despovoados. O êxito agora de nossa gente é grande e o governador não pode agora providências que são urgentes. [...] Quem for fazendeiro nas proximidades de Belo Monte (assim se chamam hoje os Canudos) há de pagar o descuido e a negligência dos que nos governam.[55]

Onze meses depois, em janeiro de 1895, João Cordeiro de Andrade, que já tinha deixado a intendência de Monte Santo, escreveu ao barão de Jeremoabo, tratando da mesma questão: "Não tem chovido. A concorrência do povo para os Canudos é constante; perniciosíssimo será o desenlace dessa questão. Prepara-se ali um grande exército de reserva, e quando chegar o desespero pela fome ficarão estas paragens aniquiladas".[56]

Com o correr dos meses, tornou-se necessário normatizar as relações entre os habitantes do arraial, além de desenvolver um conjunto de atividades que possibilitasse mantê-los, principalmente devido ao contínuo fluxo de novos moradores que ampliavam as demandas sociais sem que houvesse uma base econômica que pudesse rapidamente atendê-las. Em outras palavras, foi organizado um sistema que tinha de sedimentar as condições de reprodução, pois não havia meios de garantir espontaneamente a subsistência de uma população em constante crescimento, e também porque não ocorreu nenhuma ruptura religiosa que isolasse Canudos das outras vilas e arraiais da região, o que redundaria em abandono das preocupações terrenas, à espera da intervenção divina.

Em vez da ausência de propriedade, do igualitarismo e de uma economia natural, Canudos assistiu a um processo paulatino de estabelecimento e consolidação de uma estrutura econômica e de poder. Antônio Conselheiro e seus seguidores sobreviveram vários anos, antes da criação do arraial, em plena igualdade econômica. O constante nomadismo impediu a acumulação de bens e não havia uma hierarquia advinda da necessidade de sobrevivência, pois obtinham o de que necessitavam – que era relativamente pouco – através de caça, coleta e esmola. O crescimento do arraial obrigou ao surgimento de uma nova estrutura, mas isso não significou o estabelecimento de relações de dominação política, pois o comunitarismo garantia a subsistência dos moradores; além disso, a liderança e os princípios religiosos de Conselheiro impediram a consolidação de uma camada dominante que pudesse se apropriar do excedente econômico e estabelecer laços de dependência política.

O crescimento do arraial tornou necessário que os conselheiristas estabelecessem intenso intercâmbio com a região circunvizinha. Isso criou uma situação peculiar, pois mantiveram sua autonomia organizacional e produtiva sem ter que romper os contatos de toda ordem com as outras comunidades ou se submeter à lógica imposta pelo padrão de acumulação de capital da época.

A permanência e o crescimento contínuo do arraial, o enfrentamento bem-sucedido das demandas surgidas com a chegada de novos moradores, a manutenção de canais de participação nos negócios da comunidade e o controle exercido sobre a produção por cada família transformaram Belo Monte em uma referência concreta para o sertanejo, oprimido secularmente pelo latifúndio e seus corolários. Além disso, o arraial permitiu integrar as necessidades econômico-sociais às religiosas, concretizando plenamente o que, para o sertanejo, nunca deveria estar dissociado: a religião e a vida. Assim, Canudos acabou se constituindo na materialização do sonho sertanejo e, mesmo sem querer, em obstáculo ao pleno domínio do coronelismo. Cedo ou tarde, a República, depois de eliminar outros adversários, voltaria sua vista para o pequeno arraial às margens do Vaza-Barris. A simples existência de Belo Monte era uma ameaça aos novos donos do poder.

3

A Nova Ordem

A partir de 1870, o Império brasileiro passou por um momento de transição. O Estado estabelecido a partir de 1822, produto de uma aliança política entre os grandes proprietários de terras e escravos e os Bragança – representados por D. Pedro I –, dava sinais de esgotamento político. O desenvolvimento da economia cafeeira e a decadência da economia açucareira nordestina transferiram o eixo econômico para o Sudeste. Concomitantemente às transformações econômicas, novos interesses políticos foram se constituindo, a sociedade se diversificou e o velho edifício estatal já não conseguia abrigar as diversas frações da classe dominante, principalmente os cafeicultores paulistas.

O Manifesto de 1870[1] marcou o início da propaganda republicana associada a uma significativa base social. Em um documento vago em relação às questões econômicas e sociais (não havia qualquer referência à questão escravocrata, isso um ano antes da Lei Rio Branco), o manifesto serviu para aglutinar os insatisfeitos com a ordem monárquica que tinham restrito espaço político nos partidos tradicionais. Comparativamente ao programa do Partido Liberal Radical (1868), que defendia a descentralização, o ensino livre, o Senado temporário e eletivo, a abolição da Guarda Nacional, a extinção do poder moderador, o sufrágio direto e generalizado, a substituição do trabalho escravo pelo livre e a eleição dos presidentes de províncias, o programa dos republicanos era extremamente tímido e conservador. O comportamento ambíguo em relação à questão da escravatura é reafirmado por ocasião do manifesto republicano paulista de 1872:

> Não podem os nossos adversários fazer de boa-fé acusações ao Partido Republicano, responsabilizando-o por atos precipitados e intenções perigosas em relação ao estado servil. O Partido Republicano, cujas tendências não são autoritárias, está bem longe de executar reformas que não sejam inspiradas pela própria Nação. Assim, [...] não aplaude medidas que saem das raias da própria moderação, filha do confronto dos princípios econômicos com as circunstâncias do país.[2]

Durante os anos 1870, a propaganda republicana teve pouco efeito político e muitos signatários do manifesto aderiram aos partidos Liberal e Conservador, como o conselheiro Lafayette, que chegou a chefiar um gabinete liberal. Somente a partir de 1880, particularmente no Rio de Janeiro, cresceu o movimento republicano associado à onda abolicionista, apesar de vários líderes abolicionistas não serem republicanos, como Joaquim Nabuco e André Rebouças, e de muitos destes defenderem a escravidão até às vésperas da Lei Áurea, como a maioria dos republicanos paulistas.[3]

Prudente de Morais, em 1885, como deputado representante de São Paulo, considerou que as medidas abolicionistas deveriam ser adotadas segundo a realidade de cada província:

> As províncias que pudessem prescindir, já, do trabalho escravo, o fariam logo, e as províncias, como as de São Paulo, Rio de Janeiro e Minas, para as quais a solução da questão adquire proporções muito importantes, poderiam, forçadas por suas circunstâncias, demorar mais a solução do problema, até que pudessem substituir os escravos por trabalhadores livres.

A posição de Prudente de Morais não era um caso isolado entre os fazendeiros paulistas, pois, em dezembro de 1887, quando o movimento abolicionista tinha atingido grandes proporções na província, Campos

Sales, em discurso numa reunião de cafeicultores, manifestou seu apoio à libertação total e imediata dos escravos como a melhor medida para evitar a desorganização do trabalho, mas ainda mantinha escravos nas suas propriedades. Desafiado por Antônio Prado a dar liberdade imediata aos seus escravos, respondeu:

> Se os ilustres apartistas pensam que podem fazer coação ao meu espírito, impondo-me, a mim particularmente, uma condição que estou propondo como medida coletiva, declaro que se enganam e que o não conseguirão; declaro que não me falta patriotismo para esquecer os interesses individuais quando se trata do bem público, quando se está em busca da solução de um problema social.

Para o futuro presidente da República, "se num bairro da lavoura, por exemplo, um fazendeiro der liberdade total e incondicional aos seus escravos, será difícil aos fazendeiros vizinhos conterem os desgostos dos seus". E concluiu: "Este desgosto impelirá à fuga e teremos o trabalho desorganizado. Para evitar estes males é que se deve instituir um sistema uniforme".[4]

No Rio de Janeiro, os republicanos sobreviveram graças aos esforços de algumas lideranças, como Lopes Trovão, Silva Jardim, Aristides Lobo, Quintino Bocaiúva e Saldanha Marinho. Havia somente um jornal republicano, a *Gazeta Nacional*, e o Partido Republicano pouca influência tinha na cena política. Antes de 1889, foram eleitos cinco deputados republicanos que tiveram uma atuação parlamentar pouco expressiva: Prudente de Morais, Campos Sales, Álvaro Botelho, Lamounier Godofredo e Monteiro Manso. Este último ficou conhecido não pelas suas intervenções na Câmara, mas pela recusa em prestar o juramento regimental devido a suas convicções republicanas.[5]

Os republicanos paulistas apoiavam a liderança de Quintino Bocaiúva, que se opunha à pregação mais radical de Silva Jardim, que, incansável, percorria várias cidades das províncias de São Paulo, Rio de Janeiro e Minas Gerais, propagandeando o novo regime e fundando núcleos republicanos. Para Silva Jardim, a política de Bocaiúva no partido favorecia o grupo paulista dos fazendeiros de café, não passando de "uma conspiração de alguns velhos do Partido Republicano, gastos para a ação patriótica, e somente capazes da intriga para a cobiça do poder, aliada à falta de compreensão da situação política atual, com o pretenso fim de paralisar a ação republicana, por medo dos perigos que ela continuasse a trazer". Para ele, não se deveriam repetir os acontecimentos que redundaram da abdicação de D. Pedro I:

> Por que razão o 7 de abril degenera em movimento monárquico? Porque o grupo de exaltados deixou-se vencer pelo dos moderados... É mister evitar a nossa entrega ao liberalismo, sequioso de poder, tornando-se republicano de um dia para outro. É preciso tirar o Partido Republicano deste perigo: que a República seja a Monarquia sem o Imperador![6]

É inegável que a abolição da escravatura, em 13 de maio de 1888, serviu para solapar a base de sustentação política da monarquia. Lembra Afonso Celso que ao "convidar João Alfredo para organizar o ministério encarregado de solver o problema servil, disse a Princesa Imperial Regente a Cotegipe demissionário: 'Então, ganhei ou não?'. O experimentado estadista retorquiu: 'Vossa Alteza ganhou a partida, mas perdeu o trono'". Por outro lado, Rui Barbosa repudiava a associação feita entre os prejudicados pela abolição e a ideia republicana: "Pintar no movimento republicano, que agita a opinião nas províncias mais viris do império, um fruto do ódio negreiro, é levantar o mais clamoroso de todos os falsos testemunhos à história política do país". Ao contrário dos Estados Unidos, aqui

> os senhores desapossados obedeceram à lei, murmurando, rugindo, mas cedendo, sem levantar ferro homicida, sem turvar a paz, sem desconhecer a autoridade [...]. Considerar, porém, desnaturada, inquinada, poluída a opinião republicana, só porque recebeu no seio as águas desse confluente útil, é risível. [...] Ficaram lazarados esses homens, para já não merecer acesso em convívio de patriotas? Perderam o direito de pensar acerca da

> política nacional? [...] São compatriotas, são aliados respeitáveis; e, se a monarquia os alheiou, se a república os obteve, tanto melhor para a república, tanto pior para a monarquia.[7]

Os escravocratas não se sentiam mais responsabilizados pela conservação do Estado imperial, os setores modernos – como os cafeicultores paulistas – preferiam um Estado no qual pudessem exercer um controle mais direto e eficaz, para os seus interesses de classe, da *res publica*, e a pequena burguesia urbana não encontrava no regime monárquico condições de ascensão social, dado o predomínio inconteste da oligarquia latifundiária. O Império, com sua relativa autonomia das classes sociais e o equilíbrio na representação dos interesses econômicos das diversas frações da classe dominante, era um empecilho para impulsionar e expandir o capitalismo nas três províncias cafeeiras.

Por outro lado, tanto liberais como conservadores havia muito tempo atacavam o imperador e o sistema monárquico. O Estado erigido sobre os escombros das revoltas de 1817 e 1824, Balaiada, Sabinada, Cabanagem, Farroupilha e a Revolução Praieira de 1848-1849 já não mais atendia às necessidades decorrentes da conjuntura do fim do século XIX. As transformações econômicas, sociais e culturais da época impunham a necessidade de nova ordem política. A questão colocada por Silva Jardim (um "exaltado") resume o dilema da classe dominante: em um novo 7 de abril, como evitar a vitória dos exaltados?

O temor de um Terceiro Reinado com a onipresença do odiado conde d'Eu servia como importante arma propagandística para os republicanos. Os ataques ao conde partiam de todos os lados, envolvendo-o em todos os assuntos de Estado. Rui aproveitou para indispô-lo com o Exército:

> Quem não sabe que, nas nomeações e promoções do exército, não se resolve nada sem o aprazimento do marechal conde d'Eu? [...] Toda a carreira da nossa oficialidade está nas mãos do príncipe consorte. Sua alteza é o nosso ministro permanente da Guerra, o senhor perpétuo das nossas forças armadas.[8]

Quando a Câmara Municipal de São Borja, no Rio Grande do Sul, sugeriu que após a morte de D. Pedro II fosse convocada uma Assembleia Constituinte para deliberar sobre a forma de governo, externava um sentimento geral. Várias câmaras municipais se pronunciaram favoráveis à proposta gaúcha. Em São Paulo, o presidente da província, o conselheiro Rodrigues Alves, que no início do século XX seria eleito presidente da República, mandou processar os vereadores das câmaras que se solidarizaram com os gaúchos, resposta mais violenta que a adotada pelos mais fiéis partidários da monarquia.

O imperador era alvo de ataques no Parlamento e na imprensa. Rui Barbosa foi um dos principais polemistas que diariamente atacavam o governo e a dinastia reinante:

> O povo brasileiro tem direito a não ser enganado quanto ao estado mental do imperador. Devassar os motivos da morte de um príncipe quase nada é, se compararmos esse interesse ao de saber se somos, ou não, governados por um rei moralmente morto.

Continua Rui:

> A dinastia padece de senilidade nos seus próprios renovos. O imperador em caduquez não se há de curar de vícios preciosamente entretidos como virtudes em meio século de soberania. A herdeira presuntiva, destituída das qualidades intelectuais do pai, imbuída no personalismo violento do avô, transviada pelo gênio antiamericano do marido, verdadeira curiosidade do antigo regime e tipo de príncipe emigrado.

Insistia na necessidade da adoção de reformas liberais, evitando a radicalização política que poderia colocar em perigo os interesses econômicos e políticos das classes proprietárias, "porque as transições não se operam sem abalo, e para a liberdade a evolução nos pareceria mais salutar que a revolução". Para deter o avanço republicano, só há um meio de o conseguir: é abrir-lhe às ondas a ampla curva liberal das maiores reformas, por onde a vaga crescente se estenda sem escolhos. Reformar é o nosso modo de resistir. Progredir é o nosso sistema de conservar.[9]

O desejo de se antecipar à possibilidade da permanência do Império sustentado por um movimento reformista radical transformou a República, sob o controle hegemônico dos fazendeiros paulistas, em uma saída palatável para as oligarquias regionais, desgostosas com a falta de iniciativa política da monarquia e temerosas de uma suposta aliança da Coroa com os negros libertos que receberiam terras, transformando-se em pequenos proprietários.[10]

O Exército e a República

Se o Estado imperial já não era um instrumento eficaz para a nova fração ascendente da classe dominante, a República não passava de um sonho distante, pois não conseguia se transformar em poderoso movimento de massa. Como o impasse político se manteve, o rompimento da ordem institucional passava a ser a única possibilidade para apressar a República, o que só poderia ocorrer, em princípio, pela intervenção do Exército na cena política.

O Exército, como instituição, adquiriu alguma importância no momento da Guerra do Paraguai. A mobilização para a guerra, a longevidade da campanha, as condecorações e os atos de heroísmo posicionaram-no como peça – ainda que secundária – do jogo político. O desprezo das famílias ricas pela profissão das armas provinha do período colonial. A maioria dos oficiais pertencia às classes populares, e mesmo aqueles que receberam títulos de nobreza continuavam vivendo com parcos recursos.

Absorvido pelas tarefas de rotina, sem um programa de aperfeiçoamento e distante da especialização nos diversos campos da arte militar do fim do século XIX, o Exército vegetou à margem dos conflitos entre as frações da classe dominante. Nas repressões às revoltas ocorridas durante o período regencial atuou como agente do poder executivo, restabelecendo a ordem e impondo à força das armas o projeto de Estado nacional unitário e centralizado.

Em 1886, desencadeou-se a chamada Questão Militar, conjunto de atritos entre o governo e o Exército. O primeiro incidente foi com o coronel Cunha Matos, envolvendo um problema paroquial da política do Piauí. Em seguida, há outro incidente com o tenente-coronel Sena Madureira e um antigo ministro da Guerra, tendo como motivo o posicionamento ostensivo do coronel em defesa do abolicionismo. Os militares foram punidos e, posteriormente, o Conselho Supremo Militar resolveu suspender as penas disciplinares. Como o governo entendeu que cabia aos militares punidos solicitar o cancelamento das punições, enquanto os militares consideravam que o governo é que deveria automaticamente cancelá-las, criou-se um novo atrito. O Senado aprovou moção que obrigou o governo a cancelar as penas e o assunto ficou encerrado.[11]

Ocorreram alguns episódios meramente policiais que em outras épocas nada representariam,[12] nem teriam nenhuma repercussão política, mas, como os ânimos começaram a ficar exaltados, principalmente devido ao crescimento do movimento abolicionista, a prisão de um oficial bêbado no Rio de Janeiro, ou uma briga de rua entre soldados do Exército e da polícia, em São Paulo, transformaram-se nos assuntos preferidos dos inimigos da monarquia, que começaram a desenvolver uma campanha para indispor os militares contra o Império. A própria fundação do Clube Militar (25 de julho de 1887) foi uma tentativa dos militares de participar da atividade política não mais individualmente, mas mediante uma instância que fosse a voz coletiva do Exército. Esse fato assinala o início da intervenção militar na política como corporação, demonstrando que o canto da sereia dos republicanos encontrava ouvidos suscetíveis à cantilena golpista. Mesmo assim, os militares continuavam obedientes à ordem monárquica, a exemplo do episódio de outubro de 1887, ocasião em que solicitaram da princesa Isabel, à época na Regência do Império, "um pedido, que é antes uma súplica [...], para que não consinta que [...] os soldados sejam encarregados da captura dos pobres negros que fogem à escravidão".[13]

O marechal Deodoro da Fonseca, presidente do Clube Militar (o vice era Benjamin Constant), foi transferido para Mato Grosso. Essa medida, que poderia ser considerada de rotina na vida militar, visto que o Paraguai e a Bolívia estavam próximos de uma conflagração e era importante proteger as fronteiras da região, foi considerada mais um golpe contra o Exército na figura de um dos seus principais líderes – o outro era o visconde de Pelotas. Em 1889, ocorreram pequenos incidentes do mesmo jaez que despertaram enorme repercussão na imprensa, como a prisão de um tenente que estava dormindo em serviço, o protesto pela nomeação de um instrutor no Ceará e a transferência de um batalhão para Mato Grosso.

Incidentes dessa natureza contribuíram para indispor o Exército não somente contra os governos (liberais ou conservadores), mas também contra a monarquia. Pela primeira vez, o Exército foi alçado a fiador das instituições democráticas. Escreve Rui Barbosa, em 9 de novembro de 1889, que o Exército é "nacional e é constitucional. É a guarda das instituições contra a desordem e a tirania. É a soberania da lei armada". Os boatos de dissolução do Exército, espalhados pelos inimigos do último gabinete liberal, servem para Rui lembrar que, com

> o instinto desta missão nacional, com a consciência deste papel patriótico, o Exército não pode e certamente não há de subscrever a sua própria extinção, e muito menos o aniquilamento pela desonra, pela calúnia, pela ilegalidade, pela prescrição, essa espécie de morte moral, a que parece quererem condená-lo antes de dissolvê-lo.[14]

Com a ausência de uma ideologia ou tradição que justificasse a intervenção política, o Exército encontrou nos intelectuais contrários à monarquia, ou apenas do gabinete liberal, as justificativas legitimadoras para um golpe militar. Por outro lado, a formação humanista (os "bacharéis de farda") da Escola Militar da Praia Vermelha os distanciava do modelo tradicional do oficial europeu ou mesmo latino-americano. A produção literária dos alunos é uma demonstração disso: na *Fênix*, os principais artigos tratavam do teatro no século XIX, das línguas neolatinas e da literatura americana, e somente um analisava um tema militar (é uma recordação da Guerra do Paraguai); na *Clube Acadêmico*, os artigos tratavam da evolução cósmica, da aritmética segundo o método comtiano, da filosofia de Leibniz, entre outros. Havia grupos de teatro. Declamavam poesia e polemizavam sobre os temas do momento. Os professores influenciavam os alunos a participar das questões políticas, pois a todo momento discutiam os acontecimentos do dia.[15]

Benjamim Constant Botelho de Magalhães foi o maior ídolo dos jovens cadetes e o grande símbolo do positivismo entre os militares, apesar de ter se afastado da Sociedade Positivista (1882) e estar rompido com Miguel Lemos, principal representante do positivismo no Brasil.[16] É difícil saber até que ponto os jovens cadetes eram positivistas *stricto sensu*. Até 1889, os subscritores do subsídio positivista não passavam de cinquenta, sua força política não ia além de pequenas esferas no mundo político do Rio de Janeiro e tinham escassíssima influência nas províncias. A essência do positivismo, a transição para a República ditatorial, a "transformação do presidente metafísico no ditador exigido pela nossa situação social", no dizer de Teixeira Mendes, não representava o pensamento dominante entre os militares.

O Exército era formado por tropas arregimentadas à força. Diariamente, eram incorporados novos recrutas devido às constantes fugas dos soldados. Informa o general Peixoto que a "leva" (o recrutamento forçado) trazia jovens do sertão e das cidades litorâneas do Nordeste, nos porões infectos dos navios. Era uma tropa suscetível à insubordinação, mal treinada, com baixos soldos e sem motivação. Os castigos físicos eram o principal instrumento usado para manter a disciplina: pena de prisão de várias semanas, solitárias, cubículos onde o preso só podia ficar de cócoras, cruéis castigos corporais, como o estaqueamento (em quatro estacas fincadas no solo, amarravam-se as pernas e os braços do prisioneiro, que passava horas nesse martírio). Os maus-tratos continuaram durante a República: o jornal *O Estado de S. Paulo* de 5 de fevereiro de 1897 estampa na primeira página uma notícia sobre os castigos na Polícia Militar paulista. Os soldados que faltavam a uma revista eram penalizados com sessenta pranchadas cada um. Chegaram a pendurar um soldado de cabeça para baixo numa viga no centro do alojamento, durante uma hora, como exemplo para seus colegas.[17]

O Exército, com um corpo de oficiais distantes da arte da guerra, menosprezava a grande experiência guerreira brasileira do século XIX: a Guerra do Paraguai. A discriminação de uma grande parcela da oficialidade que lutou no Paraguai (os "tarimbeiros") contribuía para desqualificar o Império (o Paraguai era uma ditadura, mas republicana) e também para reforçar o prestígio dos jovens oficiais adquirido pelo estudo e não nos campos de batalha. Conta o general Cerqueira, para demonstrar a falta de conhecimentos técnicos dos "tarimbeiros", que um "bravo general ao ver perto de um poste um grande rolo de arame, lamentava não poder aproveitá-lo por ser o telégrafo em guarani, idioma que não entendíamos".[18]

No fim do Império, a política oficial em relação ao Exército estava criando uma insatisfação não só entre os oficiais superiores, como também entre a média oficialidade e os cadetes. Entre 1884 e 1889, caiu o número de oficiais de 1.788 para 1.595, diminuindo, principalmente, o número de segundos-tenentes (de 686 para 526), primeiros-tenentes (de 462 para 444) e de capitães (de 401 para 377). Nessa faixa da oficialidade, que inicia a carreira militar, o número total decresceu de 1.549 para 1.347.[19]

O temor de perder o monopólio da força para uma Guarda Cívica, arquitetada pelos defensores de um Exército menor para tempos de paz, o aparecimento da Guarda Negra, formada por ex-escravos, os constantes conflitos com o governo, a inexistência de uma política militar que atendesse aos reclamos, prioritariamente, da jovem oficialidade, em momento de rápidas transformações sociais advindas do crescimento da economia cafeeira, do fim da escravidão e da intensificação da imigração, transformaram o Exército no principal elemento desestabilizador da ordem monárquica. A crise política, a habilidade dos republicanos, especialmente dos paulistas, associadas ao potencial explosivo do Exército, criaram as condições para o 15 de novembro.

A queda do Império

A queda do gabinete João Alfredo e a nomeação do visconde de Ouro Preto (7 de junho de 1889) – depois das recusas de Manoel Francisco Correa, do visconde Vieira da Silva e do conselheiro Saraiva – representaram o momento decisivo no conflito entre as diversas frações da classe dominante. Ouro Preto lembra enfaticamente a D. Pedro II a "necessidade urgente e imprescindível das reformas liberais" que deveriam ser empreendidas "com ousadia e firmeza, largas reformas na ordem política, social e econômica, inspiradas na escola democrática: reformas que não devem ser adiadas, para não se tornarem improfícuas".[20] Na "Fala do Trono", em 1889, há uma clara referência a um projeto de democratização da propriedade da terra:

> Para fortalecer a imigração e aumentar o trabalho agrícola, importa que seja convertida em lei, como julgar vossa sabedoria, a proposta para o fim de regularizar a propriedade territorial e facilitar a aquisição e cultura das terras devolutas. Nessa ocasião resolvereis sobre a conveniência de conceder ao Governo o direito de desapropriar, por utilidade pública, os terrenos marginais das estradas de ferro, que não são aproveitados pelos proprietários e podem servir para núcleos coloniais.[21]

As reformas advogadas por Ouro Preto foram aprovadas no Congresso Liberal de maio do mesmo ano: ampliação do colégio eleitoral, voto secreto, deputados proporcionais à população da província, transformação do Distrito Federal em circunscrição eleitoral, presidentes de província eleitos diretamente e nomeados de uma lista tríplice, maior autonomia administrativa às províncias, garantia dos direitos democráticos, casamento civil, liberdade de culto, temporalidade do Senado e liberdade de ensino. Quando da apresentação do programa do gabinete, Ouro Preto acrescentou uma reforma na "lei de terras, que facilite a sua aquisição, respeitado o direito do proprietário". Quintino Bocaiúva, líder dos republicanos, em artigo de jornal manifestou temor de que, se fossem adotadas as reformas defendidas pelo Gabinete Liberal, a República seria retardada por muitos anos.[22]

No dia da apresentação do programa, Ouro Preto foi vivamente contestado pela Câmara, ficando célebre a intervenção do deputado conservador padre João Manuel, que, temeroso das reformas, opta publicamente e de forma surpreendente pela República, seguindo os passos do líder conservador paulista Antônio Prado, que na mesma época considerava que os "dias da Monarquia estão contados. Os conservadores devem tomar a peito fazer a transição para a República, sem abalos, nem efusão de sangue".[23]

As eleições de 3 de agosto que consagraram esmagadora vitória liberal e a possibilidade real de ser posto em prática o programa de Ouro Preto apressaram a conspiração republicana, pois a posse da nova Câmara ocorreria em 20 de novembro e havia um boato de que D. Pedro abdicaria em 2 de dezembro. As reuniões se sucederam, houve várias adesões de última hora e algumas traições – como a do ajudante-geral marechal Floriano Peixoto, nomeado por Ouro Preto para esse cargo, o segundo em importância no Ministério da Guerra.

Deodoro da Fonseca, doente – segundo Anfrísio Fialho, o marechal sofria de arteriosclerose –, foi arrastado para a conspiração pelos jovens oficiais. Até a última hora tentou um acordo com D. Pedro. No passeio de tropas na manhã do dia 15, estava em péssimas condições de saúde. Essa peculiaridade, acrescida da desorganização dos conspiradores, fez com que somente à tarde alguns advertissem que não ocorrera uma proclamação formal da República. Para isso, foi convocada uma reunião na Câmara Municipal do Rio de Janeiro, sob o comando de José do Patrocínio, que, em nome das câmaras municipais do Brasil, oficializou a derrubada da monarquia.

A queda da monarquia sem nenhum abalo, excetuando-se o incidente envolvendo o barão de Ladário, demonstra o isolamento do regime, que não mais encontrava sustentação política em nenhum setor social organizado. A manutenção da mesma articulação entre as frações da classe dominante que permitiu o 7 de abril de 1831 não era mais possível, dadas as transformações econômicas dos últimos cinquenta anos. A adoção de reformas esbarrava no temor dos grandes proprietários de perder influência política, econômica e social advinda do monopólio da terra, enquanto a burguesia cafeeira almejava obter o poder de Estado para intensificar uma política econômica em defesa dos seus interesses, o que excluía qualquer possibilidade de reformas democratizantes. Os problemas advindos da sucessão de D. Pedro II agravaram a crise da monarquia, pois no horizonte avizinhava-se um período de turbulência. O Império desmoronou lentamente na década de 1880, quando não enfrentou corajosamente as demandas econômicas e sociais das diversas classes, fortalecendo a sua autoridade. A postergação das reformas impediu a ampliação da base social de apoio ao regime, que só esperava a hora da sua queda. A ausência de resistência à República evidencia que os interesses econômicos da classe dominante estavam mais bem representados pela dinâmica burguesia cafeeira. Um movimento restaurador monárquico só poderia prosperar se tivesse o apoio de alguma fração da classe dominante, temerosa de alguma medida do novo regime que colocasse em risco seu poder econômico, o que, como sabemos, não ocorreu.[24]

O nascimento da República

O governo provisório, dirigido por Deodoro da Fonseca, foi constituído por Benjamin Constant (ministro da Guerra), Aristides Lobo (ministro do Interior), Campos Sales (ministro da Justiça), Quintino Bocaiúva (ministro das Relações Exteriores), Rui Barbosa (ministro da Fazenda), Eduardo Wandenkolk (ministro da Armada) e Demétrio Ribeiro (ministro da Agricultura). A formação do ministério demonstrava a aliança dos militares com os republicanos cariocas e os fazendeiros paulistas.[25]

A influência positivista na Proclamação, alardeada pela historiografia, não se sustenta quando analisamos a composição do governo e, principalmente, seus atos. No anteprojeto da Constituição, enviado pelo governo ao Congresso Constituinte, que consubstanciava os fundamentos do Estado desejado pelos republicanos, não havia nenhuma concessão aos positivistas. O projeto sofreu influências notadamente das Constituições dos Estados Unidos e da Argentina.[26]

Com pequenas alterações, o Congresso Constituinte promulgou a Constituição em 24 de fevereiro de 1891. Um ponto central da Carta Magna, que explica a adesão entusiástica à República, foi o federalismo. Desde o fim do Império, os fazendeiros insistiam na necessidade de um poder central débil, transferindo para os estados o poder de fato. Alberto Sales, irmão de Campos Sales, escreve em 1887 *A pátria paulista*, chegando a propor a separação de São Paulo do Brasil em uma evidente demonstração de insatisfação com o centralismo imperial. Max Leclerc, jornalista francês que chegou ao Brasil logo após o 15 de Novembro, afirma que ouviu de diversas pessoas influentes de São Paulo frases como: "Antes a separação do que uma República centralizada".[27]

A Constituição de 1891 definiu no artigo 4° os limites da interferência do governo federal nos estados. Excetuando-se as invasões estrangeiras, a execução de sentenças federais e a manutenção da forma republicana federativa no restabelecimento da ordem e da tranquilidade nos estados, só poderia haver intervenção federal caso fosse requisitada pelos governos estaduais. A ampla liberdade estadual foi reforçada pelas disposições que regulamentaram os assuntos econômico-financeiros. O artigo 5° incumbia cada estado de prover suas próprias necessidades, e a União só prestaria socorro em caso de calamidade pública e somente se houvesse solicitação do governo estadual. O artigo 9° foi importantíssimo: concedia aos estados a competência exclusiva de decretar impostos sobre as exportações de mercadorias de sua própria produção, além de cobrar impostos sobre imóveis rurais e urbanos, a transmissão de propriedade e indústrias e profissões. As terras devolutas passaram a pertencer aos estados e os próprios nacionais que não fossem úteis à União também passariam aos estados (artigo 64). No artigo 63 foi reafirmado o predomínio do poder estadual, pois cada "Estado reger-se-á pela Constituição e pelas leis que adotar respeitados os princípios constitucionais da União".

A doutrina do soldado-cidadão, tão enaltecida durante o ocaso do Império, não obteve guarida no texto constitucional. Foram adotadas medidas corporativistas sobre o voto dos alunos das escolas militares de ensino superior (artigo 70, parágrafo 3, item 3), criado o serviço militar voluntário, abolido o recrutamento militar forçado (artigo 87), adotado foro especial para os militares – o Supremo Tribunal Militar (artigo 77) –, além das disposições sobre aposentadoria e patentes (artigos 74, 75 e 76). Foi incluído um artigo, o 88, dispondo que o Brasil, "em caso algum, se empenhará em guerra de conquista, direta ou indiretamente, por si ou em aliança com outra nação". É provável que essa tenha sido uma das únicas reivindicações patrocinadas antes do 15 de Novembro que foram incorporadas à Constituição.[28]

Se os primeiros dias da República geraram um movimento de incerteza entre as oligarquias regionais – mais pela novidade do regime que por suas medidas –, a vitória nas eleições para a Constituinte, em 15 de setembro de 1890, tranquilizou-as, pois possibilitou à classe dominante manter o controle político dos seus estados em condições bem mais favoráveis que as vigentes na Constituição de 1824. Um bom exemplo é o caso do estado do Rio de Janeiro: Silva Jardim, o grande tribuno republicano, não foi eleito deputado à Constituinte, derrotado pela chapa oficial que representava os políticos tradicionais do Império "convertidos" à causa republicana e aliados do governo Deodoro. Quintino Bocaiúva preferiu transigir e participou das duas chapas, sendo eleito senador. A chapa oficial foi dominada pelos grandes proprietários de terras, como Alberto Brandão, deputado eleito à Constituinte, que defendia a "aplicação de uma política larga e generosa, com a execução do artigo 295 do Código Criminal, de modo que os libertos de 13 de maio voltassem aos estabelecimentos abandonados, qualquer que fosse a sua origem, a fim de concorrer para a riqueza nacional".[29]

A burguesia cafeeira obteve uma autonomia que possibilitou ampliar a diversificação econômica da região, aproveitando-se dos dispositivos federalistas da Constituição e do controle do poder central, enquanto o restante do Brasil assistia ao processo de consolidação das oligarquias, as quais, de mãos livres, reestruturaram o poder regional – quando necessário, pois em alguns estados houve continuidade entre os grupos políticos dominantes do Império e da República –, reforçando e ampliando o domínio sobre os trabalhadores do campo e da cidade.

Por outro lado, com a República, as relações Estado-Igreja foram substancialmente modificadas. Durante o Império manteve-se intocado o Padroado, conforme o disposto nos Artigos 5° e 102 da Constituição de 1824, que permitia ao Estado controlar todos os assuntos eclesiásticos, desde a designação dos bispos e a administração dos seminários, chegando até a conceder ao imperador a faculdade de aprovar as decisões dos concílios e dos documentos pontifícios, a exemplo das encíclicas.

O pontificado de Pio IX, como vimos, representou para a Igreja brasileira um momento de alinhamento com Roma. O grande embate com o Estado imperial ocorreu na chamada Questão Religiosa (1872-1875). Tudo começou quando D. Vital Maria Gonçalves de Oliveira, nomeado bispo de Olinda por D. Pedro II, aos 27 anos, resolveu, imediatamente após assumir o posto, colocar em prática as decisões de Pio IX relativas ao banimento de maçons do seio da Igreja. D. Vital proibiu uma missa pelo aniversário de uma loja maçônica e, em desafio, os maçons divulgaram um documento com os nomes dos padres que pertenciam às lojas e de todos os membros que participavam das confrarias religiosas. O bispo suspendeu as irmandades e penalizou as capelas controladas pelas confrarias.

De uma questão local, imediatamente se espalhou para todo o Brasil a notícia sobre a ação de D. Vital. Os outros bispos não só não aplicaram as disposições de Pio IX como também não apoiaram o bispo de Olinda, com exceção do bispo do Pará, D. Antonio de Macedo Costa. As irmandades recorreram da decisão de D. Vital ao governo, o qual, cumprindo as disposições constitucionais, acolheu o recurso, ou seja, não admitiu que o bispo tivesse competência para intervir em corporações civis, como as irmandades.

Em 1873, o barão de Penedo foi enviado pelo governo à Santa Sé para buscar o apoio do papa à decisão contrária à interferência da Igreja nas irmandades e confrarias. Pio IX, depois de alguns desencontros, apoiou o governo e levantou a interdição canônica. Mesmo assim, os bispos D. Vital e D. Macedo foram processados por violarem a Constituição e condenados, em 1874, a quatro anos de prisão com trabalhos forçados, comutados em prisão simples pelo imperador. Em 1875 foram anistiados, permanecendo vinte meses encarcerados. Todo o conflito foi acompanhado a distância pelos bispos e religiosos em geral. Os cinco padres que eram deputados na Câmara em momento algum defenderam os bispos. Recorda, com propriedade, Basílio de Magalhães que "a nação não se movimentou em prol dos bispos mártires, e não houve a menor tentativa de libertá-los do cárcere". Complementa destacando que se "houvesse no Brasil uma fé cristã sincera e ardorosa não apenas de palavras estilizadas [...], a questão epíscopo-maçônica deveria ter produzido, fatalmente, uma revolta armada em todo o país, em defesa dos bispos mártires".[30]

A auréola dos "bispos mártires" não logrou engajar os fiéis, como também não correspondeu às condições existentes na prisão. Segundo depoimento da época, D. Vital, que ficou preso no Rio de Janeiro, tinha nos aposentos reservados como celas móveis de mogno e louças finas. Passeava diariamente nas proximidades do Pão de Açúcar, ouvia duas horas de música, tomava chá na casa do comandante, realizava cinco refeições por dia especialmente preparadas para o bispo. Levou um criado para servi-lo que recebia a ajuda de um marinheiro designado pelo comandante da fortaleza. Rezava missa aos domingos e dias santos, recebia visitas e tomava frequentes banhos de mar.[31]

É improvável que a "Questão Religiosa" tenha influenciado o movimento republicano e os acontecimentos de 15 de novembro. Todos os doze bispos, em 1889, professavam o monarquismo e, em 1894, o arcebispo do Rio de Janeiro pergunta "se a eversão do Império não foi um gravíssimo erro político, social e econômico, de cujas funestas consequências o Brasil, parece, se há de ressentir por longos anos". Defende "a faculdade de simpatizar com a fé política que lhe parecer mais racionável, mais consentânea com as tradições do país e a índole do povo, mais capaz de assegurar a grandeza e a prosperidade da nação".[32]

Com o advento da República, a situação se transformou. Pelo Decreto 119A, de 7 de janeiro de 1890, o Estado formalizou sua separação da Igreja, extinguiu o Padroado e adotou o casamento civil, a municipalização dos cemitérios e várias medidas que secularizaram as relações do Estado com a Igreja. O episcopado brasileiro respondeu à ofensiva governamental com uma pastoral coletiva, a primeira em toda a história da Igreja brasileira. De início, dissociaram a Igreja da monarquia, pois se "desapareceu o trono [...], o altar está em pé, amparado pela fé do povo e pelo poder de Deus". Defenderam enfaticamente a "ordenação divina dos dois poderes perfeitamente distintos e independentes [...], o poder eclesiástico e o poder civil". Para os bispos,

> não podem os católicos admitir o divórcio do Estado com a Igreja. Como não o há entre a razão e a fé, duas luzes emanadas do mesmo sol; entre a natureza e a graça, dois influxos do mesmo princípio de vida, não o há também, nem o pode haver, entre os dois poderes, em que transluz uma imagem ainda que diversa da mesma divina paternidade.[33]

Buscando influenciar os trabalhos da Constituinte republicana, os bispos fomentaram a criação de partidos católicos em vários estados, que defendiam um programa fundamentado na educação religiosa nas escolas, dispensa do casamento civil, harmonia entre Igreja e Estado e, em alguns estados, como em Goiás, "o reconhecimento do Concílio Tridentino como lei da República Federativa do Brasil" e a abolição dos "sistemas econômicos e financeiros organizados pelos judeus".[34]

D. Macedo, bispo do Pará, conhecido devido à "Questão Religiosa", lembrou a Rui Barbosa – ministro do Governo Provisório – que não desejava "a separação, não dou um passo, não faço um aceno para que se decrete no nosso Brasil o divórcio entre o Estado e a Igreja". Supunha que a separação "poderia causar grande abalo no país". Atacou a liberdade de culto, pois "a verdadeira Igreja tendo mantido através de dezenove séculos esta sua autoridade divina, não pode agora abdicar, e admitir com os modernos o princípio que o homem tem direito natural perante Deus de abraçar indiferentemente o catolicismo, os cismas e as heresias". O bispo paraense não quer "separação, divórcio, mas UNIÃO", da Igreja com o Estado. Segundo ele, "estão de tal forma identificadas a Religião e a Pátria, que não se pode prejudicar a uma sem que o mal que se lhe fizer recaia em cheio sobre a outra". Para o bispo de Mariana, D. Silvério Gomes Pimenta, o "Governo Provisório julgou-se com o direito de separar o que a vontade do Criador quis que vivesse unido [...], a Igreja e o Estado".

Mas o clero manteve sua oposição às medidas do governo republicano no plano das ideias, pois a "Igreja não cessa de condenar [...], não são como um enorme crime anti-social, mas ainda como um pecado gravíssimo diante de Deus, é a conspiração, é a revolta contra os poderes legitimamente constituídos".[35]

A Igreja, durante a primeira década da República, tentou a todo custo lutar contra os dispositivos da Constituição de 1891 que reordenaram suas relações com o Estado. O embate ficou restrito à troca de correspondências, epístolas, artigos de jornal, sem alcançar grande dimensão popular. O conservadorismo dos bispos, associado à distância entre o clero e o povo, que impedia uma significativa mobilização dos fiéis, acabou por transformar o conflito numa divergência entre a alta hierarquia da Igreja e os novos donos do poder. A Igreja, em vez de buscar redimensionar o seu papel pastoral, tentou a todo custo retornar aos tempos do Padroado, temerosa de que a ampliação da liberdade religiosa pudesse colocar em risco o monopólio do sagrado. A Igreja estava atenta aos movimentos que pudessem romper com a ortodoxia, principalmente porque não contava com o braço secular do Estado. A grande questão era como impedir dissidências religiosas utilizando-se do aparato repressivo do Estado.

Mesmo com a nova Constituição, o governo Deodoro, eleito pelo Congresso em 25 de fevereiro de 1891, depois de acirrada disputa com Prudente de Morais –, continuou marcado pela instabilidade política, originária das dificuldades em conciliar os interesses de burguesia cafeeira, oligarquias regionais, republicanos históricos, militares e egressos do antigo regime. A falta de habilidade política do chefe de governo, aliada à sua instabilidade emocional, transformou o período num dos momentos mais conturbados da história nacional.[36]

Várias mudanças no ministério, intervenções nos estados e constantes alterações na política econômica apressaram o conflito entre Executivo e Legislativo. Sob a liderança do barão de Lucena – último presidente da Câmara dos Deputados do Império –, ministro da Justiça (posteriormente assumiu a Fazenda), preparou-se um golpe de Estado em 3 de novembro de 1891 que dissolveu o Congresso, convocou eleições para fevereiro de 1892 e nova Constituinte para maio do mesmo ano. A crise político-militar acelerou-se, Deodoro da Fonseca renunciou e Floriano Peixoto assumiu a presidência em 23 de novembro de 1891.

O novo presidente – que até o fim do mandato exigiu ser chamado de vice-presidente no exercício da Presidência – reabriu o Congresso Nacional, suspendeu o estado de sítio e restabeleceu as garantias constitucionais. Nos estados, as divergências intraoligárquicas transformaram o período em uma sucessão de crises, tornando-se rotineira a existência de dois poderes, Executivo e Legislativo, produtos da intervenção federal e de eleições fraudulentas. Esses anos foram marcados também pela Revolta da Armada e pela Revolução Federalista, movimentos que se opuseram à permanência de Floriano na Presidência e de seus aliados em alguns governos estaduais – a exemplo do Rio Grande do Sul – e que acabaram adquirindo um caráter de defensores da restauração monárquica. A repressão a esses movimentos – particularmente à Revolução Federalista – caracterizou-se por fuzilamentos indiscriminados, degola de prisioneiros e desrespeito às medidas judiciais. Entre os militares, dois se distinguiram pela obediência ao cumprimento das ordens recebidas do presidente: os coronéis Artur Oscar e Moreira César, futuros participantes da campanha de Canudos.

A vitória governamental só foi possível graças ao apoio financeiro e militar da burguesia cafeeira paulista. Para ela, era melhor apoiar Floriano – que não tinha possibilidade de se manter no poder depois do término do seu mandato, nem sequer de eleger um sucessor – que a emergência dos líderes federalistas, muitos deles originários da monarquia, como Gaspar Silveira Martins. Em abril de 1893, no ápice das revoltas antigovernamentais, foi fundado o Partido Republicano Federal, que acabou servindo de instrumento para o lançamento das candidaturas de Prudente de Morais e Manuel Vitorino, respectivamente presidente e vice-presidente da República, em 25 de setembro de 1893. Foram eleitos em 1º de março de 1894 com menos de trezentos mil votos. Sem a participação dos eleitores dos estados do Paraná, Santa Catarina e Rio Grande do Sul devido à guerra civil, a eleição foi mais um referendo formal sem participação popular e com a ausência de candidatos oposicionistas. A maior incógnita era se Floriano entregaria o poder a Prudente de

Morais, pois não só se recusou a participar das articulações da candidatura oficial como nem sequer recebeu o eleito na sede do governo. Depois de algum suspense, em 15 de novembro de 1894, Prudente foi empossado como primeiro presidente civil da República, encerrando cinco anos de governo militar.

Assim, a Proclamação da República representou um momento de rearticulação das forças políticas no âmbito dos governos federal e estadual. A hegemonia econômica do Sul não encontrou no Estado imperial espaço suficiente para impor o seu projeto político. Razões de ordem conjuntural associadas ao temor de uma transição traumática conduziram ao estabelecimento de uma aliança política da burguesia cafeeira – que trazia consigo grande parte das oligarquias regionais – com o Exército. Para os civis, o Exército deveria voltar às suas funções constitucionais após o 15 de Novembro, mas a instabilidade do governo Deodoro e, principalmente, as revoltas ocorridas durante a gestão de Floriano obrigaram a estender a ação durante cinco anos. Nesse período foram se constituindo interesses que chegaram a sonhar com a permanência dos militares no poder, o que não foi possível devido à inexistência de uma base social suficientemente ampla.

A Constituição de 1891 e a transferência às oligarquias regionais de grande parte dos poderes da União permitiram soldar uma aliança estável, impondo uma nova ordem. Ao Exército, como instituição, foi reservado um papel secundário – apesar de alguns oficiais participarem ativamente da política oligárquica –, frustrando os desejos de uma participação ativa na máquina estatal, mas servindo como guarda pretoriana da República. A Igreja, peça importante no xadrez político durante o Império, ficou à margem da nova ordem. Monarquista, distante do povo e símbolo do antigo regime, não seduziu os novos donos do poder, mas esperou o momento adequado para se recolocar como importante instrumento para a manutenção da ordem burguesa.

A Bahia e o novo regime

As profundas modificações ocorridas no Brasil nas últimas três décadas do século XIX tiveram grande repercussão na Bahia. Desde os últimos anos do Império, a província já demonstrava sinais de decadência econômica, e o centro-sul, mais especificamente as áreas cafeeiras, transformara-se no principal polo econômico do país.[37] Apesar da crise da economia açucareira, a Bahia exercia significativa influência política nos partidos Liberal e Conservador. De 1880 a 1888, apesar da alternância dos gabinetes, a maioria dos primeiros-ministros foi de baianos.

Os republicanos conseguiram organizar, às vésperas da Proclamação, três clubes que sobreviveram na marginalidade política. Os principais políticos baianos na Primeira República, como Rui Barbosa e J. J. Seabra, jamais militaram no Partido Republicano. Segundo César Zama, até "15 de novembro não havia na Bahia Partido Republicano. Limitadíssimo era o número dos que se diziam adversários das instituições monárquicas: eram ao todo sete, e nominalmente conhecidos. [...] Na Bahia, como no Rio de Janeiro, a República foi obra de uma parte da guarnição".[38]

Na madrugada de 16 de novembro, Manuel Vitorino – médico e professor da Faculdade de Medicina de Salvador, membro do Partido Liberal e amigo de Rui Barbosa – foi designado pelo Governo Provisório para assumir o governo do estado. A notícia caiu como uma bomba, pois Vitorino não era conhecido como defensor do regime republicano durante o Império. A indicação natural e esperada foi do também médico Virgílio Damásio, que chegara a receber Silva Jardim em junho, quando o tribuno republicano percorreu o norte do Brasil como um contraponto à viagem do conde d'Eu à região.

Ao receber a designação do Governo Provisório, Vitorino, em vez de procurar os republicanos de Salvador, mostrou o telegrama ao presidente da Província, o conselheiro Almeida Couto. Mantendo os republicanos na ignorância dos acontecimentos do Rio de Janeiro, Vitorino evitou liderar o novo governo, enquanto os monarquistas iniciaram uma contraofensiva, apesar da solicitação de Deodoro da Fonseca, que enviou telegrama a Almeida Couto nos seguintes termos: "Como chefe do

Governo Provisório faço apelo ao patriotismo de V. Ex., povo e guarnição da Bahia, a fim de respeitar governo constituído pelo exército e armada, povo desta capital, já apoiado por muitas Províncias".

A Câmara Municipal de Salvador se reuniu no dia 16 e repudiou veementemente os acontecimentos da capital federal:

> Povo Baiano! Esta província não pode ser enfeudada às precipitações de um general que queira, de um dia para outro, por arbítrio seu, por pesadelo ou por ambição, uma situação nova para o país, contra a opinião geral dele, dispensando o concurso dos representantes naturais e legais. [...] Este sistema oriundo da surpresa e da traição não pode continuar, porque não pode ser apoiado pelos amigos das liberdades públicas e dos direitos do povo.

Foi aventada a possibilidade de resistência militar, pois o marechal Hermes Ernesto da Fonseca, comandante militar da região e irmão de Deodoro, era fiel monarquista e se negava a aceitar a deposição do imperador. Almeida Couto, com o apoio da Câmara de Salvador e do marechal Hermes, telegrafou ao presidente do Governo Provisório manifestando-se contrário à proclamação da República:

> Como Presidente da Província e em nome do povo baiano, reunido espontaneamente e por muitos representantes de diversas classes sociais, sem distinção de partidos políticos, sob inspiração de ardente patriotismo, declaro respeitar e manter a Constituição e as leis do Império.

Enquanto isso, o coronel Frederico Cristiano Buys, comandante do 16º Batalhão de Infantaria, tentou entrar em contato com Virgílio Damásio e Deoclesiano Ramos para proclamar a República na Bahia. Apesar de mais um telegrama do novo governo central reafirmando a designação de Vitorino, este evitou se colocar à frente do movimento. No fim da tarde do dia 16, o coronel Buys e os republicanos civis Damásio e Ramos lideraram no Forte São Pedro uma manifestação de apoio à proclamação da República, com a participação de soldados, alguns estudantes e antigos membros do Clube Republicano. Quando o pequeno grupo de manifestantes partiu em direção ao centro da cidade, ocorreram vários tumultos envolvendo simpatizantes da monarquia.

A tensão diminuiu na manhã do dia 17 com a chegada de notícias da inexistência de resistência ao novo regime não só na capital federal como no resto do país. Mesmo assim, Vitorino continuou relutante a assumir o governo, mas um telegrama do Rio de Janeiro nomeou Virgílio Damásio governador interino. Logo em seguida, o marechal Hermes da Fonseca divulgou ordem do dia informando que, como o "Império não pode organizar novo ministério", tinha ordenado aos seus comandados que "se mantivessem em seus sentimentos de adesão ao monarca, aguardando o desenvolvimento fatal do movimento". Como a família imperial partiu para o exílio, ficou "extinta a dinastia imperante e, portanto, adotado no país o regime republicano". Assim, convidou seus comandados "a prestarem adesão e obediência ao governo provisório republicano".

No começo da tarde do dia 17, em frente à fortaleza de São Pedro, foi novamente proclamada a República, com a participação dos mesmos setores sociais do ato anterior; na ocasião, Virgílio Damásio foi aclamado governador. No dia seguinte, tomou posse oficialmente no cargo em cerimônia na Câmara Municipal, com a presença dos conselheiros municipais que no dia 16 se opuseram tão veementemente ao novo regime, considerando-o, conforme texto de um telegrama enviado aos jornais cariocas, "uma tirania militar, que sob o nome de governo provisório se estabeleceu na Corte".

O novo governador buscou tranquilizar os monarquistas. Em manifesto divulgado no dia anterior, afirma que a "proclamação da nova forma de governo é um fato consumado, contra o qual só poderá reagir quem queira provocar uma luta sangrenta sem vantagem para o país e com maior perigo para todas as classes interessadas na plena garantia da vida e da prosperidade". Para Damásio, caberia ao governo "primeiro que tudo, respeitar a tranquilidade desta capital, manter a inviolabilidade do domicílio e a segurança individual e dos bens, e promover a felicidade da Província". Concluiu apelando para o patriotismo dos baianos e reafirmando o cumprimento de todos os encargos do governo e a manutenção dos funcionários públicos. Com todas essas garantias, causaria estranheza qualquer movimento de resistência ao novo governo. A Bahia foi a última província a aderir à República.[39]

Finalmente, no dia 23, Manuel Vitorino assumiu o governo, no momento em que se dissipavam todas as dúvidas sobre a estabilidade do novo regime e até a Igreja manifestara apoio ao Governo Provisório, através do bispo de Salvador, D. Luiz Antonio dos Santos, que enviou a Deodoro da Fonseca um telegrama, em 22 de novembro, nos seguintes termos: "O Arcebispo da Bahia com seu clero saúdam, na pessoa do general Deodoro, o novo regime estabelecido e imploram as bênçãos do céu sobre os esforços dos filhos da Terra de Santa Cruz, pela prosperidade e felicidade da mesma".[40] A vacilação e a omissão política de Vitorino, a semana decisiva para a consolidação do novo regime e o passado pouco identificado com a causa republicana causarão sérios problemas ao governador. Foi logo acusado de se aproximar dos conservadores e de governar autoritariamente, ou seja, sem consultar as lideranças republicanas. Em abril de 1890, depois de um incidente em que teria proibido a manifestação liderada por César Zama, foi advertido pelo presidente da República – nesse momento, os governadores são meros delegados do poder central –, o que o levou a renunciar ao governo.

Em 26 de abril, Hermes da Fonseca foi nomeado governador pelo irmão, pouco tempo depois de ter sido promovido a marechal. Idoso, doente e desconhecedor dos meandros da política regional, pouco fez no cargo. Durante seu governo foram realizadas as eleições para o Congresso Constituinte, com as costumeiras denúncias de fraudes e violências, que escolheram senadores e deputados que representariam a Bahia na Constituinte. Para o Senado foram eleitos José Antonio Saraiva, que teve longa carreira política, inclusive exercendo duas vezes a Presidência do Conselho de Ministros; Rui Barbosa, conhecido representante da ala radical do Partido Liberal e nomeado conselheiro pelo imperador; e Virgílio Damásio, o mais votado, que representava os republicanos históricos da Bahia. Em decorrência do mau estado de saúde, Hermes da Fonseca renunciou e entregou o cargo a Virgílio Damásio, que ficou como governador por dois meses, pois tinha acabado de ser eleito para a Constituinte. O Legislativo local nomeou para assumir interinamente o governo José Gonçalves da Silva, que presidiu as eleições para a Constituinte Estadual.

Manifestaram-se a partir desse momento modificações na política regional. A morte do barão de Cotegipe, o isolamento do conselheiro Saraiva, a extinção dos partidos monárquicos e a ampliação do direito de voto, que adicionou ao processo eleitoral as massas rurais, desde que alfabetizadas, transformaram os primeiros anos da República num período de constante tensão política. Os governadores impunham seus candidatos, mas tinham que negociar com os líderes municipais, transformando as eleições em ato formal e confirmatório dos acordos da oligarquia. Isso não significava a inexistência de conflitos intraoligárquicos que acabavam se manifestando no momento da eleição e no processo de reconhecimento dos eleitos. O controle das mesas eleitorais nos municípios passou a ser fundamental para garantir a vitória dos candidatos situacionistas.

José Gonçalves – à época aliado do barão de Jeremoabo e de Severino Vieira – indicou Luís Viana à Presidência da Constituinte local, visando garantir uma Constituição favorável aos interesses do seu grupo político, e também porque desejava se eleger indiretamente ao governo do estado, o que conseguiu através da imposição da sua candidatura e graças à solicitação do barão de Jeremoabo para que o voto fosse nominal e aberto, o que facilitou as pressões oficiais.

Entre seus dispositivos, a Constituição do Estado da Bahia regulamentou a criação dos municípios. O "governo municipal terá sua sede nas cidades e vilas, ora existentes, e naquelas que se criarem, contanto que o município tenha mais de quinze mil habitantes" (artigo 102). Somente "por lei do Estado poderão ser criados outros municípios, ou alterada a circunscrição dos já constituídos, precedendo sempre representação dos municípios interessados" (artigo 100).

Dada a importância eleitoral dos municípios, logo é promulgada uma lei exclusiva sobre a organização municipal, a de número 4, de 20 de outubro de 1891. No artigo 4° estipulavam-se os requisitos para a criação de municípios: população superior a quinze mil habitantes, renda municipal superior a dez contos de réis e pelo menos 20% da população adulta alfabetizada etc. Algumas dessas disposições dificilmente foram cumpridas, por exemplo, a que estabelecia que 20% da população adulta deveria saber ler e escrever. Em 1890, 8% da população do estado era alfabetizada e, em 1920, somente 5%. O quadro educacional da Bahia era muito ruim.

Segundo o responsável pela instrução primária do Estado, a população escolar em 1891 era de 292.335 crianças, das quais somente 23.196 estavam matriculadas e apenas 15.534 frequentavam regularmente as aulas. Em 1890, em todo o estado, apenas 251 crianças fizeram exames finais. No município de Monte Santo – que incluía vilas e arraiais –, a população escolar na mesma época era de 4.151 crianças, das quais 144 estavam matriculadas e somente 96 frequentavam as aulas. Fizeram os exames finais apenas dois alunos.[41]

O artigo 128 dispunha que "são alistáveis para a função geral do voto todos os cidadãos brasileiros maiores de 21 anos que souberem ler e escrever", e eram excluídos, segundo o artigo 129, os analfabetos, mendigos, praças de pré e religiosos de ordem monástica, companhias e congregações. Os cidadãos não alistáveis eram considerados inelegíveis (artigo 130) e a cada ano "proceder-se-á à revisão eleitoral, e todas as interpretações se farão no sentido de alargar o sufrágio" (artigo 131). Nas eleições municipais era permitido o voto do estrangeiro com mais de um ano de residência, se fosse contribuinte. É provável que o artigo tenha sido inspirado por Rui Barbosa, que não conseguira incluir na Constituição Federal esse dispositivo, à semelhança do que existia na Argentina.

Em 21 de janeiro de 1892, através da Lei nº 10, foi regulamentado o processo eleitoral. O alistamento dos eleitores deveria ser feito por juntas distritais nos meses de janeiro e junho, e um edital com a ata geral do alistamento seria afixado na respectiva junta. O cidadão não alistado teria trinta dias a contar da publicação do edital para recorrer e deveria receber um título de eleitor. Três anos depois, em 12 de julho de 1895, através da Lei nº 104, foi definida nova lei eleitoral dispondo sobre o alistamento, a organização das mesas eleitorais e o processo eleitoral. O alistamento passou a ser anual e o detalhismo legal foi tão grande que chegava a especificar o formato da cédula: "será de papel branco ou anilado e fechado de todos os lados, com rótulo competente, segundo a eleição a que pertencer".[42]

As violências e fraudes continuavam. Vale citar apenas o exemplo da eleição de Rui Barbosa, na prática, candidato único ao Senado Federal, em 30 de dezembro de 1896. A informação oficial é que Rui recebeu 74.863 votos, 1.891 foram dados a diversos candidatos e 476 em branco, perfazendo um total de 77.230 eleitores. Em 1890, a Bahia tinha uma população de 1.919.802 habitantes, e em 1900 alcançou 2.117.956, um crescimento de 198.114 habitantes, que dá uma média anual de 19.811. Assim, em 1896, o Estado tinha aproximadamente 2.040.000 habitantes, e como somente 8% sabiam ler e escrever, eram alfabetizados 160 mil habitantes. Só votavam os homens, que, em média, representavam 50% da população. Mas como o número de mulheres alfabetizadas era sensivelmente inferior, é possível estimar o número de votantes em 120 mil eleitores. Mas não deve ser esquecido que só eram considerados aptos a votar os maiores de 21 anos, além de outras exclusões já citadas. Assim, em uma estimativa otimista, o contingente eleitoral efetivamente votante não devia passar de 90 a 100 mil eleitores, lembrando que o eleitor deveria se alistar na sede do município, os meios de comunicação e transporte eram precários e muitos moravam a dezenas de quilômetros da vila ou cidade, portanto, nessas condições a abstenção devia ser relativamente alta. Apesar desses números, em maio de 1897, quando Rui Barbosa fez uma conferência no Teatro Politeama, em Salvador, afirmou que sua candidatura fora colocada "sobre um pedestal de noventa e dois mil votos, por uma eleição sem precedentes, que ecoou no país como o rumor de vasta aclamação". O exagero de Rui é evidente: além de tudo, acrescentou 18 mil votos aos que supostamente recebeu na eleição de 1896. Estranhamente, em 1904, portanto, oito anos depois dessa eleição senatorial, José Marcelino, candidato único ao governo estadual, foi eleito com 78.459 votos.[43]

Quem controlava as mesas diretoras do Senado ou da Câmara conseguia diplomar seus candidatos. As leis serviam mais como artifícios legais para oficializar a diplomação que para serem efetivamente cumpridas. Muitas vezes as atas eram feitas longe dos locais onde se realizavam as eleições. Lembra Braz do Amaral que "alteraram-se também as atas, raspando-se os nomes dos votados e substituindo-os por outros e algumas foram inteiramente falsificadas, pelo que o Povo apelidou tais eleições de *bicório*, referindo-se aos bicos das penas com as quais eram feitas".[44]

A Constituição não serviu para dirimir os conflitos intraoligárquicos. A organização partidária baiana, extremamente confusa, colaborava para o acirramento das tensões. O Partido Nacional, de curta duração, fundado por José Antônio Saraiva, tinha no seu conselho-diretor César Zama e o barão de Jeremoabo, opositores na política regional. O Partido Nacional Democrata, que atuou durante um ano, foi fundado por Almeida Couto, último presidente da Província durante a monarquia, juntamente com Virgílio Damásio, primeiro governador republicano do Estado. Contudo, em 1889, quando Manuel Vitorino tomou posse como governador nomeado pelo poder central, disse que os

> velhos partidos com as suas organizações infeccionadas, com os seus planos de egoísmo e corrupção para o assalto e gozo do poder, com as suas políticas de filhotismo, patronato, perseguições, intrigas, ódios e principalmente de subserviência a quem possa ou a quem dê, mataram a monarquia e é justo para a honra da nação, para garantia, estabilidade e eficiência do novo regime, que eles morram com ela.[45]

Isso não só não ocorreu com os novos partidos criados depois de 1889 como a própria prática política de Vitorino e de outros líderes republicanos pouco se distinguiu desse retrato.

O golpe de Estado de Deodoro da Fonseca (3 de novembro de 1891) criou um sério problema ao governador José Gonçalves. Na Assembleia e no Senado estadual, foram apresentadas moções condenando o golpe. O governador manteve uma posição dúbia, até que em 5 de novembro resolveu apoiar abertamente Deodoro. Do Rio de Janeiro chegou César Zama, encarregado por Floriano Peixoto de desencadear o movimento de apoio à conspiração que se desenvolvia contra o governo Deodoro. Em 23 de novembro, o Generalíssimo renunciou e Floriano assumiu a Presidência da República. Na Bahia, Zama e a guarnição local obrigaram

Gonçalves a renunciar. A confusão aumentou, pois Luís Viana, presidente do Senado estadual e aliado de Gonçalves, apesar de sucessor legal do governador, recusou-se a aceitar o cargo e sugeriu o general Tude Neiva para assumir o governo. A manifestação de rua convocada por Zama acabou em tiroteio, morrendo vários civis. O coronel Antonio Moreira César, que tinha assumido a chefia da Polícia, foi acusado de ter autorizado o uso da força contra os manifestantes.

Durante um mês ficou vago o cargo de governador, enquanto nos bastidores os políticos buscavam uma saída. A situação se agravou ainda mais pela ação do tenente-coronel Francisco de Abreu e Lima, que, como enviado de Floriano, tinha chegado à Bahia para solucionar o impasse, mas repentinamente resolveu assumir o governo. Sem apoio local e do governo central, restou a Abreu e Lima negociar para debelar a crise. Em 22 de dezembro, José Gonçalves exonerou-se do governo, e Luís Viana renunciou à Presidência do Senado, sendo eleito em seu lugar o chefe de divisão reformado Joaquim Leal Ferreira, que, como presidente do Senado, era o sucessor legal do governador. Curiosamente, Manuel Vitorino apresentou à Assembleia Estadual baiana moção lamentando a renúncia de José Gonçalves, que, "no exercício de suas funções, deu as provas mais significativas de patriotismo, virtudes cívicas e particulares e, sem desmerecer da confiança política daqueles que o elegeram, prestando a este estado e às instituições republicanas assinalados serviços".[46] Isso depois do apoio ao golpe de Deodoro, da deposição armada do governador, da morte de vários manifestantes e de um mês sem um responsável pelo governo do estado.

Leal Ferreira permaneceu cinco meses à frente do governo, garantindo a transição para o primeiro governador eleito pelo voto direto, o médico Joaquim Manuel Rodrigues Lima, candidato único nas eleições de janeiro de 1892. Rodrigues Lima, durante o Império, foi três vezes deputado provincial e, em 1891, foi eleito senador estadual. O primeiro nome lembrado para o governo foi o do senador José Antônio Saraiva, que recusou a indicação, além de não aceitar que seu nome fosse apresentado, ameaçando renunciar caso eleito. Rodrigues Lima aceitou a candidatura, recebendo 45.797 votos de um total de 48 mil. A participação do eleitorado foi pequena, especialmente na capital, devido à propaganda oposicionista pela abstenção e principalmente ao desinteresse popular. Vale lembrar que esse fenômeno não era exclusivo da Bahia: em 1893, o Rio de Janeiro tinha cerca de quinhentos mil habitantes; destes, aproximadamente trinta mil eram eleitores, e Aristides Lobo foi eleito senador com pouco mais de 1.500 votos.[47]

Coube ao novo governador organizar administrativamente a Bahia com fundamento na Constituição Federal, que concedia ampla autonomia aos estados. A transferência das divergências políticas do âmbito federal para o regional transformou esse período em um momento de acesas disputas pelo controle do processo eleitoral, que prenunciava a disputa pela sucessão ao governo do estado.

Luís Viana optou por se afastar de José Gonçalves para garantir a sua indicação ao governo do estado. As eleições para o Senado federal, em 1893, serviram como palco para a disputa. Apresentaram-se dois candidatos: José Gonçalves e Virgílio Damásio, apoiado por Viana e vencedor da eleição. No ano seguinte, os dois grupos voltaram a se enfrentar na eleição estadual para a renovação da Assembleia e de um terço do Senado. Em meio a uma acérrima disputa em que o principal fator não foi a conquista do voto dos eleitores, mas o controle das mesas eleitorais, foram eleitos todos os deputados e senadores dos dois grupos, pois cada um teve a sua própria junta apuradora, que, obviamente, só reconheceu os próprios candidatos. Assim, no dia da posse dos "eleitos", havia dois grupos diplomados que, por sua vez, elegeram duas mesas diretoras. No Senado, o quadro era idêntico: um terço dos senadores eleitos era gonçalvista; os outros, vianistas, a despeito de a eleição se referir somente a um terço das cadeiras do Senado.

Com o auxílio da polícia,[48] Luís Viana impediu a entrada dos deputados gonçalvistas no recinto da Assembleia no dia da abertura dos trabalhos, oficializando os deputados do seu grupo como os únicos legalmente eleitos. No Senado, devido à ausência dos gonçalvistas, os quatro senadores vianistas elegeram a mesa diretora formada por três senadores que, imediatamente, instalaram os trabalhos com um único senador no plenário, Luís Viana, o que era permitido pelo regimento. Em seguida, foram aprovados em plenário – no caso, pelo único senador presente à sessão – os nomes dos novos senadores eleitos: todos vianistas.

A hábil manobra de Viana encontrou forte resistência dos opositores, que tentaram manter a dualidade do poder legislativo, pedindo, inclusive, a intervenção do presidente da República, que preferiu invocar o artigo 6º da Constituição Federal, mantendo-se afastado do conflito. Posteriormente, em 1895, o Senado cassou o mandato de oito senadores gonçalvistas alegando que tinham renunciado ao cargo, usando como base legal o artigo 9º, parágrafo 3º, da Constituição Estadual: "Presume-se ter renunciado o mandato o senador ou deputado que, durante uma sessão anual inteira, não comparecer nem mandar escusa, tornando-a pública e expressa perante a sua câmara". A sucessão de vitórias vianistas abriu caminho para o lançamento da candidatura de Luís Viana à sucessão de Rodrigues Lima. Com a neutralização da oposição controlando o Senado e a Assembleia, Viana foi eleito sem dificuldades, em 1896, governador do estado. Destaca Sampaio que, até 1912, os governadores do estado eram ex-monarquistas, como Luís Viana, Severino Vieira e José Marcelino de Souza, que representavam os interesses da antiga aristocracia açucareira e dos comerciantes relacionados ao comércio de exportação e importação.[49]

A intensidade das divergências políticas na Bahia deveu-se fundamentalmente à ausência de um setor econômico dinâmico que conseguisse impor a sua hegemonia política, o que não ocorria nos estados cafeeiros do sul do país. Apesar dos conflitos, a oligarquia não perdeu de vista as questões do mundo rural, demonstrando um forte grau de unidade quando tratavam da escassez de mão de obra, da propriedade da terra e da imigração, entre outros problemas.

No que se refere à imigração, desde o início do século XIX ocorreram diversas tentativas para o estabelecimento de uma política regular de incentivo à vinda de estrangeiros para o estado. Em 1818, foi fundada a colônia Leopoldina, no município de Vila Viçosa, com imigrantes alemães e suíços, que somente administravam as fazendas de café, pois, dos 1.270 trabalhadores das 43 fazendas, 1.245 eram escravos. Já em 1822 e 1823, colonos alemães se instalaram em Ilhéus, mas a falta de infraestrutura impossibilitou a fixação dos imigrantes no campo e a maioria buscou refúgio na cidade. Seis anos depois, chegaram cem famílias de irlandeses em Rio do Engenho, em Taperoá, mas também o núcleo imigrante não conseguiu se fixar na região.

Outras tentativas fracassadas foram realizadas, ora aprovando propostas de introdução de imigrantes que não se realizavam, como a vinda de 2.500 colonos em 1859, ora tentando aproveitar um problema conjuntural, como a insatisfação dos imigrantes italianos contratados para a construção de uma estrada de ferro que se revoltaram com as condições de trabalho e foram instalados em pequenos núcleos coloniais que logo entraram em decadência.

Sob influência do êxito da imigração para São Paulo, em 1888 constituiu-se a Sociedade Baiana de Imigração. O governo provincial prometia pagar as passagens e fundar núcleos coloniais em terras devolutas, nem sempre bem localizadas e a maioria delas ainda coberta de matas. Não havia nenhuma hospedaria para os imigrantes e era inexistente o apoio do governo até o momento em que pudessem sobreviver com a produção dos seus próprios lotes. Portanto, não causa estranheza o malogro de todas as tentativas realizadas durante o Império, apesar de contratos mirabolantes, como o de 1888, que previa a introdução de 250 mil imigrantes.[50]

Na República, assim como no Império, continuou sem solução o problema da escassez de braços no campo. Não só a corrente imigratória se dirigia para o sul como os próprios sertanejos migravam para São Paulo: "Habitado por população laboriosa, robusta e inteligente, vê-se [o sertão] hoje ameaçado de completo despovoamento pelo êxodo dos seus filhos a emigrar em massa para o estado de São Paulo". O governador apontava três causas da migração: a falta de meios de transporte, a falta de capital e a seca, omitindo o monopólio da terra pelos latifundiários, que impedia o camponês de desenvolver economia própria e se fixar. Em documento do ano anterior, tratando do mesmo tema, o governador sugeria "confeccionar leis repressivas da vagabundagem, aproveitando inúmeros braços que, em deplorável ócio, pejam as cidades e povoados, tornando-se um elemento deletério e ameaça permanente à ordem pública".[51]

A imigração passou a ser vista, pelo governo, como o recurso disponível frente à suposta indolência do trabalhador rural. Segundo o secretário da Agricultura de Luís Viana, faltava população à Bahia: "Esta vive disseminada, fraca, impotente, sem ter a seu dispor esta poderosíssima alavanca, a associação, a agremiação de aspirações, de interesses comuns, que se coligam para produzirem esses colossos da iniciativa e da indústria de nações onde há população numerosa". Próximo ao fim do Império, o sertanejo é retratado em cores mais fortes:

> Entregue à ociosidade, por falta de estímulos ao trabalho, abandonada quase aos seus instintos, sem instrução e educação, sem o ensino do mestre que lhe desenvolva a inteligência e lhe indique o que é e o que vale, sem a palavra e o exemplo do sacerdote que lhe inspire amor ao bem e às virtudes e que lhe incuta o horror ao crime e aos vícios e, o que é mais, de ordinário dominada pela paixão e vingança partidária, essa população, ignorando os deveres e não sabendo apreciar os próprios direitos, não hesita em violar os alheios e cometer com frequência os maiores atentados.[52]

É provável que a intensificação da crise da economia açucareira baiana estivesse ligada a esse processo, com o abandono dos escravos dos seus antigos postos de trabalho e a impossibilidade de substituí-los em curto prazo por força de trabalho livre. Em 1887, a produção estadual alcançou 60.722 toneladas; em 1888 caiu para 51.600; em 1889 atingiu 16.814; e, em 1890, 3.416 toneladas, correspondendo a 5% da produção de 1887.[53]

Recomeçou a aprovação de projetos de imigração em massa. A Lei nº 55, de 25 de junho de 1894, autorizou o governo a contratar três mil trabalhadores chineses e japoneses. Foi designada a Companhia Mutualidade Agrícola para cumprir a lei num prazo de dois anos. Em 1896, o contrato foi cancelado e nenhum imigrante asiático chegou à Bahia. A Lei nº 88, de 27 de julho de 1895, autorizou o governo a introduzir 25 mil imigrantes de Portugal, Espanha, Itália, Áustria e Alemanha, mas a inexistência de recursos suficientes para o pagamento das passagens, alimentação, hospedagem e transporte para o interior impossibilitou o seu cumprimento.[54]

Quando chegavam, os imigrantes optavam por ficar nas grandes cidades, especialmente Salvador, onde a possibilidade de sobrevivência era muito maior que nas longínquas comunidades agrícolas espalhadas pelo interior. Em 1897, por exemplo, entraram 508 imigrantes no estado; destes, 335 permaneceram em Salvador, 105 foram para Canavieiras, Valença, Iguape e Santo Antonio de Jesus e 68 tiveram destino ignorado.[55]

O governo incentivava a contratação de chineses, japoneses e europeus, mas na maioria das vezes o contrato era cancelado. O problema maior não era a escassez populacional, pois o estado, em 1892, tinha 1.870.093 habitantes, razoavelmente bem distribuídos. A capital concentrava somente 9% da população, e o estado tinha 123 municípios.[56] Na verdade, havia enorme preconceito em relação à população sertaneja, além do temor de uma pressão camponesa pela posse da terra, o que não ocorreria com a imigração na escala desejada pelo governo.

Também não deve ser esquecido que a organização republicana implicou uma nova forma de cobrança de impostos – artigo 125 da Constituição do estado da Bahia – e a cada ano eram votados os impostos e o valor da arrecadação estadual. Eram estes também que determinavam a constituição de novos municípios, isto é, o município teria, entre outras condições, de ter uma arrecadação mínima de impostos. Isso acabou gerando uma série de conflitos nos municípios, pois vários impostos foram criados pelo regime republicano, enquanto outros não eram cobrados regularmente.[57]

Por outro lado, a propriedade da terra era uma das questões que mais preocupavam a oligarquia. A terra, mais que valor econômico, era a representação concreta do poder do oligarca. Graças a esse domínio era possível arregimentar eleitores, elemento fundamental para afirmar a liderança política. A República, ao introduzir na cena política o sertanejo, transferia as tensões eleitorais também para o campo. Para manter atrelado o voto do sertanejo aos interesses coronelísticos, era essencial impedir o livre acesso à terra.

Desde 1889, os governadores baianos insistiam na necessidade de nova lei que regulamentasse as vendas das terras públicas,[58] mas somente em 1895 foi promulgada a Lei nº 86, que tratava das terras devolutas.

Considerava terras devolutas as que não tinham uso público, aquelas de domínio particular sem título legítimo, posses que não se fundassem em títulos capazes de legitimação, terrenos de aldeias de indígenas extintas por lei ou pelo abandono dos seus habitantes e sesmarias sem cultura ou morada habitual. Determinava a área máxima das posses de criação (cinco mil hectares) e de lavoura (mil hectares) e instituía um registro de terras. Para legitimar as terras, obrigava a promover a medição, a demarcação, e só então registrá-las.

Dois anos depois, houve nova lei sobre terras devolutas, a Lei nº 198, de 21 de agosto de 1897, no momento mais intenso da guerra contra Canudos. Era uma lei mais restritiva, pois considerava terras devolutas aquelas que não tivessem título legal e as que não fossem legalizadas em tempo hábil. Não fazia referência às aldeias indígenas que permitisse a legalização das terras, como a lei anterior, e, inclusive, desferia um golpe mortal nos últimos aldeamentos, pois o artigo 61 extinguia "as aldeias de índios existentes no estado, que ainda não o tenham sido por leis anteriores". Era permitido aos atuais ocupantes, desde que provassem descendência dos indígenas do aldeamento em questão, receberem lotes de até cem hectares, com a ressalva de que precisavam requerer ao governo no prazo previsto na lei.[59]

É evidente que essas leis não só impediam o acesso à terra como também dificultavam ao máximo a legalização das posses dos sertanejos, principalmente quando a maioria deles não possuía título ou documento legal que pudesse ser reconhecido pela Justiça. Aos obstáculos deveriam ser acrescidos o complexo funcionamento do Poder Judiciário, o elevado custo para ingressar em juízo, as dificuldades de comunicação que impediam o conhecimento da lei e o registro em tempo hábil, além da venalidade da Justiça. Duas leis de terra em período tão curto representam um claro indício de não só impedir o acesso à terra a novos interessados como também legalizar as propriedades dos latifundiários, que ampliavam os seus domínios apropriando-se de terras públicas e daquelas ocupadas por indígenas e sertanejos, sedimentando um poder, para alguns, recém-conquistado.

A situação econômica do sertanejo se agravava ainda mais nos períodos de seca. A de 1893, por exemplo, trouxe sérias repercussões que atingiram até as exportações do estado. Segundo Calmon, apesar da queda do câmbio, a "seca de 1893 fez baixar de RS.43.089.000$000 o volume exportado para o estrangeiro para RS.27.022.000$000, em 1894".[60] Se é correto afirmar que a receita tributária que era controlada pelo governo central durante o Império foi transferida para os estados na República, no caso baiano a relação não é tão direta, pois o estado teve uma participação diminuta nas exportações nacionais durante a primeira década republicana (cerca de 5%). Assim, ao contrário dos estados cafeeiros, grande parte do aumento da receita deveu-se aos impostos que incidiam principalmente sobre o consumo. Como é possível observar no quadro a seguir, depois de 1889 a receita estadual cresceu quase 50%, sem que tenha havido um crescimento do setor exportador que justificasse esse aumento.[61]

QUADRO 1. Receita arrecadada por quinquênio (1875-1900) no estado da Bahia

Anos	*Total por quinquênio (em libras)*	*Índice*
1875/1879	1.319.323	100
1880/1884	1.267.648	96
1885/1889	1.459.518	110
1890/1895	2.063.137	156
1896/1900	2.046.190	155

Fonte: adaptado de "A Inserção da Bahia na Evolução Nacional. 2ª Etapa (1890-1930)". Salvador, s.d., 1980. p. 114.

Se compararmos a arrecadação dos impostos de exportação dos estados da Bahia e de São Paulo, lembrando que este último tinha a maior receita de exportação de todos os estados da federação, vemos, no quadro a seguir, que para a Bahia os recursos advindos desses tributos raramente alcançavam a metade do total arrecadado. A decadência da economia baiana pode ser constatada quando verificamos que em valores absolutos São Paulo recolhia, no período, em impostos de exportação, de 30.000:000$000 a 33.000:000$000, enquanto a Bahia recolhia de 4.577:000$000 a 6.667:000$000.

Quadro 2. Porcentagem dos impostos de exportação em relação à receita total dos estados da Bahia e São Paulo (1894-1897)

Ano	*Bahia*	*São Paulo*
1894	50,8	68,7
1895	54,4	64,7
1896	38,5	59,1
1897	48,2	69,2

Fonte: "Relatórios dos Secretários da Fazenda e do Tesouro". Estados da Bahia e São Paulo. 1894-1897.

Portanto, os últimos anos do Império e os primeiros da República representaram, para a Bahia, um momento de estagnação econômica com evidentes reflexos na política regional. As intestinas lutas pelo poder, a constante tensão e a alta rotatividade no governo do estado – em menos de dois anos e meio, de 1889 a 1892, foram sete governadores – demonstram a enorme dificuldade da oligarquia baiana de estabelecer um projeto político estável. Com o esvaziamento econômico foram reforçados os laços de dominação, principalmente no campo, impedindo o paulatino estabelecimento de uma ordem pública que reduzisse o poder privado dos latifundiários.

A presença permanente da seca, a ausência de uma política pública para enfrentá-la e as constantes divergências intraoligárquicas, que se intensificam no momento das eleições, transformaram o período em um martírio permanente para a população sertaneja. Os grandes temas nacionais (República, federalismo e outros) somente interessavam à elite, pois passavam ao largo das questões essenciais à sobrevivência dos sertanejos. O novo regime, na medida em que aprofundou os conflitos entre os dominantes pelo controle da *res publica*, representou para a sofrida população rural uma intensificação da exploração econômica. A República passou a ser sinônimo de miséria, opressão, imposto, fome e morte.

4
Campo de Sangue

O presidente Prudente de Morais foi, desde o começo de sua gestão, fustigado pela cerrada oposição movida pelos partidários de Floriano Peixoto, os quais buscaram, de todas as formas, desgastá-lo. Sua figura foi ridicularizada, a imprensa apelidou-o de "seu Biriba" e os opositores criticaram a sua prudência em relação aos temas polêmicos, passando a chamá-lo de "Prudente demais". Os florianistas pressionavam o governo usando sua influência no Exército como uma importante arma política. Nesse momento cresceu o debate para redefinir o papel do Exército, polêmica que não era nova, mas que provinha do fim do Império, quando o ministro da Guerra, o civil Thomaz José Coelho de Almeida, propôs a criação de um pequeno Exército disciplinado, distante dos serviços rotineiros de guarnição e de polícia, que sempre causaram grande dano à disciplina e à instrução. Considerava o ideal para um país com as dimensões do Brasil, em vez de um Exército com comando centralizado no Rio de Janeiro (a maior parte dos generais estava ocupando cargos burocráticos na capital federal), a formação de exércitos regionais que, através de constante adestramento e da instrução voltada à prática da guerra, estariam prontos para entrar em combate, principalmente na fronteira sul.[1] Se na proposta do ministro era evidente o desejo de enfraquecer o poder político do Exército, percebe-se, por outro lado, uma dura realidade: o ensino militar era inadequado, de caráter predominantemente teórico;[2]

a maior parte dos soldados era recrutada à força, os soldos eram baixos e a indisciplina sempre foi grande entre a tropa.[3]

Com o advento da República, os militares aproveitaram a situação política favorável para obter algumas vantagens reivindicadas havia anos. Pelo Decreto 113A, de 31 de dezembro de 1889, são elevados os soldos dos oficiais sob o argumento de que, entre os funcionários públicos, eram eles os que recebiam a menor retribuição, com o agravante de ser a única carreira que "consagra a vida para a defesa da sua integridade e honra [da Pátria]". Alegam que o governo imperial nivelou os oficiais ao "funcionário civil de ínfima categoria", isso quando concorreram "eficazmente para a Proclamação da República, redimindo a Pátria Brasileira". Como última justificativa, é lembrado que o aumento dos soldos é somente uma reparação de uma injustiça e "não a remuneração pelos feitos do 15 de Novembro".[4]

O desejo de ascensão social e de reconhecimento público empurrou o Exército para a cena política, em busca de um arranjo institucional que garantisse o atendimento das suas reivindicações. Muitos oficiais foram reformados, primeiramente os simpatizantes da monarquia e, posteriormente, os inimigos de Deodoro da Fonseca e de Floriano Peixoto – só este último reformou de uma só vez treze generais que tinham assinado um manifesto, o de 6 de abril de 1892, pedindo uma nova eleição para a Presidência da República –, além dos que morreram na Revolta da Armada e na Revolução Federalista. Antes disso, em 30 de janeiro de 1890, através do Decreto 193A, foi adotado novo sistema para a reforma voluntária ou compulsória, estabelecendo-se idade-limite para cada grau da oficialidade e uma gratificação adicional pelos anos de serviço. Todos esses fatores permitiram a rápida promoção dos jovens oficiais, pois também foi ampliado o quadro de oficiais superiores e subalternos. Em 1884, havia 1.788 oficiais; em 1887, esse número caiu para 1.777; em 1889, chegou a 1.595; já em 1891, houve um aumento significativo para 1.972, caindo excepcionalmente, em 1894, para 1.782; e de 1895 a 1898, manteve-se em torno de 1.960 oficiais. O maior crescimento proporcional ocorreu entre os oficiais superiores – em 1884, havia 50 coronéis, 57 tenentes-coronéis e 93 majores, enquanto em 1898 eram 64 coronéis, 83 tenentes-coronéis e 150 majores.[5]

Entre os capitães, elo intermediário dos oficiais superiores e subalternos, o crescimento foi significativo: eram 401 em 1884, passando para 471 em 1898. A febre das promoções atingiu até o marechal Deodoro da Fonseca, que, em manifestação realizada em 15 de janeiro de 1890, sob o comando do major Serzedelo Correa, recebeu por "aclamação popular" a patente de generalíssimo, fato inédito na história militar brasileira. Nesse dia foram "promovidos" também Benjamin Constant a general de brigada e Eduardo Wandenkolk a vice-almirante, todos por uma suposta aclamação do povo. Em 25 de maio do mesmo ano, Deodoro resolveu promover todos os civis do ministério (Francisco Glicério, Quintino Bocaiúva, Campos Sales, Rui Barbosa e Cesário Alvim) a generais de brigada. Eduardo Prado comentou, indignado: "Aquilo já não é militarismo, nem Ditadura, nem República. O nome daquilo é Carnaval".[6]

O crescimento da oficialidade, além da ampliação do quadro e da reforma dos oficiais, deveu-se também à ampliação do contingente de soldados: se em 1887 eram 13.500, em 1889, depois de vários anos de estabilidade, chegaram a 16.616. A partir de então, a média nunca foi inferior a 25 mil, alcançando entre os anos de 1895-1898 o número de 28 mil soldados, isso quando não havia nenhum grave problema fronteiriço ou ameaça à ordem interna. Assim, a situação funcional do Exército se agravou no decorrer da primeira década republicana. Em 1897, contava com 2.651 oficiais, quando o número ideal seria 1.516. Havia um excedente de 1.135 oficiais, mas faltavam dez mil praças. Em vários corpos os oficiais superavam em mais de 50% o número considerado ideal, enquanto os soldados efetivos não representavam nem a metade dos necessários para completar o batalhão. Excluindo os alunos das escolas militares, em 1897 havia, aproximadamente, um oficial para cada grupo de sete soldados, enquanto na Alemanha, na Rússia e na França, em tempo de paz, a proporção variava de 1 para 50 a 1 para 30. Outro dado importante era que o Estado-Maior do Exército brasileiro se compunha de 106 oficiais, enquanto o da Alemanha, o maior do mundo, tinha 115.[7]

A arregimentação das tropas continuava a ser realizada nos mesmos moldes vigentes no Império. Como não se conseguiam preencher os claros na tropa, a Lei nº 394, de 9 de outubro de 1896, obrigou os estados a obter voluntários proporcionalmente à respectiva representação parlamentar na Câmara Federal, ou seja, quanto maior o número de deputados, maior o número de soldados. Esse "voluntariado" – na maioria das vezes os indivíduos eram incorporados à força – não era inferior a cinco anos, com a possibilidade de ser renovado por mais cinco.[8]

Por outro lado, havia um grande número de deserções. Só em 1896, o Supremo Tribunal Militar julgou 1.321 processos, dos quais 1.023 eram referentes a deserções simples ou agravadas. Era rotina o indulto aos praças que cometiam crimes de primeira e segunda deserções como um meio de reincorporá-los ao Exército, sempre tão carente de soldados. Os oficiais também eram constantemente advertidos sobre atos de insubordinação: Deodoro da Fonseca, entre os 24 e os 26 anos, foi preso cinco vezes por razões disciplinares; Floriano Peixoto, uma vez quando recruta; e Artur Oscar, comandante da quarta expedição contra Canudos, foi preso nove vezes, por razões que variavam desde a desobediência aos superiores até o espancamento de recrutas.[9]

Benjamin Constant reformou no Ministério da Guerra o ensino militar segundo as concepções que defendia desde o Império. Através do Decreto nº 330, de 12 de abril de 1890, em 310 artigos, estabeleceu um regulamento que reorganizou o ensino nas escolas do Exército, sob a justificativa de que era necessário adaptar os oficiais "com a missão altamente civilizadora, eminentemente moral e humanitária que de futuro está destinada aos Exércitos do continente sul-americano". A hierarquia e a obediência, fundamentais em instituições como o Exército, foram repensadas: o soldado deveria ser visto como um cidadão armado e "jamais instrumento servil e maleável por uma obediência passiva e inconsciente que rebaixa o caráter, aniquila o estímulo e abate o moral". A educação deveria ser dirigida para o oficial "bem conhecer os seus deveres, não só militares como, principalmente, sociais". Isso "só pode ser obtido por meio do ensino integral, [...] de modo que o estudo possa ser feito de acordo com as leis que tem seguido o espírito humano em seu desenvolvimento, começando na matemática e terminando na sociologia e na moral como ponto de convergência de todas as verdades".[10]

Depois de sete anos de estudo – três do curso preparatório e quatro do curso geral –, o aspirante escolhia um curso das três armas, com duração de mais um ano. Só então, caso optasse por continuar os estudos, poderia cursar a Escola Superior de Guerra, onde eram oferecidos três cursos: Artilharia (um ano), Estado-Maior (dois anos) e Engenharia (dois anos). Com um currículo heterogêneo, marcado pelas demonstrações teóricas – na maior parte das vezes inúteis à prática militar –, não são exageradas as observações de Tasso Fragoso comparando o ensino militar alemão e o brasileiro: "o oficial alemão [...] não ostenta a envergadura de um bacharel em letras, ciências inventadas e por inventar; mas traz da escola os elementos indispensáveis ao desempenho dos árduos deveres da carreira, fáceis de desenvolver no futuro".[11]

Participante ativo da política nacional, com um corpo de oficiais rejuvenescido, mas inexperiente – devido às reformas compulsória e voluntária e à eliminação física dos oficiais simpáticos ao regime imperial ou, simplesmente, opositores de Deodoro e Floriano –, tropas recrutadas à força, indisciplinadas,[12] e uma estrutura inadequada às necessidades militares do fim do século XIX transformavam o Exército em uma instituição instável, suscetível às aventuras políticas. Tasso Fragoso, que poderia ser identificado com a corrente que advogava a especialização dos oficiais, em oposição às reformas de Benjamin Constant, reconhece, em 1897, que as atividades do Exército "são cada vez mais adstritas à polícia interna", devido à escassez de perturbações internacionais no continente.[13]

Assim, enquanto em 1889 Thomaz Coelho de Almeida sugeria manter o Exército exclusivamente na região Sul – no máximo deslocando tropas para o Mato Grosso, tendo em vista o crescimento das tensões entre o Paraguai e a Bolívia –, retirando-o dos conflitos partidários, principalmente do Rio de Janeiro, e exercitando-o profissionalmente, oito anos depois, pelas palavras de um conceituado oficial eram reconhecidas como prioritárias as tarefas policiais no controle da ordem interna, tarefas consideradas indignas pela maioria da oficialidade no fim do Império, por ocasião da chamada Questão Militar.

O Exército oscilava entre a adesão subalterna à República oligárquica – em posição muito semelhante à do período Imperial – e uma relativa autonomia – dependente da existência de movimentos que ameaçassem o *status quo* quando ampliavam seu potencial político no momento da repressão. Os acontecimentos de 1897 representaram a última tentativa significativa dos militares de intervir na cena política no século XIX. Excetuando os acontecimentos de 1904, somente na terceira década do século XX seriam retomadas as intervenções castrenses com o movimento tenentista.

O INÍCIO DO CONFLITO

Como em outros momentos da história, um episódio de menor importância deflagrou o começo da guerra contra a comunidade de Belo Monte, que, de início, envolveria marginalmente o Exército. Devido à proximidade do término da construção da igreja nova de Canudos, Antônio Conselheiro solicitou ao coronel João Evangelista Pereira e Melo, espécie de representante comercial conselheirista em Juazeiro, a compra de uma partida de madeira para cobrir o templo. Pereira e Melo já tinha efetuado outras compras para Conselheiro, sem que tivesse qualquer problema.

No mês de junho de 1896, foi removido de Bom Conselho para a comarca de Juazeiro o juiz de Direito Arlindo Leoni,[14] antigo desafeto do peregrino. Montenegro (1954) apresenta a versão de que Leoni, numa certa ocasião, tinha fugido de Bom Conselho quando os conselheiristas invadiram a cidade e de que a inimizade cresceu devido à interferência de Conselheiro, que teria impedido a prisão de um homem que açoitara a amante do juiz. Prado Ribeiro dá outra versão, ligeiramente diferente, de que tudo começou porque o Conselheiro abrigou em Canudos um homem que bateu na amante do juiz.[15]

Independentemente das versões, o fato é que Arlindo Leoni, tão logo chegou a Juazeiro, iniciou uma sistemática política de descrédito dos conselheiristas, tentando a todo custo impedir a continuidade regular dos contatos econômico-sociais com a comunidade de Belo Monte. A ocasião da compra da madeira foi o momento propício para Leoni iniciar a vingança contra Conselheiro. Em decorrência das pressões do juiz, o negociante que estava encarregado da encomenda – e que já recebera o pagamento, cerca de um conto e duzentos mil-réis – recusou-se a entregá-la, deixando os conselheiristas irados pelo atraso nas obras da igreja e furiosos por terem sido enganados.

Não se sabe se os conselheiristas iriam a Juazeiro retirar a madeira à força e que por direito lhes pertencia, mas Leoni aproveita-se do incidente e utiliza-o em seu favor. Em 29 de outubro, enviou um telegrama para o governador Luís Viana: "Notícias transmitidas por positivo confirmam boato vindo do perverso Antônio Conselheiro, reunido a bandidos; partirão Canudos 2 vindouro. População receosa. Cidade sem garantias. Requisito enérgicas providências". Luís Viana respondeu ao juiz que "não podia mover força induzido por simples boatos" e recomendou "vigiar as estradas em distância, e, verificando o movimento dos bandidos, avisasse por telegrama, pois o Governo ficava prevenido para enviar incontinenti, num trem expresso, a força necessária para rechaçá-los e garantir a cidade".

O juiz não ficou satisfeito com a cautela do governador e em 4 de novembro enviou novo telegrama reafirmando o boato da invasão conselheirista, afirmando que o "desânimo domina a população, apreensiva da possibilidade de invasão, antes da chegada da força". Arlindo Leoni não só passou a contar como certo o envio da força policial como considerou que nem assim Juazeiro poderia ser salva dos "bandidos" de Conselheiro. Viana, após receber o telegrama, resolveu atender à solicitação de Leoni, temeroso de ser acusado de conivência com os conselheiristas.[16]

A primeira expedição comandada pelo tenente Manuel da Silva Pires Ferreira, do 9° Batalhão de Infantaria, formada por três oficiais, 113 praças, um médico, dois guias (Pedro Francisco de Morais e seu filho João Batista de Morais) e uma ambulância, partiu de Salvador, no dia 6 de novembro, da Estação Calçada. Pela Estrada de Ferro Bahia-São Francisco, chegou a Juazeiro no dia seguinte.

O suposto ataque a Juazeiro não se consumou. Pires Ferreira, depois de aguardar cinco dias, resolveu partir para atacar Canudos, pretendendo surpreender os conselheiristas. Com a ajuda dos guias, iniciou a marcha para Belo Monte, distante de Juazeiro cerca de duzentos quilômetros, marchando a pé por estradas ruins, com pouca água e soldados recrutados à força.

Com muita dificuldade chegaram a Uauá, uma semana depois da partida, após marchar por cerca de 150 quilômetros. Segundo o relatório do tenente Pires Ferreira feito ao Comando do Distrito Militar, "logo que chegamos ao arraial, no dia 19, mandei estabelecer o serviço de segurança, postando guardas avançadas nas quatro estradas que ali conduzem, em distância conveniente, a fim de evitar qualquer surpresa; nomeei o pessoal de ronda e conservei toda a força no acantonamento".[17] Pires Ferreira não explicou a razão da permanência no arraial por dois dias, até o dia 21, pois, se seu objetivo era atacar de surpresa os conselheiristas, teria de ter partido o mais rapidamente possível para Canudos, depois de ter descansado a tropa, escolhido o melhor caminho e armazenado água suficiente para a longa caminhada.

O dia 20, diz o tenente, "passou-se sem incidente notável, a não ser o abandono do arraial à noite e furtivamente por quase todos os habitantes. Das informações que colhi, consta que assim procederam com receio da gente de Antônio Conselheiro". Isso ocorreu apesar das guardas avançadas postadas nas quatro estradas de acesso ao arraial, que não perceberam a passagem de centenas de moradores. O apoio à liderança exercida pelo Conselheiro em toda a região aumentava as dificuldades da expedição, pois não era possível distinguir o sertanejo de um conselheirista. É evidente que o abandono do arraial tinha como objetivo deixar a tropa isolada, evitando que a população fosse molestada durante o confronto armado.

Às 5 horas da manhã foram atacados pelos conselheiristas comandados por João Abade,[18] que acabou ferido numa perna. A primeira avaliação é de que eram três mil atacantes. Pires Ferreira, posteriormente, estimou em quinhentos, e Aristides Milton afirma que não passavam de 130. Euclides da Cunha descreveu o início do ataque da seguinte forma:

> Um coro longínquo esbatia-se na mudez da terra ainda dormida, reboando longamente nos ermos desolados. A multidão guerreira avançava para Uauá, derivando à toada vagarosa dos kyries, rezando. Parecia uma procissão de penitência dessas a que muito se afeiçoaram os matutos crendeiros

para abrandarem os céus quando os estios longos geram os flagícios das secas. Mas não tinham, ao primeiro lance de vistas, aparências guerreiras. Guiavam-nos símbolos de paz: a bandeira do Divino e, ladeando-a, nos braços fortes de um crente possante, grande cruz de madeira, alta como um cruzeiro. Os combatentes armados de velhas espingardas, de chuços de vaqueiros, de foices e varapaus, perdiam-se no grosso dos fiéis que alteavam, inermes, vultos e imagens dos santos prediletos, e palmas ressequidas retiradas dos altares. Alguns, como em romarias piedosas, tinham à cabeça as pedras dos caminhos, e desfiavam rosários de coco. Equiparavam-se aos flagelos naturais, que ali descem periódicos, a vinda de soldados. Seguiam para a batalha rezando, cantando – como se procurassem decisiva prova às suas almas religiosas.[19]

É improvável que os conselheiristas atacassem o arraial movimentando-se como se estivessem em procissão. Canudos distava cerca de 50 quilômetros de Uauá e, em ritmo de procissão, não só demorariam mais que em marcha militar acelerada como seriam detectados pelas guardas avançadas. Além disso, parte dos fiéis (mulheres, crianças e velhos) não poderia participar dos combates, transformando-se em ônus para os atacantes. Por outro lado, sabemos que em Canudos, desde o início, havia uma parcela da população do arraial dedicada exclusivamente à defesa, formada por combatentes com larga experiência de luta pelo sertão, como vimos no Capítulo 2. Apesar da acusação de que os vigias dormiam quando da chegada dos conselheiristas, não é crível que não acordassem com os cantos religiosos de uma procissão, passíveis de serem ouvidos muito antes de chegarem ao arraial. Manuel Ciríaco, cinquenta anos depois, deu outra versão aos fatos: um informante teria comunicado que as tropas atacariam Canudos partindo de Uauá, então "a jagunçada arregimentou-se e, de madrugada, chegamos a Uauá onde a coisa foi bem feita".[20]

Pires Ferreira descreveu o ataque da seguinte forma: "[...] avançaram e brigaram com incrível ferocidade, servindo-se de apitos para a execução de seus movimentos e manobras". A rapidez e a surpresa do ataque permitiram aos conselheiristas ocupar uma parte do arraial, "sendo necessário incendiar as ditas casas, a fim de desalojá-los, o que conseguimos depois de algum trabalho". Depois de quatro horas de combate, segundo o comandante da primeira expedição, os conselheiristas

> já se achavam desmoralizados, pela dificuldade com que respondiam o nosso fogo, e porque já tentavam fugir, passei a tomar a ofensiva, e fiz persegui-los até meia légua de distância, morrendo muitos deles nessa ocasião, e ficando o resto completamente desbaratado. Não levei mais longe a perseguição e mandei tocar a retirada, por constar-me achar-se um grande reforço deles um pouco adiante e por estar a nossa gente cansada e sem alimentar-se desde a véspera.

Morreram um oficial, sete praças e os dois guias – o que não parece acidental, pois devem ter sido reconhecidos pelos conselheiristas –, e, segundo o relatório oficial, os atacantes perderam mais de 150 homens, além do grande número de feridos. Assim, é incompreensível, dada a facilidade da vitória, segundo a versão oficial, por que não se aproveitou o tenente de momento tão favorável para infligir uma grande derrota aos conselheiristas. Como eram quinhentos os atacantes, o número de baixas foi muito alto, o que não condiz com a descrição feita pelo próprio Pires Ferreira de um ataque envolvente, rápido e dirigido por um comandante que com um apito organizava os conselheiristas. É muito provável que os atacantes não tenham passado de, no máximo, cem, e como conheciam perfeitamente a região – muitos uauenses foram morar em Canudos – e contavam com o apoio da população local, tenham tirado partido de todas essas condições favoráveis.[21]

Isolada em Uauá, sem os guias e a população do arraial, e temerosa de um novo ataque, a tropa regressou para Juazeiro. Antes da retirada, segundo Milton, a "força pusera fogo ao arraial, o que não se compadece aliás com a razão e a justiça", versão distinta daquela apresentada por Pires Ferreira, de que incendiou parte do arraial para desalojar os conselheiristas. Na retirada para Juazeiro, informa Milton, ocorreu uma verdadeira debandada e "por toda a estrada, verificaram-se algumas deserções". Se a tropa levou uma semana para chegar a Uauá, na retirada percorreram o mesmo caminho em três dias.[22]

No relatório oficial, Pires Ferreira criticou o armamento usado na expedição, considerando-o inadequado às condições do sertão e antigo: muitas dessas armas tinham sido usadas no Sul, durante a Revolução Federalista, e sofrido vários consertos. O fardamento não conseguiu resistir à vegetação do semiárido e o calçado não suportou as longas marchas e péssimos caminhos. Os maiores problemas, não indicados pelo tenente, eram a forma de recrutamento da tropa, a inexistência de um treinamento militar, as deserções, o desconhecimento da região e, principalmente, uma estratégia equivocada, pressupondo que bastaria uma ação repressiva contra os conselheiristas para eliminar um movimento de mais de vinte anos, fortalecido ainda mais pela criação de Belo Monte, e com combatentes experientes, profundos conhecedores do sertão.

Antes de chegar a Juazeiro, Pires Ferreira enviou um emissário ao juiz Arlindo Leoni, comunicando que fora atacado por três mil homens, que tivera várias baixas e que não tinha mais munição e pedindo reforços de soldados e munições. É um relato de um derrotado, e não de um vitorioso, apesar de ter sido elogiado pelo ministro da Guerra pela forma como "se portara ante a invasão de malfeitores no arraial de Uauá" e de o general Solon afirmar que foi um "exemplo luminoso de honra, abnegação e valor".[23]

A notícia da derrota da expedição, não reconhecida oficialmente – o ministro da Guerra, general Argolo, considerou o combate de Uauá como "uma improdutiva vitória" –, aumentou a popularidade do líder de Belo Monte e a autoconfiança dos conselheiristas. Na história sertaneja, raras vezes uma força repressiva do Estado tinha sido derrotada. A tradição de vitórias fáceis, muitas vezes com a fuga dos revoltosos e a prisão dos líderes, foi substituída pelo ataque-surpresa, no qual a iniciativa do combate era do sertanejo: a autonomia comunitária dava seus frutos também no campo militar.

Já em 1895, o apoio a Antônio Conselheiro era cada dia maior. Segundo o vigário de Tucano, "a imigração continua com fervor; pelas ruas do Tucano passam às centenas, semanalmente, e consta que já ocupam, em Canudos, uma área de quatro léguas". Depois dos acontecimentos de

Uauá cresceu a migração para o arraial. Informa o delegado de polícia de Pombal que

> a população deste município e a dos limítrofes ficarão reduzidas a menos da metade, tendo em vista os numerosos grupos que têm saído em direção a Canudos [...]. Todos os dias chegam a esta vila notícias verdadeiras, trazidas por pessoas que moram à margem das estradas que conduzem a Canudos, da passagem de grandes grupos de homens armados, que se dirigem para ali, no empenho por eles confessado de se baterem e morrerem pelo seu Bom Jesus [...]. Ainda hoje tive informação de terem sido encontrados, ontem, entre as fazendas Salgado e Junco, no extremo desta freguesia com a do Massaracá, cento e muitos homens armados que diziam ir para Canudos "cortar soldados" [...]. Infelizmente, não são somente os municípios desta zona que têm contribuído com reforços numerosos para continuação da luta entre Antônio Conselheiro e o Governo, pois é público e notório nesta vila, por notícias vindas de diversos pontos do rio São Francisco, que de diversas localidades daquele sertão têm descido para Canudos grandes contingentes de homens armados e de munições bélicas.

O apoio a Conselheiro não era total, mas classista: "As autoridades de vários municípios, além de muitos outros cidadãos, que têm de alguma sorte feito oposição à propaganda dos supostos milagres do célebre fanático, estão ameaçados de morte por ele e pelo seu séquito".[24]

A segunda expedição

Logo após receber a notícia do desastre da expedição, Luís Viana imediatamente organizou outra expedição sob o comando do major Febrônio de Brito, também do 9º Batalhão de Infantaria do Exército. Formada por oito oficiais, cem praças do Exército e cem da polícia estadual, partiu de Salvador em 25 de novembro pela estrada de ferro que liga a capital a Juazeiro. Chegaram a Queimadas e de lá marcharam até Monte Santo.[25]

Os atritos entre o general Frederico Solon Sampaio Ribeiro, comandante do 3° Distrito Militar, e o governador Luís Viana começaram logo após o recebimento da notícia da derrota de Uauá e se estenderam até a organização da segunda expedição, tendo como centro da discórdia o controle das operações. O general Solon não conseguira arregimentar quatrocentos praças do Exército como desejava, mas, segundo suas palavras, somente "cem praças, sendo preciso, para completá-la, recorrer aos empregados das diversas repartições militares e até ceder uma das minhas ordenanças".[26] Mas seus insistentes pedidos ao ajudante-geral do Exército fizeram com que fossem enviados à Bahia "3 médicos, 2 canhões Krupp, 3 metralhadoras, 200 granadas, 45.000 cartuchos para metralhadoras, 500.000 para carabinas Mannlicher, 200.000 cartuchos para carabinas Comblain e 500.000 para mosquetão".[27]

Arlindo Leoni recebeu ordem de Viana para se deslocar até Queimadas e auxiliar Febrônio de Brito a organizar a expedição. Chegou à vila em 26 de novembro, no dia posterior ao retorno de Pires Ferreira a Juazeiro. Com o apoio das autoridades estaduais, o major partiu para Monte Santo, acreditando "poder atacar Canudos com vantagem fazendo baixar força, e dispor número, formar colunas de ataques e assalto que pretendo. Bastarão de 400 a 500 e poucos homens. Dizem haver grosso bandidos fora 3 léguas receber força. Melhor. Urge operações sejam definitivas".[28]

Ao chegar a Cansanção, a cerca de 25 quilômetros de Monte Santo, Febrônio de Brito recebeu um telegrama do general Solon ordenando retornar a Queimadas, aguardando a organização de uma segunda coluna que, em combinação com a força existente, partiria para Canudos sob comando do coronel Pedro Tamarindo. Luís Viana não aceitou a orientação de Solon, que, na prática, desejava dirigir as operações, e protestou junto ao ministro interino da Guerra, general Dionísio Cerqueira, pois, como anos depois justificou seu filho, Luís Viana Filho, "não havendo solicitado a intervenção federal no estado, julgou o governador que a ele, responsável pela manutenção da ordem pública, deveria caber, no caso, a palavra decisiva, e não ao comandante do Distrito". O governador, em telegrama ao ministro da Guerra, considerou "exorbitante qualquer diligência sem iniciativa do governo do estado para a manutenção da ordem pública". Discordou da proposta de uma nova expedição sob o comando do coronel Tamarindo, pois estava

> convencido que a nova expedição era inteiramente desnecessária e talvez mais perigosa à ordem pública e ao bem-estar da zona que acudia que o próprio Antônio Conselheiro. Basta dizer a V. Exa. que a força que combateu em Uauá – ao partir daí, saqueou todo o povoado, havendo soldados que chegaram a Juazeiro com um e mais contos de réis e não contentes com isto incendiaram o povoado.

Concluiu Luís Viana: "Nas condições atuais, não deixa de ser prejudicial à Bahia a continuação aqui do ilustre general-comandante do Distrito tal a prevenção do seu espírito nos negócios locais".[29]

O general Solon não aceitou que a organização da expedição fosse feita pelo governador e insistiu, ordenando a Febrônio de Brito que regressasse para Queimadas, alegando que a tropa não tinha víveres e água suficientes para marchar até Canudos. O major alertou o general, em telegrama, que "regressar a Queimadas considero imprudência. Penso momento urge avançar Canudos. Demora tem prejudicado indivizível entusiasmo, que tive felicidade incutir força". Aprofundando a crise, o contingente da polícia estadual que fazia parte da expedição, por ordem de Luís Viana, se desligou e partiu para Monte Santo.

Em telegrama de 3 de dezembro de 1896, enviado ao general Solon, fica evidenciado que o comandante da segunda expedição tem atendidas todas as solicitações que fez e que o que há são divergências políticas sobre como encaminhar a campanha:

> Tenho dinheiro, mandai força. Demora aqui prejudicam meus brios. Tropa entusiasmada delirante. Luto muito condução, estou fatigadíssimo trabalho, maldita politicagem tudo avassala. Parece haver ciúmes próprios encarregados conseguir transporte. Cada qual quer ser Deus, ou conseguir-me solicitações. Estou independente, sou soldado.[30]

Se não havia homens suficientes quando do início da expedição, com a divisão das forças tornou-se inviável qualquer ataque a Canudos.[31] Devido à crise, o governo federal atendeu ao pedido de Viana e exonerou o general Solon do comando do Distrito Militar, assumindo interinamente o posto o coronel Saturnino Ribeiro da Costa Júnior, que apoiava a estratégia do governo estadual. Febrônio de Brito incorporou mais soldados do Exército e da Polícia, perfazendo um efetivo de seiscentos homens, número superior ao solicitado. Com o acréscimo de armamentos e munições, o major partiu de volta para Monte Santo.

O juiz e o promotor de Monte Santo solicitaram do governador uma pronta ação contra Canudos. Todas as informações recebidas davam como certa a vitória da expedição, pois, no máximo, Conselheiro contava com mil combatentes equipados com poucas armas, boa parte delas antigas. Em vez de partir para Canudos, Febrônio de Brito ficou mais dezessete dias na vila, alegando que os soldos dos soldados do Exército estariam atrasados. Depois de o governo do estado ter pagado os soldados, nada mais justificava a permanência em Monte Santo.[32]

O major acreditava que o uso da artilharia seria decisivo para conquistar Canudos e marchou para o arraial levando dois canhões Krupp 7,5 mm. Em 16 de janeiro, avistou alguns piquetes de conselheiristas.[33] No dia seguinte, tentou passar pelas gargantas de Caipan, Cambaio, Várzea e Barracões, mas em todas elas encontrou conselheiristas. No dia 18, logo pela manhã, optou por costear a serra do Cambaio em busca de um desvio. A resistência conselheirista foi violenta, mas depois de cinco horas de combate os soldados conseguiram desalojá-los das trincheiras que ocupavam. Às 15h acamparam a seis quilômetros de Canudos. Segundo o major, os conselheiristas perderam mais de cem homens, enquanto as baixas fatais das tropas governamentais teriam sido de somente quatro mortos.

No dia seguinte, às seis horas da manhã, Febrônio de Brito iniciou a marcha

> para assaltar o foco dos celerados, quando repentinamente as avançadas e toda a coluna foram envolvidas por cerca de quatro mil bandidos, produzindo indecisão nas fileiras nos primeiros momentos. Restabelecida a

> ordem, embora a falta de terreno para as manobras, a artilharia e fuzilaria causaram estragos medonhos, enquanto grupos de canibais se refaziam prodigiosamente.

Depois de doze horas de combate, "visto a falta de animais e fuga dos tropeiros, no dia anterior; munição esgotada; munição de fuzilaria a extinguir-se, obrigaram-no a adotar a forma de quadrado para resistir ao ímpeto da agressão por todos os lados". A situação complicava-se a cada momento e o comandante resolveu iniciar a retirada. Mesmo assim, foi possível contar setecentos conselheiristas mortos. No dia 20 começou a marcha de cem quilômetros de regresso para Monte Santo: a "força chega dolorosamente extenuada, maltrapilha, quase nua, incapaz de qualquer trabalho", concluiu Febrônio de Brito.[34]

Além de enviar um documento ao coronel Saturnino Costa Júnior, relatando as operações detalhadamente, o major, ao chegar a Monte Santo, reuniu um conselho de oficiais e lavrou uma ata descrevendo os acontecimentos, assinada por todos os oficiais, reafirmando a sua interpretação dos fatos. É inegável que esse último documento adquire o aspecto de defesa prévia inevitável a um Conselho de Guerra,[35] dada a magnitude dos fatos. Em fevereiro de 1897,

> tendo reconhecido nenhuma culpabilidade existir por parte do major Febrônio de Brito que se acha respondendo a conselho de investigação, determina o Ministério da Guerra em aviso de 13 deste mês, que seja trancado o referido conselho, devendo o referido oficial assumir as funções de seu posto, logo que se apresente para tal fim.[36]

Para o ministro da Guerra, a segunda expedição também teve um "encontro improdutivo com os fanáticos".[37]

Febrônio de Brito usou a imprensa para se defender das acusações de negligência. Em carta ao *Diário da Bahia*, fez curiosa análise dos acontecimentos:

> Política desgraçada, torpemente velhaca dos adesos diluídos nos banhos da sarnagem monárquica, ignorância perversa das nulidades que a República e a anarquia guindaram por através de fases de flotismo de importação a superar o coração brasileiro, cavaram sulcos fundíssimos na vida desta geração, que carrega aos ombros a ferver o sangue dos mártires, o cadáver moral do desbriamento público e administrativo. Por entre sede, intempéries, um sertão disforme, desprezivamente estratificado, cardos na esterilidade, uma gleba adaptável às proliferações selvagens tem coleado a expedição de Canudos, ereta unicamente do brio próprio no amesquinhamento de compressões malvadas na senilidade de consciências só rochiferadas na razão da infeliz pentápolis política que nos apodrece, dilui no galvanismo enfervecido dos mercadores de compressa.[38]

Maior dificuldade foi explicar como "ladrões, canibais, bandidos e assassinos", nas palavras do comandante da segunda expedição, conseguiram vencer seiscentos soldados bem armados, providos de toda a retaguarda de apoio do governo estadual, dos poderes municipais da região e de fazendeiros que forneceram animais e mantimentos gratuitamente às tropas.

O combate da serra do Cambaio demonstrou que os conselheiristas tinham poucas armas e homens em número bem inferior ao estimado por Febrônio de Brito – afirma que foi envolvido "por número superior a quatro mil canibais". Segundo o testemunho do dr. Edgar Henrique Albertazzi, médico da expedição e principal fonte informativa de Euclides da Cunha na reconstituição desses combates, os sertanejos estavam armados com foices, facões, forquilhas e espingardas antigas, e usavam como projéteis pontas de chifre, seixos rolados e pontas de pregos. Honório Vilanova informa que os piquetes, grupos móveis de combatentes, eram formados por vinte, trinta homens, o que se aproxima da descrição de Euclides: "No lugar da refrega, então, surgem, dentre moitas esparsas, cinco, dez, vinte homens no máximo. Deslizam, rápidos, em silêncio, entre os arbúsculos secos...". A famosa cena do atirador fantástico descrita por Euclides em *Os sertões* reforça a tese da exiguidade de homens e principalmente de armas:

> A cavalareiro do assalto, estes iludiam de modo engenhoso a carência de espingardas e o lento processo de carregamento das que possuíam. Para isto se dispunham em grupos de três ou quatro rodeando a um atirador único, pelas mãos do qual passavam, sucessivamente, as armas carregadas pelos companheiros invisíveis, sentados no fundo da trincheira. De sorte que se alguma bala fazia baquear o clavinoteiro, substituía logo qualquer dos outros. Os soldados viam tombar, mas ressurgir imediatamente, indistinto pelo fumo, o mesmo busto, apontando-lhes a espingarda. Alvejavam-no de novo. Viam-no outra vez cair, de bruços, baleado. Mas viam outra vez erguer-se, invulnerável, assombroso, terrível, abatendo-se e aprumando-se, o atirador fantástico.[39]

A desproporção entre o número de baixas do Exército e dos conselheiristas é brutal. Se na primeira expedição as baixas oficiais foram de dez homens, enquanto os sertanejos tinham perdido mais de 150, na segunda expedição, apesar de dois longos combates perfazendo cerca de dezoito horas, o governo teve somente dez baixas, e os conselheiristas perderam quase mil combatentes. Se esses dados fossem verdadeiros, não seria possível explicar a retirada da forma como se deu, dada a suposta vantagem obtida pelas tropas governamentais: diz o major comandante que a "força chegou (a Monte Santo) dolorosamente extenuada, maltrapilha, quase nua, incapaz de qualquer trabalho".

Febrônio de Brito não reconhece que nem sempre quem toma a iniciativa do combate vence. A estratégia conselheirista, segundo tudo indica, buscou atrair o inimigo para as proximidades do arraial para daí infligir uma grande derrota ao Exército, depois de tê-lo enfraquecido na travessia do Cambaio. A vitória oficial aparente não passou de um estratagema dos conselheiristas, que não tinham homens e, principalmente, armas suficientes para a luta aberta. O corpo a corpo só ocorreu depois do debilitamento físico e psicológico do Exército, em que o uso das trincheiras, naturais em sua maioria, e dos franco-atiradores servia como importante elemento de desgaste. Novamente é de grande importância o depoimento de Honório Vilanova: "Nós esperávamos os soldados em pontos previamente combinados do terreno, concentrando uma pequena vanguarda no caminho por onde devia passar a expedição". Lembra Honório que "pensavam os soldados que o peregrino tinha gente demais, quando éramos poucos, bem distribuídos e melhor entrincheirados".[40]

A maior dificuldade encontrada pelos conselheiristas é como combater a artilharia, cujo uso provocou devastador efeito nos dois combates, dado o seu poder de fogo, que, em alguns momentos, obstaculizava os ataques-surpresa e o uso das trincheiras. Audaciosamente, os conselheiristas tentaram capturar um canhão, não para utilizá-lo, pois não sabiam manejá-lo, mas para destruí-lo, o que não conseguiram.

Antes da derrota, Febrônio de Brito estava plenamente confiante em rápida vitória. Somente após todos os combates afirmou que, se tivesse "meios rápidos de mobilidade e pessoal suficiente, seria inevitável o triunfo". Vale recordar que o major, até a véspera do primeiro combate, não reclamou da falta de apoio oficial. Quando a expedição foi organizada, não esperava contar com mais de quatrocentos soldados e, antes de partir de Monte Santo, recebeu o reforço de mais duzentos homens, perfazendo um total de seiscentos.[41]

O governador Luís Viana atribuiu toda a responsabilidade pela derrota a Febrônio de Brito. Para ele, a causa principal do malogro foi a "demora na marcha da coluna expedicionária", que ficou quinze dias somente em Monte Santo e seria vitoriosa "se fosse mais habilmente dirigida". Oficiais saíram em defesa do major e acusaram o governador de "politicagem escandalosa" e de que "no mesmo dia em que se sacrificavam os defensores da Pátria banqueteava-se S. Exa. com os seus amigos".[42]

O comandante da segunda expedição considerou "urgente a liquidação de Canudos; mas, para que ela se efetue, preciso é que o governo federal chame a si a ação, tudo correndo à revelia do governo do estado, impotente no caso". Para Febrônio de Brito, "não há outro meio; e desconfiar de tudo e de todos", pois "quem lá não tem filho, tem genro, tem irmão e as exceções são raras". José Gonçalves, antigo inimigo de Viana, fez "um apelo ao governo federal para que chame[m] a si todas as operações militares contra o movimento conselheirista [...], pois o atual governo do estado da Bahia não merece a confiança do governo federal". Artur Rios, deputado federal baiano e presidente da Câmara

Federal, "pensa que o grupo do doutor Luís Viana, atual governador da Bahia, ou auxilia indiretamente a gente do Conselheiro ou não lhe opõe resistência séria".[43]

A Igreja busca integrar-se ao esforço de guerra contra a comunidade de Belo Monte, tanto que o frei Luiz Piazza, polêmica figura, entrevistou-se com Manuel Vitorino – no exercício da Presidência da República, devido a uma licença médica de Prudente de Morais – com o intuito de notificá-lo de que no arcebispado da Bahia havia mapas, plantas e outros documentos sobre Canudos, informações posteriormente desmentidas pelo próprio arcebispo.[44]

No fim de fevereiro, um informante governamental, José do Norte, morador de Vila Nova da Rainha, relatou com detalhes a organização militar do arraial. Segundo ele, "há soldados desertores, exercícios diários de armas, mulheres trabalhando no fabrico de cartuchos, pequena quantidade de Mannlicher, Mauser e Comblain, munições – cerca de oito caixas obtidas da expedição Febrônio de Brito". Os conselheiristas tinham conhecimento do movimento das tropas, a defesa estava baseada em trincheiras e o principal comandante era João Abade.[45] Essas informações tranquilizaram o governo, pois revelavam que uma expedição comandada por um experiente militar, com centenas de homens, canhões, armas e farta munição, não poderia ser derrotada por um adversário tão mal organizado e armado. A destruição do arraial insubmisso à nova ordem republicana deveria servir de exemplo aos inimigos do novo regime.

O governo federal começou a aceitar que Canudos era um antro monárquico, como insistia a imprensa jacobina carioca. O conflito, até então restrito às questiúnculas do mundo político baiano, passou a ser tema nacional e fazer parte do jogo político de 1897, da tensão entre civilistas e os saudosos do florianismo. Numa linguagem elíptica, o Diário Oficial de 24 de fevereiro, aludindo ao aniversário da promulgação da Constituição de 1891, comentou:

> Fique tranquila a nação [...], incidentes manejados pelos que sugaram os seus institutos de crédito, os recursos com que compram armas e munições, para explorar o fanatismo e a ignorância de pobres populações

sertanejas, terão o seu termo final e completo, e dentro da lei há de haver a punição para os verdadeiros culpados.[46]

A terceira expedição

Manuel Vitorino, baiano, no exercício da Presidência da República devido à licença médica para uma cirurgia do presidente Prudente de Morais, nomeou o coronel Antônio Moreira César, do 7º Batalhão de Infantaria, como comandante da terceira expedição contra Canudos. O coronel, nascido em Pindamonhangaba, estado de São Paulo, em 7 de julho de 1850, assentou praça em 1869, foi promovido a alferes-aluno em 1874, confirmado no posto de alferes em 1877, promovido a tenente em 1877, capitão em 1881, e permaneceu nesse posto durante nove anos. Com a República, foi promovido a tenente-coronel em 1890 e duas vezes em 1892, todas por merecimento, alcançando o posto de coronel efetivo.[47] Destacou-se na repressão à Revolução Federalista devido ao abuso da violência, ficando conhecido pela alcunha de Corta-Cabeças, pois ordenava a cruel degola dos prisioneiros.

Moreira César partiu imediatamente para a Bahia. No trajeto do Rio de Janeiro a Salvador, começou a agir de forma descontrolada. No terceiro dia de viagem passou a desconfiar do comandante do navio, supondo que a embarcação estava vagarosa demais e que haveria um plano para atrasar a chegada ao teatro da guerra. Resolveu prender o comandante na sua sala, com sentinelas vigiando ininterruptamente. Só foi libertado quando se aproximavam da capital baiana e o coronel constatou que seus temores eram infundados. No desembarque, os soteropolitanos, que estavam apreciando a chegada das tropas, foram surpreendidos pelas ordens de Moreira César obrigando-os a carregar as bagagens dos soldados até a estação ferroviária, sob pena de aplicar pranchadas nos recalcitrantes.[48]

O comandante da terceira expedição ficou um dia em Salvador e em 7 de fevereiro partiu para Queimadas, chegando ao seu destino no dia seguinte. De lá enviou um telegrama para o ministro da Guerra, general Francisco de Paula Argolo:

> Estou em Queimadas ativando a remessa de poucas munições para Monte Santo, para o mais breve possível seguir para Canudos. A força está muito animada, sem ocorrer caso algum de indisciplina. Há muita dedicação. O estado sanitário ótimo. O governador e demais autoridades do estado têm sido em extremo solícitos em me auxiliar. Só temo que o fanático Antônio Conselheiro não nos espere.[49]

Tal qual o grande César, o coronel paulista imaginava que o Vaza-Barris fosse o Rubicão da República. Temendo que os conselheiristas fugissem antes que pudesse combatê-los, intensificou os preparativos para a partida de Queimadas. Mesmo assim, aguardou nove dias, reunindo a tropa, armamento e munições: 1.300 homens (157 eram da polícia baiana), seis canhões Krupp, dois médicos, dois engenheiros militares, ambulâncias e um comboio de cargueiros com munições e mantimentos.[50] Chegou a Monte Santo, base das operações, no dia 18, e sofreu um ataque epiléptico. Quatro dias depois, rumo a Canudos, um novo ataque de epilepsia, mais violento que o primeiro, obrigou o coronel a um repouso.[51] Em Cumbe, no dia 25, em mais uma demonstração de forte perturbação emocional, prendeu o padre da localidade e levou-o amarrado à frente das tropas durante alguns quilômetros, acusando-o de apoiar Antônio Conselheiro.[52] Era o padre Vicente Sabino dos Santos, que chegou ter uma casa em Canudos, mas acabou sendo expulso do arraial – além de ter acompanhado os frades capuchinhos, em maio de 1895, como vimos no Capítulo 2.[53]

Partiu, em seguida, rumo a Belo Monte, em marchas de dez quilômetros diários. No caminho do arraial foi atacado por piquetes conselheiristas nos flancos da coluna, os quais somente hostilizaram os soldados, sem enfrentá-los diretamente, dada a flagrante desproporção em homens e armamentos, o que impediu qualquer combate aberto. A estratégia conselheirista foi distinta em relação às outras expedições: na primeira, devido à pequena força comandada por Pires Ferreira, optaram pelo ataque-surpresa; na segunda, em decorrência da superioridade do Exército, atraíram as tropas para o sítio escolhido para a batalha, depois de enfraquecê-los em longos combates. Agora, não havia condições de impedir a chegada das tropas a Canudos: o desafio era como enfrentá-los em condições extremamente desfavoráveis provenientes da disparidade em homens e armas, principalmente canhões.

A marcha para Canudos foi morosa, evitando-se longas caminhadas. Em 2 de março a coluna chegou ao Rancho do Vigário, a dezenove quilômetros de Canudos. Segundo o major Cunha Matos, Moreira César pretendia se aproximar do arraial, permanecer um dia às margens do Vaza-Barris e daí iniciar o bombardeio do arraial, para só então tentar conquistá-lo com a infantaria. Na manhã do dia 3, conforme o plano preestabelecido, as tropas avançaram em direção a Belo Monte e o comandante da expedição fez questão de ordenar dois tiros de canhão dirigidos ao arraial, como um sinal aos conselheiristas da sua chegada e fulminante vitória, segundo sonhava.

Mudando subitamente de ideia, Moreira César optou pelo ataque imediato. Deslocou a artilharia para uma colina próxima e iniciou o bombardeio do arraial, duramente castigado pelos quatro canhões Krupp: no total do combate foram mais de trezentos tiros dirigidos ao arraial. Pouco antes do meio-dia, iniciou o assalto atacando pelos flancos, tentando evitar o fogo concentrado dos defensores, vindo das igrejas antiga e nova. Nos primeiros momentos do combate, o Exército conquistou algumas casas – apesar da violência da luta, conseguiu-se contar doze –, mas, segundo os informes oficiais, devido à escassez de munições foram obrigados a recuar.

Depois de três horas de intensos combates, Moreira César foi ferido. Há várias versões. A oficial afirma que, ao voltar de uma inspeção, teria sido atingido por um tiro no ventre; outra descreve uma cena inusitada, como se o coronel estivesse esperando a morte: aos gritos de "Viva a República", começou a percorrer a linha de frente, recebendo um tiro mortal; a terceira versão é a de José Ciríaco. Contou a Paulo Dantas que Moreira César teria sido morto por um soldado do 1º Batalhão, chamado Trajano, devido a uma desavença entre ambos no trajeto para o arraial.[54] Atendido pelos médicos, que constataram a gravidade do ferimento, o comando foi transferido para o coronel Pedro Tamarindo, que não tinha o carisma e o talento organizativo de Moreira César.

Às 19h, após mais de sete horas de combate ininterrupto, sem que tivessem conquistado nenhuma parcela significativa do arraial, Tamarindo resolveu recuar as tropas para um sítio mais seguro, temendo um ataque noturno dos conselheiristas. Na madrugada, não resistindo aos ferimentos, morreu Moreira César. Uma reunião de oficiais realizada à noite decidiu pela retirada em ordem, dado o grande número de feridos (duzentos) e a dificuldade de estabelecer um plano que viabilizasse um resultado favorável para um novo assalto ao arraial.

Ao amanhecer, quando os soldados tomaram conhecimento da morte do comandante da expedição e da decisão de iniciar a retirada, começaram em grupos a fugir para Cumbe, desobedecendo aos oficiais, que, de revólver em punho, tentavam conter a debandada. A fuga se intensificou às 8h, quando alguns piquetes conselheiristas atacaram a retaguarda, cortando ao meio a expedição, capturando a artilharia – tão odiada desde os combates contra Febrônio de Brito – e iniciando a perseguição às tropas. O major Cunha Matos, ferido na coxa e na nádega direita, relatando os acontecimentos, conta que os feridos foram abandonados, que os soldados se acovardaram e que na desordem "milagrosamente escapei", sem entrar em detalhes de como chegou a Cumbe.[55]

A exposição do primeiro-tenente da artilharia, Marcos Pradel de Azambuja, é a melhor descrição dos combates. Depois de relatar o início da luta, começa a criticar o desempenho dos oficiais, principalmente a decisão da retirada. Informa que muitos oficiais não foram consultados, ao contrário do que afirma Cunha Matos, e que não havia falta de alimentos nem de munição ou soldados. Diz o tenente que o ataque à artilharia por parte dos conselheiristas foi realizado por duzentos homens e que na retirada não havia nenhuma resistência

> pois que éramos perseguidos por uns vinte homens, até que chegando a esses lugares, fomos completamente desiludidos, porquanto já havíeis passado há muito tempo, deixando a força que ficava na retaguarda, sem comando e a qual com um chefe como podia ter, visto o número de oficiais que ainda existiam vivos, porém que se achavam na frente, e, naturalmente, convosco, pois que vínheis na vanguarda de todos, podia

perfeitamente resistir a esse inimigo diminuto que nos perseguia e tanto mal nos fazia.

Marcos Pradel descreve que pela "estrada onde passei e que foi a mesma por onde seguimos para Canudos, existe tanta munição e armamento que causava dó ver o poder para a guerra que a proporção que a força avançava, deixava nas mãos do inimigo". Pelo caminho, "só encontramos casas abandonadas e saqueadas, as quais em lugar de alento e consolação, só nos ofereciam desolação e descrença".[56] Pradel citou o armamento abandonado pelos soldados. Dois canhões caíram nas mãos dos conselheiristas, mas não tinham munição, nem eles sabiam operá-los. Segundo Honório Vilanova, das "expedições a que mais deixou arma no chão foi a do coronel Moreira César. Engraçado é que os soldados largavam os fuzis no mato atirando fora os ferrolhos. Nós catávamos esses fuzis e os recompúnhamos".[57]

No início da retirada, morreram vários oficiais, entre os quais o comandante da expedição, o coronel Tamarindo,[58] o capitão Salomão da Rocha, responsável pela 4ª Bateria, e o tenente Pires Ferreira, comandante da primeira expedição. Segundo dados oficiais, faleceram treze oficiais e 103 soldados (cinquenta do Exército e 53 da polícia baiana) e ficaram feridos aproximadamente nove oficiais e 212 soldados.[59] É provável que o número de soldados mortos tenha sido bem maior, pois somente no combate de 3 de março havia mais de duzentos feridos que, na retirada, foram abandonados pelos praças, conforme os relatos dos oficiais. Também muitos soldados foram feridos ou morreram quando fugiam dos conselheiristas em direção ao Cumbe. Lembra Aristides Milton que na força policial baiana, dos "150 praças, que ela pusera em linha de fogo, um terço apenas escapou com vida".

Os conselheiristas foram ao Cumbe e a Mirandela para obter mantimentos e atacar os apoiadores do governo. Estava claro que uma nova expedição seria enviada para destruir Belo Monte. Era necessário ampliar a base de apoio a Conselheiro e criar dificuldades para uma eventual ação militar. Dada a distância da capital, dificultar o abastecimento das tropas governamentais era uma tarefa essencial para a defesa do arraial.

As primeiras notícias do desastre da expedição causaram enorme repercussão em todo o país, particularmente no sul. Até então, imaginava-se uma fácil vitória contra o que Febrônio de Brito denominara "um foco de ladrões e assassinos". O otimismo era tal que no domingo de Carnaval – 1º de março –, no Rio de Janeiro, com ruas cheias de grupos de foliões fantasiados e carros alegóricos, "fez sensação uma máscara representando Antônio Conselheiro provocando hilaridade pelos seus vestuários e pelo seu discurso que proferiu de uma das janelas da redação de *O País*. O povo aplaudiu-o muito".[60]

No dia 7 chegaram notícias detalhadas dos acontecimentos de Canudos. Belo Monte deixara de ser considerado "um foco de ladrões e assassinos" ou "Antônio Conselheiro um cismático",[61] para ser transformado no grande inimigo da República:

> Nos sertões da Bahia, sob a capa de um *fanatismo religioso*, que não tem base, está enrolado o pavilhão do império. Nas armas e nas munições desse exército está o dinheiro dos restauradores. E, onde quer que se encontre um monarquista, está um coração que pulsa pela sorte dos *fanáticos* da Bahia, uma alma que segue com amor a devastação dessa horda de evadidos de cadeias e desertores de todos os estados.

Para o editorialista de *O Estado de S. Paulo*, "a luta é contra a República. O governo tem de defender a República, tem de sufocar o movimento monarquista ainda que seja preciso a violência". E conclui: "A normalidade desapareceu; no estado atual de coisas, o governo carece de empregar meios anormais".[62]

Foram saqueadas as redações dos dois jornais monarquistas do Rio de Janeiro, *Gazeta da Tarde* e *Liberdade*. Em São Paulo, tal qual na capital federal, foi destruída a redação de *O Comércio de São Paulo*. O coronel Gentil José de Castro, gerente do *Liberdade* e proprietário da *Gazeta da Tarde*, foi assassinado quando se dirigia a Petrópolis, juntamente com o visconde de Ouro Preto e Afonso Celso Júnior, por dez militares – dois majores e oito tenentes –, entre os quais o filho de Benjamin Constant.[63] Os monarquistas foram acusados de fomentar e apoiar os conselheiristas, apesar de negarem enfaticamente qualquer vínculo com os acontecimentos do sertão baiano. O próprio visconde de Ouro Preto afirmou que "nenhuma ligação, direta ou indireta, temos ou tivemos com os bandos fanáticos do sertão baiano, elemento perigoso que combateríamos, se ocupássemos o poder".[64]

Os saques e as ameaças aos líderes monarquistas foram ignorados pela imprensa. O *República*, comentando o ataque aos jornais monarquistas, diz que, apesar "da profunda comoção que perturbou ontem a cidade, pode-se dizer que reinou perfeita ordem em toda ela". Continua o jornal: "Foram, é fato, destruídas as tipografias dos jornais monarquistas; mas isso não haveria força capaz de impedi-lo. A polícia chegou com a presteza possível; essa execução, porém, foi feita com tanta rapidez que ela não poderia evitá-la". Conclui o jornal: "Além disso e sem embargo de toda a agitação dos espíritos, não nos consta que tivesse havido nenhum excesso ou conflito ou violência pessoal".[65]

Os jornais duplicaram as tiragens, os acontecimentos de Canudos passaram a repercutir no exterior e a todo custo houve uma busca de atos heroicos por parte dos soldados da expedição, como um meio de dirimir o efeito negativo do desastre militar. Subitamente, surgiu a notícia de que um cabo, Arnaldo Roque, teria protegido até a morte, com seu próprio corpo, o cadáver de Moreira César, impedindo que os conselheiristas o profanassem: "O cabo Arnaldo Roque, ordenança do coronel Moreira César, ajoelhado junto ao corpo, esgotou a munição, sendo morto neste posto". O editorialista de *O Estado de S. Paulo* aproveitou o fato para traçar um paralelo entre o cabo e o visconde de Ouro Preto, chefe do último gabinete do Império:

> Em Canudos, Roque, ordenança de Moreira César, soldado da República, morre, sem munição, sobre o cadáver do valoroso chefe. No Rio de Janeiro, Gentil de Castro, braço criminoso, embora braço enérgico dos estadistas do último gabinete da monarquia, dedicado servidor do visconde de Ouro Preto, é assassinado, e Ouro Preto e outros monarquistas abandonam-no, para salvarem as próprias vidas saindo pela portinhola do carro em que, com ele, deviam partir...

Continua o editorial: "Roque esperava a morte, guardando o cadáver de Moreira César, varado por uma bala do inimigo", enquanto os "estadistas do império abandonam um homem, que por eles deu a vida, e fogem do corpo do amigo fugindo à morte!". Conclui o jornal: "Nessa diferença está a nossa força, está a garantia da nossa defesa e da vitória final da República!".[66]

Da noite para o dia, o desconhecido Arnaldo Roque se transformou em herói nacional. Abílio Soares, próspero negociante paulista, propôs "abrir uma subscrição para comprar uma casa no lugar onde mora a família do cabo Roque". Caso "o cabo Roque não tenha filhos [...], mandar-se-á cunhar uma medalha de ouro, que será conferida ao aluno da Escola Militar que mais se distinguir tanto nos seus estudos como pelo seu comportamento". O "título da medalha será Prêmio Cabo Roque, ao valor e lealdade".[67]

Ainda sob o impacto da derrota da terceira expedição, a Câmara Municipal do Rio de Janeiro alterou a denominação da Rua do Ouvidor, a mais movimentada da cidade, para Rua Moreira César. "O Largo São Francisco de Paula se transformou em Praça Coronel Tamarindo, e foi projetada a mudança da Travessa do Ouvidor para Rua Cabo Roque".[68] Em São Paulo, também vários logradouros públicos tiveram suas denominações alteradas. A tradicional Rua São Bento foi rebatizada como Rua Coronel Moreira César; a Rua do Quartel virou Rua Cabo Roque; a Rua das Flores passou a se chamar Rua Coronel Tamarindo; e a Rua da Esperança mudou de nome para Rua Capitão Salomão. Aproveitando o momento, outras ruas sofreram alterações em suas denominações, como a tradicional Rua Direita, que passou a se chamar Rua Marechal Floriano Peixoto, e a Rua João Alfredo, que se transformou em Rua General Carneiro.[69]

Em carta a André Rebouças, Joaquim Nabuco retratou o clima político do momento:

> Estamos outra vez neste desgraçado país sob o terror jacobino. Os monarquistas desapareceram da cidade para não se encontrarem com a masorca tiradentes, com *les bandes de massacreurs*, que lincharam o pobre Gentil de

> Castro no trem de Petrópolis. [...] Os monarquistas que nada tiveram com o Antônio Conselheiro, que não são culpados do pânico da tropa nem da sua incapacidade para tomar um lugarejo defendido por fanáticos quase sem armamento, foram logo responsabilizados por tudo! [...] A nossa condição aqui é esta: ao menor contratempo da República, a cada inépcia que ela comete, asneira que faz e lhe sai mal-sucedida, soltam o grito de mata monarquista! E a rua do Ouvidor (hoje rua Moreira César!), enche-se de *sans culottes* prontos para qualquer "serviço".[70]

A confusão política era tão grande que bastava ser baiano para ser considerado monarquista e conselheirista, portanto, inimigo da ordem republicana. São comuns notícias como esta: "quase todos os sertanejos baianos que trabalhavam nas fazendas do coronel Gentil, em São Carlos do Pinhal, se acham alistados nas forças de Antônio Conselheiro". Uma quadrilha foi presa e considerada ainda mais perigosa que as outras, pois a maioria dos seus integrantes era de baianos.[71]

Cartas apócrifas de supostos apoiadores de Antônio Conselheiro foram publicadas na imprensa; o palácio onde residiu a princesa Isabel, em Petrópolis, foi apedrejado, apesar de havia tempos estar sendo ocupado pela legação russa, o que veio a causar um incidente diplomático; caiu a cotação dos fundos brasileiros no exterior e diminuiu a entrada de capitais europeus, fatos debitados aos efeitos das três derrotas militares contra os conselheiristas.[72]

A ideia de uma conspiração monárquica ganhava corpo e fazia parte do cotidiano político. O barão de Jeremoabo, que mesmo durante a República permaneceu usando o título nobiliárquico obtido no Império, transformou-se em paladino do novo regime:

> Eu e minha família, meus conterrâneos e muitas propriedades estamos seriamente ameaçados. Não conto com garantias. O governo é o responsável de todas as desgraças de minha terra. O coronel Moreira César e seus bravos companheiros foram vítimas de uma traição como as anteriores expedições. Não vos iludaes. Existe contato com os traidores. Trata-se da salvação da República.

A Igreja, tão identificada com a ordem monárquica, também buscou ganhar espaço na onda anticonselheirista: no Rio de Janeiro, padres se ofereceram para seguir para Canudos como sacerdotes ou soldados, ou propuseram oficiar as exéquias sem nada cobrar. Em Porto Alegre, a missa em homenagem aos mortos foi uma iniciativa do cônego da paróquia.[73]

Euclides da Cunha, então colaborador de *O Estado de S. Paulo*, foi quem melhor sintetizou o momento político do ponto de vista dos republicanos mais exaltados. Buscando um paralelo com os acontecimentos da França revolucionária, considerou Canudos a Vendeia da República brasileira, tal qual a célebre região francesa que resistiu ao poder jacobino:

> A mesma coragem bárbara e singular e o mesmo terreno impraticável aliam-se e completam-se. O *chouan* fervorosamente crente ou o tabaréu fanático, precipitando-se impávido à boca dos canhões que tomam a pulso, patenteiam o mesmo heroísmo mórbido difundido numa agitação desordenada e impulsiva de hipnotizados. [...] Este paralelo será, porém, levado às últimas consequências. A República sairá triunfante desta última prova.[74]

Não havia nenhuma prova da suposta ligação entre Antônio Conselheiro e os monarquistas. Até a derrota da segunda expedição, não tinha sido estabelecida qualquer ligação entre a comunidade de Belo Monte e os restauradores: estes não tinham mais influência política e se mantinham no ostracismo. A maioria dos políticos do Antigo Regime tinha abjurado as convicções monárquicas e aderido à nova ordem.

A interinidade de Manuel Vitorino na Presidência da República e o desejo de se manter no cargo mesmo após o restabelecimento de Prudente de Morais, associado com os interesses dos militares e simpatizantes civis do florianismo, que almejavam retomar a influência política obtida no governo anterior, transformaram o arraial de Belo Monte em uma peça importante no tabuleiro da política nacional. Era fundamental para os florianistas, também chamados de jacobinos, açular o fantasma da restauração bragantina, e, como não havia nenhum movimento armado monárquico que justificasse a mobilização do Exército, os conselheiristas foram transfigurados em agentes da restauração. De um problema da esfera regional, circunscrito à região próxima a Canudos, o arraial se transformou em uma questão nacional: a República estava em perigo.

Da noite para o dia, João Abade, Pajeú, Antônio Vilanova e, principalmente, Antônio Conselheiro transformaram-se em personagens familiares na política nacional. Nos jornais, nas passeatas, nas tribunas, seus nomes eram invocados como os maiores inimigos do progresso, da civilização, da República. A palavra de ordem do momento era uma só: destruam Canudos!

A igreja velha de Canudos foi dedicada a Santo Antônio, padroeiro da comunidade. Nas paredes externas, as marcas dos combates. O cruzeiro, depois da guerra, foi levado à outra margem do rio Vaza Barris. Foto: Flávio de Barros, 1897. Coleção Canudos, Acervo Museu da República/IBRAM.

Acima: As casas do arraial seguiam as técnicas de construção comuns ao mundo sertanejo. Cobertas de palha, apresentavam estrutura de madeira entrelaçada com barro. Geralmente tinham três cômodos e raramente um quintal. *Esquerda:* Os conselheiristas se vestiam com roupas de couro, material abundante na região devido à criação do bode. A indumentária deste prisioneiro, predominante em couro, contrasta vivamente com o uniforme dos soldados da polícia baiana. Fotos: Flávio de Barros, 1897. Coleção Canudos, Acervo Museu da República/IBRAM.

Esta foto é a única imagem de Canudos que permaneceu para a posteridade. Ela permite visualizar a topografia, a distribuição espacial das casas e a extensão do arraial. Foto: Flávio de Barros, 1897. Coleção Canudos, Acervo Museu da República/IBRAM.

Com os sucessivos fracassos da 4ª expedição, o ministro da Guerra, marechal Bittencourt, dirigiu-se à Bahia. Esta foto foi registrada à saída da missa realizada em Queimadas, que contou com a presença do ministro e de todo o seu Estado-Maior, inclusive Euclides da Cunha. Foto: Flávio de Barros, 1897. Coleção Canudos, Acervo Museu da República/IBRAM.

Em 6 de outubro, por determinação do general Artur Oscar, foi ateado fogo em todo o arraial. Não deveria restar pedra sobre pedra, como exigia Prudente de Morais. Foto: Flávio de Barros, 1897. Coleção Canudos, Acervo Museu da República/IBRAM.

A igreja nova, construção iniciada em 1896 para abrigar os atos religiosos da crescente população do arraial, acabou servindo, durante a 4ª expedição, como uma importante fortificação para os conselheiristas. Foto: Flávio de Barros, 1897. Coleção Canudos, Acervo Museu da República/IBRAM.

Às onze horas da manhã de 6 de outubro, foi exumado o corpo de Antônio Conselheiro. Após a elaboração do laudo médico, o corpo foi decapitado e a cabeça enviada a Salvador para ser examinada pelo doutor Nina Rodrigues. Foto: Flávio de Barros, 1897. Coleção Canudos, Acervo Museu da República/IBRAM.

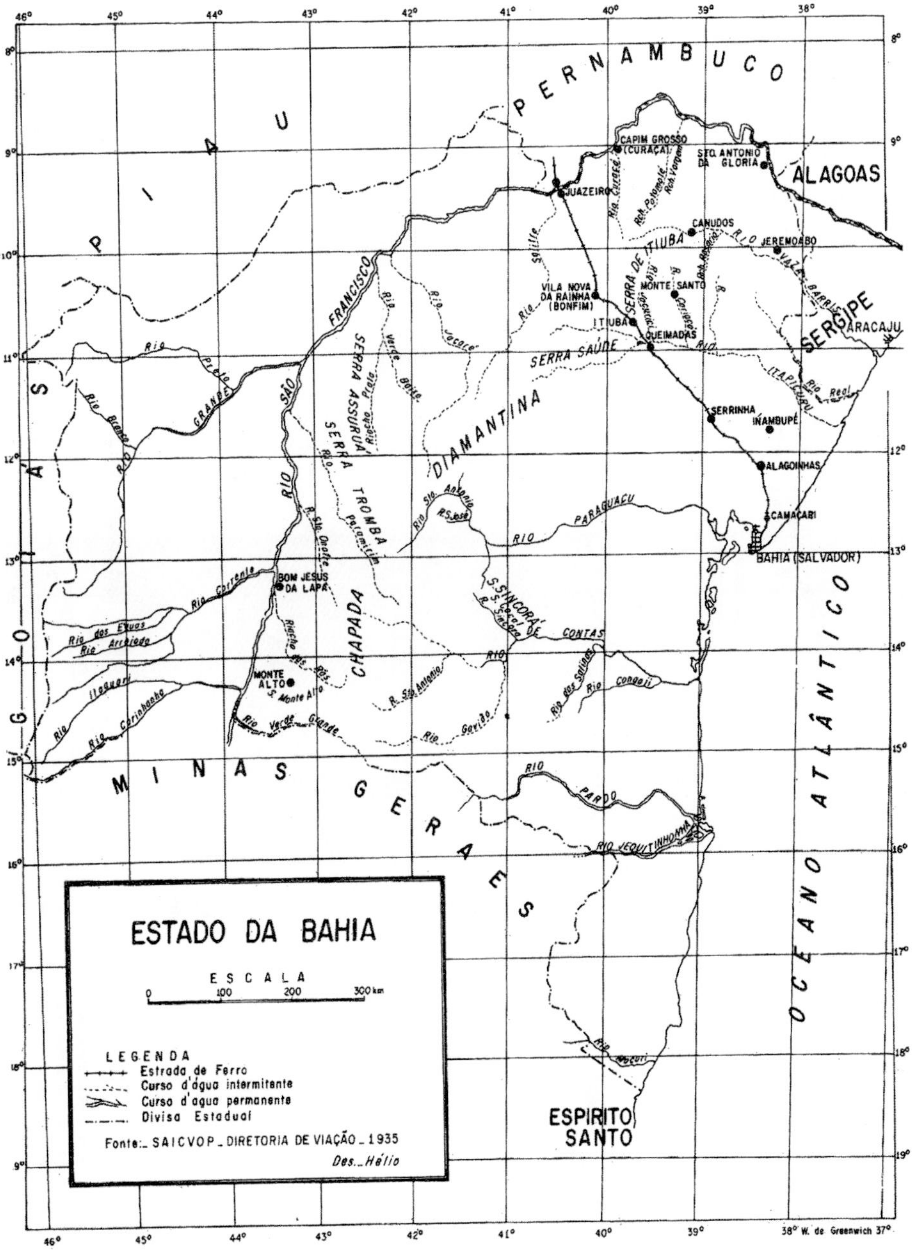

ESTADO DA BAHIA
ESCALA
0 100 200 300 km
LEGENDA
Estrada de Ferro
Curso d'água intermitente
Curso d'água permanente
Divisa Estadual
Fonte:_ SAICVOP_ DIRETORIA DE VIAÇÃO_ 1935
Des._ Hélio
PERNAMBUCO
PIAUÍ
GOIAZ
MINAS GERAES
ALAGOAS
SERGIPE
ESPIRITO SANTO
OCEANO ATLÂNTICO
CAPIM GROSSO (CURAÇÁ)
STO. ANTONIO DA GLORIA
JUAZEIRO
CANUDOS
JEREMOABO
VILA NOVA DA RAINHA (BONFIM)
MONTE SANTO
ITIUBA
QUEIMADAS
ARACAJU
SERRINHA
INAMBUPÉ
ALAGOINHAS
CAMAÇARI
BAHIA (SALVADOR)
BOM JESUS DA LAPA
MONTE ALTO
SERRA DE ITIUBA
SERRA SAÚDE
DIAMANTINA
SERRA ASSURUÁ
SERRA TROMBA
CHAPADA
S. SINCORÁ
RIO SÃO FRANCISCO
RIO GRANDE
Rio Preto
Rio Branco
Rio Corrente
Rio dos Éguas
Rio Arrojado
Rio Itaguari
Rio Carinhanha
Rio Verde Grande
S. Monte Alto
Riacho dos Rãs
Rio Verde
Rio Jacaré
Rio Salitre
RIO PARAGUAÇU
RIO DE CONTAS
Rio Gavião
R. Sto. Antonio
Rio das Salinas
Rio Congoji
RIO PARDO
RIO JEQUITINHONHA
Rio Mucuri
RIO VAZA BARRIS
ITAPICURU
Rio Real
46° 45° 44° 43° 42° 41° 40° 39° 38° W. de Greenwich 37°

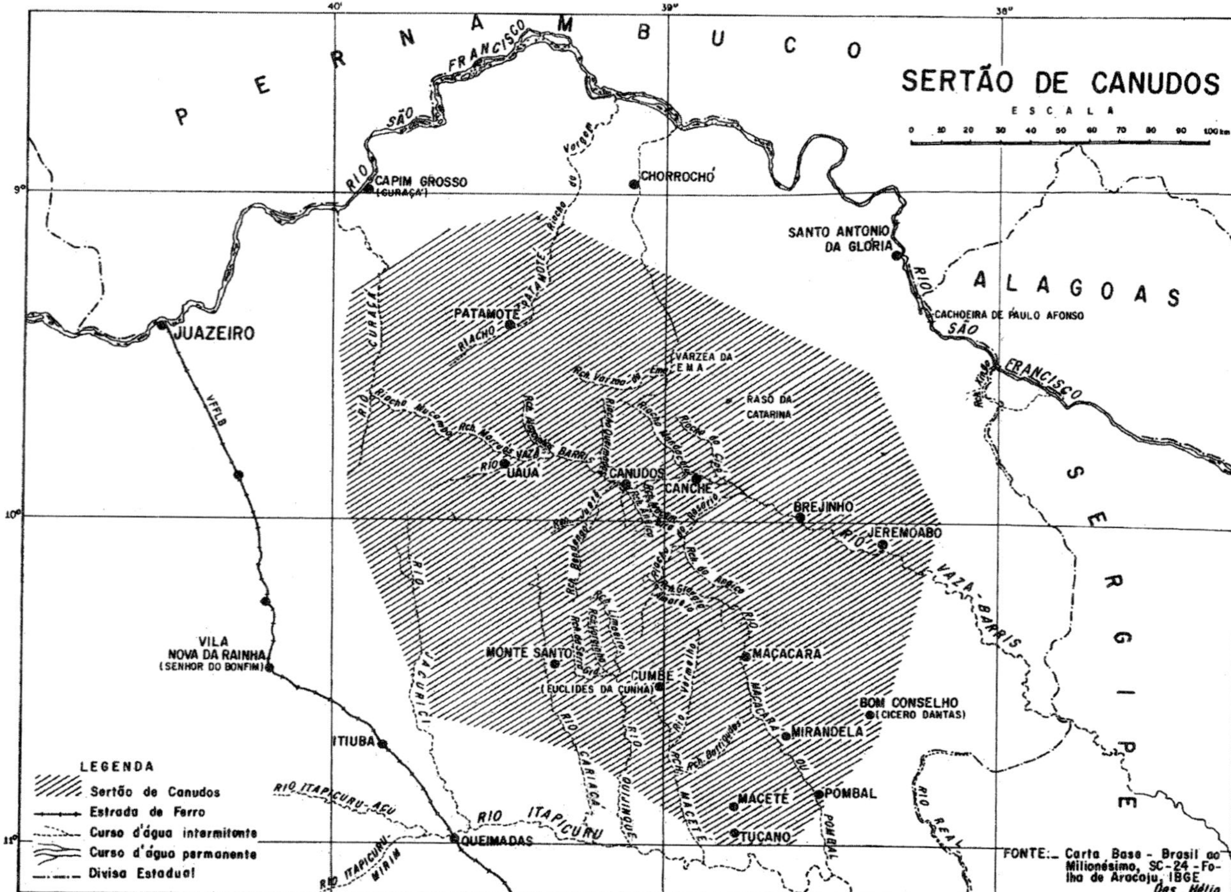
SERTÃO DE CANUDOS
ESCALA
0 10 20 30 40 50 60 70 80 90 100 km
PERNAMBUCO
ALAGOAS
SERGIPE
RIO SÃO FRANCISCO
CAPIM GROSSO (CURAÇÁ)
CHORROCHÓ
SANTO ANTONIO DA GLORIA
CACHOEIRA DE PAULO AFONSO
JUAZEIRO
VFFLB
PATAMOTE
RIACHO PATAMOTE
VARZEA DA EMA
RASO DA CATARINA
UAUÁ
CANUDOS
CANCHÊ
BREJINHO
JEREMOABO
RIO VAZA-BARRIS
VILA NOVA DA RAINHA (SENHOR DO BONFIM)
MONTE SANTO
CUMBE (EUCLIDES DA CUNHA)
MAÇACARÁ
BOM CONSELHO (CICERO DANTAS)
MIRANDELA
POMBAL
MACETÉ
TUCANO
ITIUBA
QUEIMADAS
RIO ITAPICURU
RIO ITAPICURU-AÇU
RIO ITAPICURU MIRIM
RIO JACURICI
RIO CARIAÇÁ
RIO QUIJINQUE
RIO REAL
LEGENDA
Sertão de Canudos
Estrada de Ferro
Curso d'água intermitente
Curso d'água permanente
Divisa Estadual
FONTE:_ Carta Base - Brasil ao Milionésimo, SC-24 - Folha de Aracaju, IBGE
Des._Hélio
38° W. de Greenwich

TOPOGRAFIA DA REGIÃO DE CANUDOS

E S C A L A

0 10 20 30 40

km

BASEADA NA CARTA DO BRASIL AO MILIONÉSIMO - FOLHA ARACAJU SC-24 - IBGE (AMPLIADA)

Eqüidistância das curvas de nível 100m

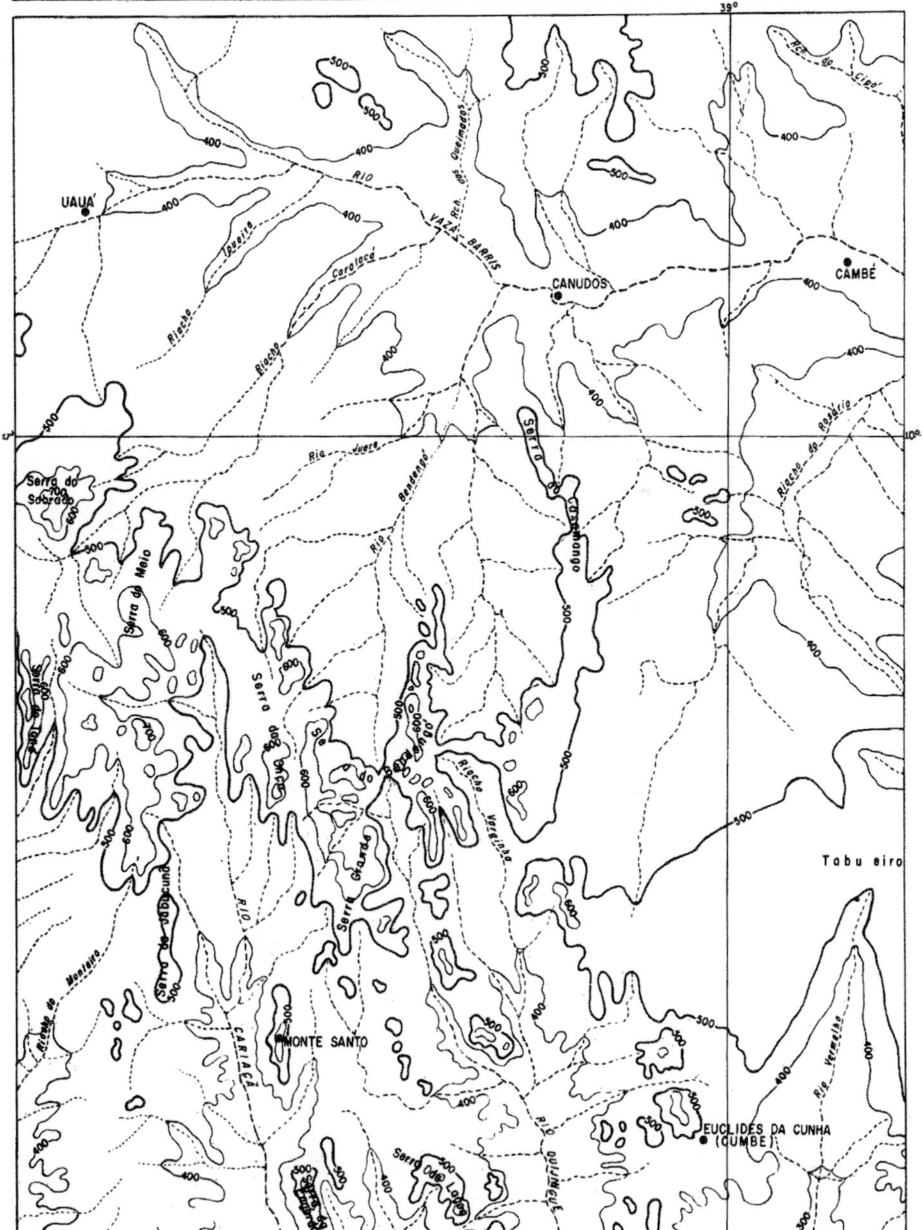

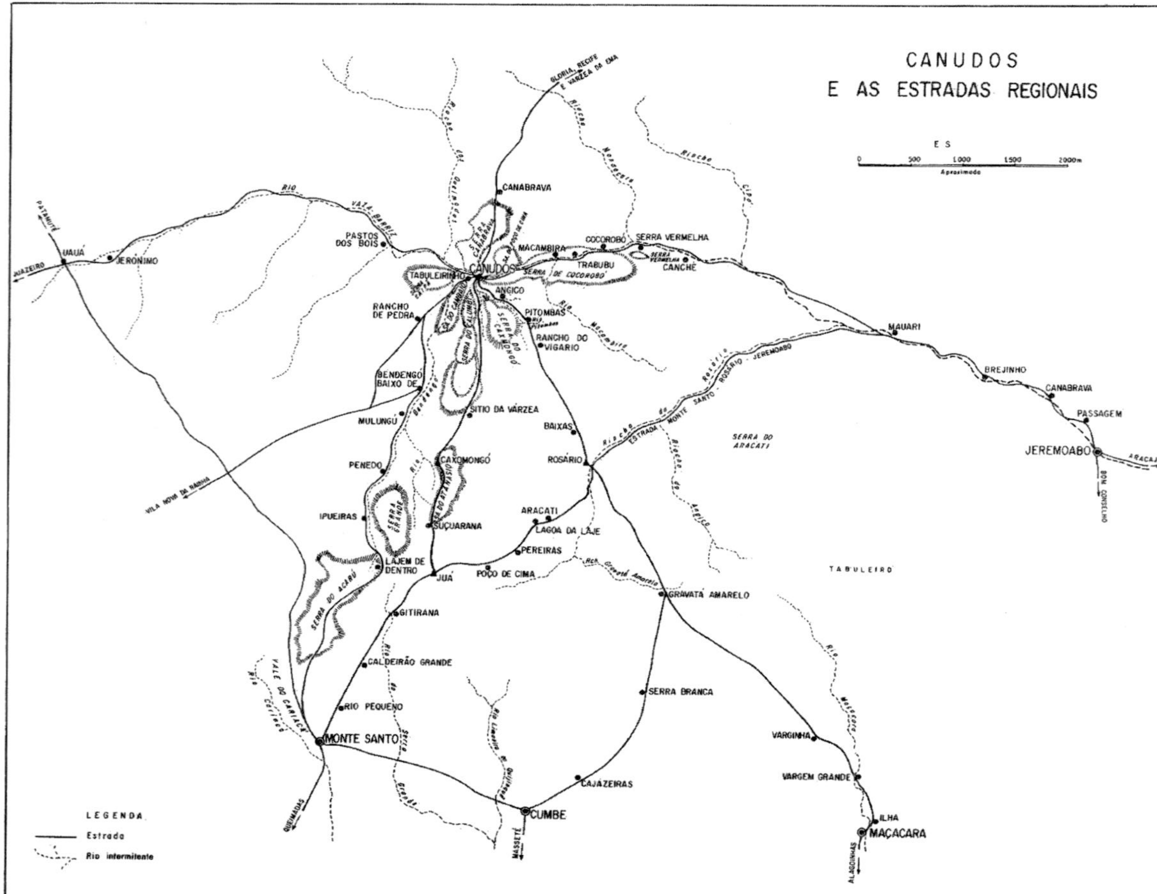
CANUDOS
E AS ESTRADAS REGIONAIS
E S
0 500 1.000 1500 2000m
Aproximada
GLORIA, RECIFE E VARZEA DA EMA
CANABRAVA
PASTOS DOS BOIS
UAUÁ
JERÔNIMO
JUAZEIRO
PATAMUTÉ
CANUDOS
TABULEIRINHO
MACAMBIRA
COCOROBÓ
SERRA VERMELHA
TRABUBU
CANCHÊ
ANGICO
PITOMBAS
RANCHO DE PEDRA
RANCHO DO VIGÁRIO
BENDENGÓ BAIXO DE
MULUNGU
SITIO DA VÁRZEA
BAIXAS
ROSÁRIO
PENEDO
CAXOMONGÓ
IPUEIRAS
SUÇUARANA
ARACATI
LAGOA DA LAJE
PEREIRAS
LAJEM DE DENTRO
JUÁ
POÇO DE CIMA
GRAVATÁ AMARELO
GITIRANA
CALDEIRÃO GRANDE
RIO PEQUENO
MONTE SANTO
SERRA BRANCA
CAJAZEIRAS
CUMBE
MASSETÉ
QUEIMADAS
VARGINHA
VARGEM GRANDE
ILHA
MAÇACARA
ALAGOINHAS
MAUARI
BREJINHO
CANABRAVA
PASSAGEM
JEREMOABO
ARACAJU
BOM CONSELHO
SERRA DO ARACATI
TABULEIRO
ESTRADA MONTE SANTO - ROSÁRIO - JEREMOABO
VILA NOVA DA RAINHA
VALE DO CARIACÁ
SERRA DO ACARU
SERRA GRANDE
SERRA DE COCOROBÓ
SERRA DO CAXOMONGÓ
SERRA CANABRAVA
Riacho Cipó
Riacho Macacará
Riacho dos Queimadas
Rio Vaza-Barris
Rio Macacará
Riacho do Rosário
Riacho do Angico
Rch. Gravatá Amarelo
Rio Caritacá
Rio da Serra Grande
Rio Limoeiro do Quijinqué
Rio Macacoro
LEGENDA
Estrada
Rio intermitente
Des. Hélio

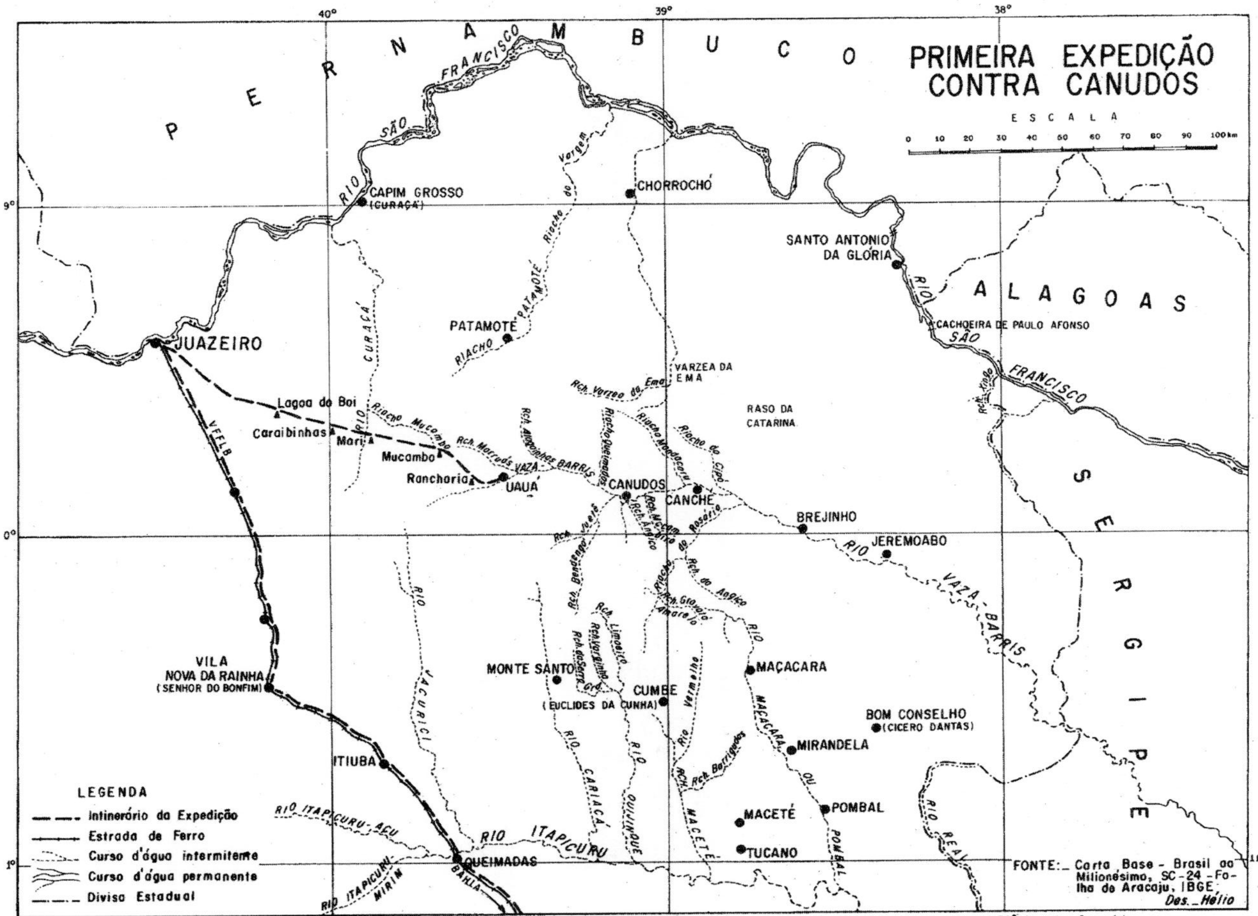
PRIMEIRA EXPEDIÇÃO
CONTRA CANUDOS
ESCALA
0 10 20 30 40 50 60 70 80 90 100 km
PERNAMBUCO
ALAGOAS
SERGIPE
BAHIA
RIO SÃO FRANCISCO
CAPIM GROSSO (CURAÇÁ)
CHORROCHÓ
SANTO ANTONIO DA GLÓRIA
CACHOEIRA DE PAULO AFONSO
JUAZEIRO
PATAMOTÉ
RIACHO PATAMOTÉ
Riacho do Vargem
RIO CURAÇÁ
VARZEA DA EMA
RASO DA CATARINA
Lagoa do Boi
Caraibinhas
Mari
Mucambo
Rancharia
UAUÁ
Riacho Mucambo
CANUDOS
CANCHÉ
BREJINHO
JEREMOABO
RIO VAZA-BARRIS
VFFLB
VILA NOVA DA RAINHA (SENHOR DO BONFIM)
ITIUBA
QUEIMADAS
RIO ITAPICURU
RIO ITAPICURU-AÇU
RIO ITAPICURU-MIRIM
RIO JACURICI
MONTE SANTO
CUMBE (EUCLIDES DA CUNHA)
RIO CARIACÁ
RIO QUIJINQUE
MAÇACARA
RIO MAÇACARA OU POMBAL
MIRANDELA
BOM CONSELHO (CICERO DANTAS)
POMBAL
MACETÉ
TUCANO
RCH. MACETÉ
RIO REAL
LEGENDA
Intinerário da Expedição
Estrada de Ferro
Curso d'água intermitente
Curso d'água permanente
Divisa Estadual
FONTE: Carta Base - Brasil ao Milionésimo, SC-24 - Folha de Aracaju, IBGE.
Des. Hélio
40°
39°
38°
9°
0°
1°
38° W. de Greenwich

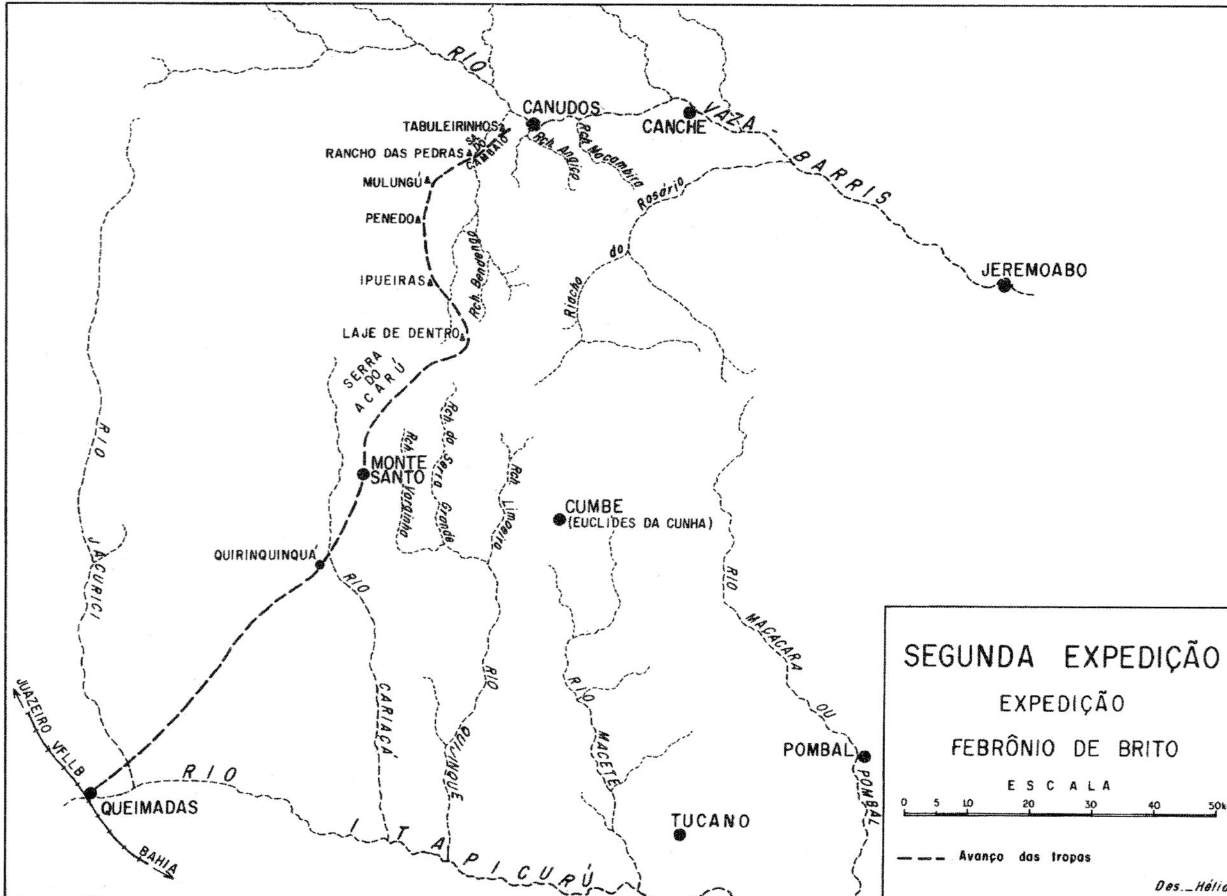
SEGUNDA EXPEDIÇÃO
EXPEDIÇÃO
FEBRÔNIO DE BRITO
ESCALA
0 5 10 20 30 40 50km
Avanço das tropas
Des._Hélio
CANUDOS
CANCHE
VAZA - BARRIS
JEREMOABO
RIO
TABULEIRINHOS
RANCHO DAS PEDRAS
MULUNGÚ
PENEDO
IPUEIRAS
LAJE DE DENTRO
SERRA DO ACARÚ
MONTE SANTO
QUIRINQUINQUÁ
QUEIMADAS
JUAZEIRO VFLLB
BAHIA
RIO JACURICI
RIO ITAPICURÚ
RIO CARIAÇÁ
RIO QUIJINQUE
RIO MACETÉ
RIO MACACARA OU POMBAL
POMBAL
TUCANO
CUMBE
(EUCLIDES DA CUNHA)
Rch. Angico
Rch. Mocambiro
Riacho do Rosário
Rch. Bendengó
Rch. da Serra Grande
Rch. Varginha
Rch. Limoeiro

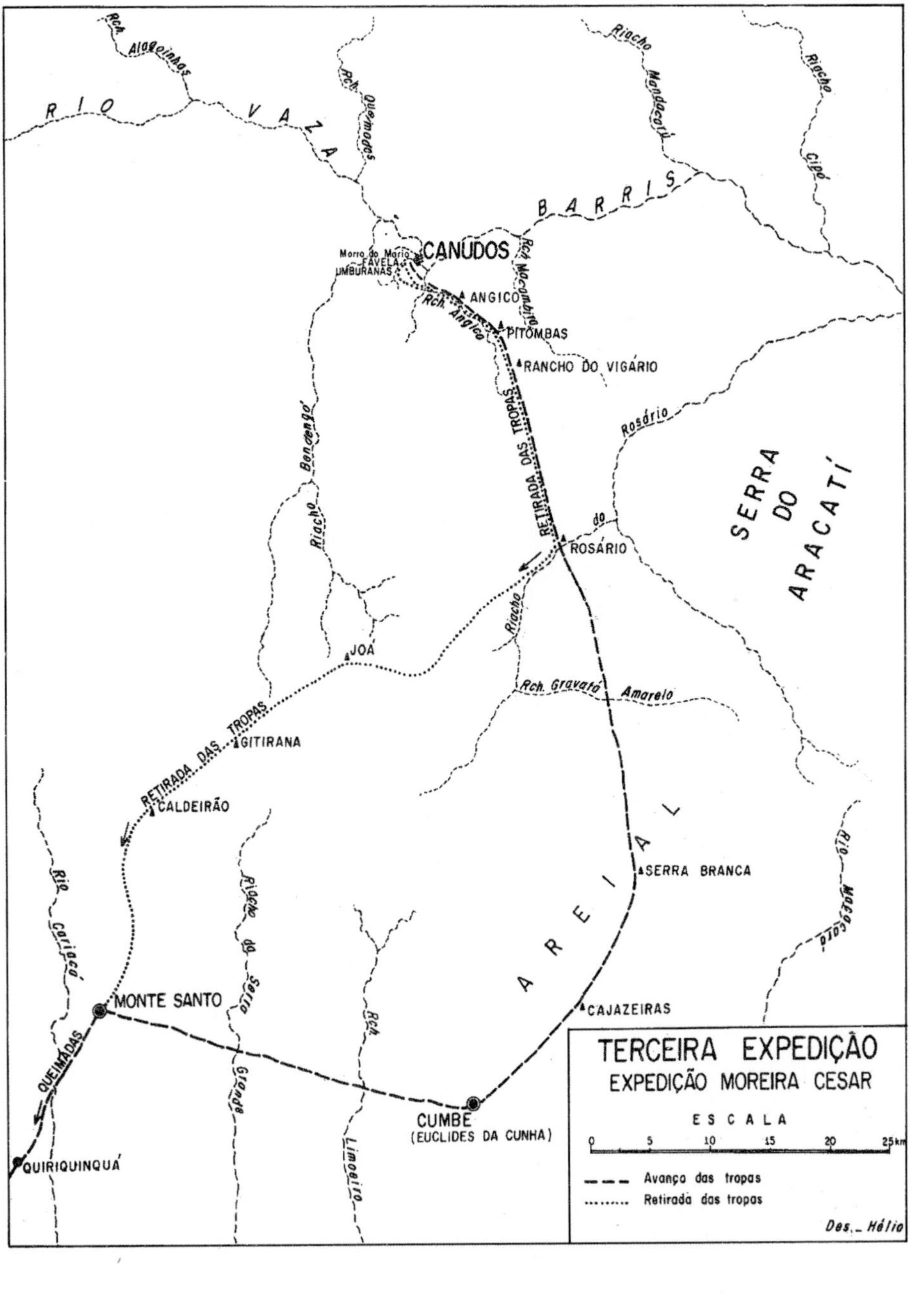

TERCEIRA EXPEDIÇÃO
EXPEDIÇÃO MOREIRA CESAR
ESCALA
0 5 10 15 20 25km
Avanço das tropas
Retirada das tropas
Des. Hélio
CANUDOS
Morro do Mário
FAVELA
UMBURANAS
ANGICO
PITOMBAS
RANCHO DO VIGÁRIO
ROSÁRIO
JOÁ
GITIRANA
CALDEIRÃO
MONTE SANTO
QUIRIQUINQUÁ
CUMBE
(EUCLIDES DA CUNHA)
CAJAZEIRAS
SERRA BRANCA
SERRA DO ARACATÍ
AREIAL
RETIRADA DAS TROPAS
QUEIMADAS
RIO VAZA BARRIS
Rch. Alagoinhas
Rch. Queimadas
Riacho Mandacarú
Riacho Cipó
Rch. Macambira
Rch. Angico
Riacho Bendengó
Rosário
Riacho
Rch. Gravatá Amarelo
Rio Cariaçá
Riacho do Sêrra Grande
Rch. Limoeiro
Rio Maçacará

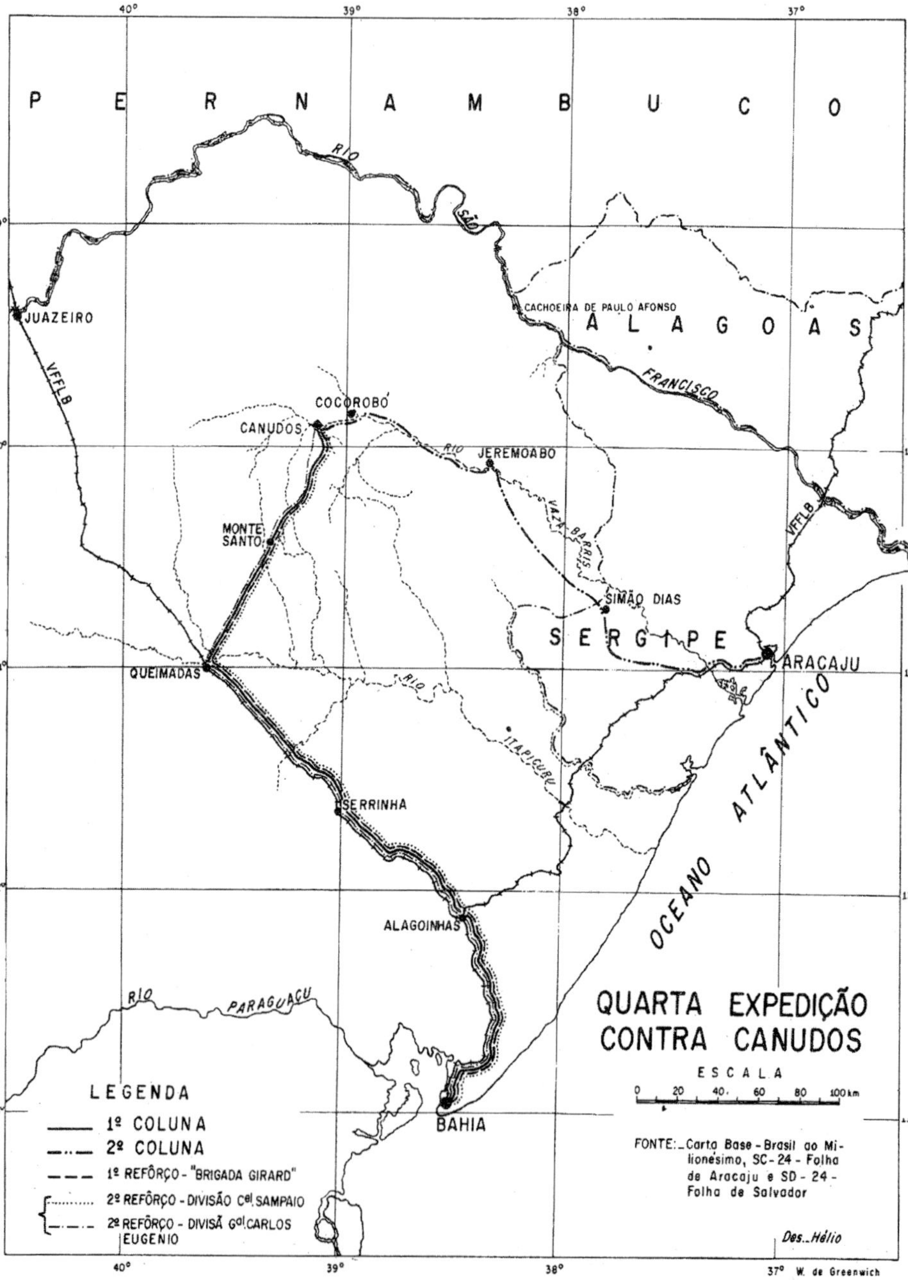
40°
39°
38°
37°
PERNAMBUCO
RIO SÃO FRANCISCO
CACHOEIRA DE PAULO AFONSO
ALAGOAS
JUAZEIRO
VFFLB
COCOROBÓ
CANUDOS
JEREMOABO
RIO VAZA BARRIS
MONTE SANTO
SIMÃO DIAS
SERGIPE
ARACAJU
QUEIMADAS
RIO ITAPICURU
SERRINHA
OCEANO ATLÂNTICO
ALAGOINHAS
RIO PARAGUAÇU
BAHIA
QUARTA EXPEDIÇÃO CONTRA CANUDOS
ESCALA
0 20 40 60 80 100 km
LEGENDA
1ª COLUNA
2ª COLUNA
1º REFÔRÇO - "BRIGADA GIRARD"
2º REFÔRÇO - DIVISÃO Cel. SAMPAIO
2º REFÔRÇO - DIVISÃ Gal. CARLOS EUGENIO
FONTE: Carta Base - Brasil ao Milionésimo, SC-24 - Folha de Aracaju e SD-24 - Folha de Salvador
Des. Hélio
W. de Greenwich

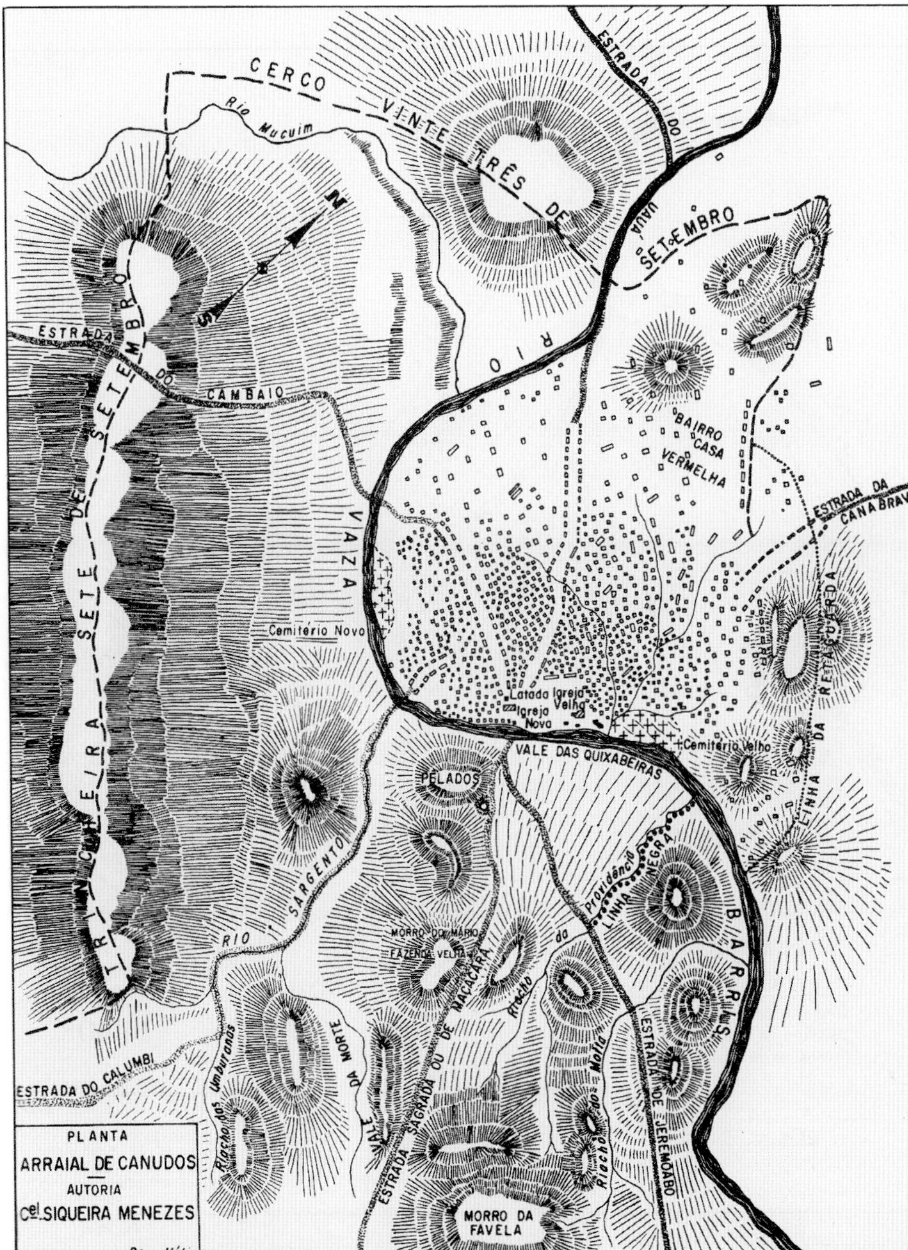
CERCO VINTE TRÊS DE SETEMBRO
Rio Mucuim
ESTRADA DO UAUÁ
RIO
ESTRADA DO CAMBAIO
TRINCHEIRA SETE DE SETEMBRO
N
S
BAIRRO CASA VERMELHA
ESTRADA DA CANABRAVA
VAZA
Cemitério Novo
Latada
Igreja Velha
Igreja Novo
Cemitério Velho
VALE DAS QUIXABEIRAS
PELADOS
LINHA DA RETA CURTA
LINHA NEGRA
Providência
RIO SARGENTO
MORRO DO MÁRIO
FAZENDA VELHA
Riacho da Providência
BARRIS
ESTRADA DO CALUMBI
Riacho das Umburanas
VALE DA MORTE
ESTRADA SAGRADA OU DE MACACARÁ
Riacho do Mota
ESTRADA DE JEREMOABO
MORRO DA FAVELA
PLANTA
ARRAIAL DE CANUDOS
AUTORIA
Cel. SIQUEIRA MENEZES
Des. Hélio

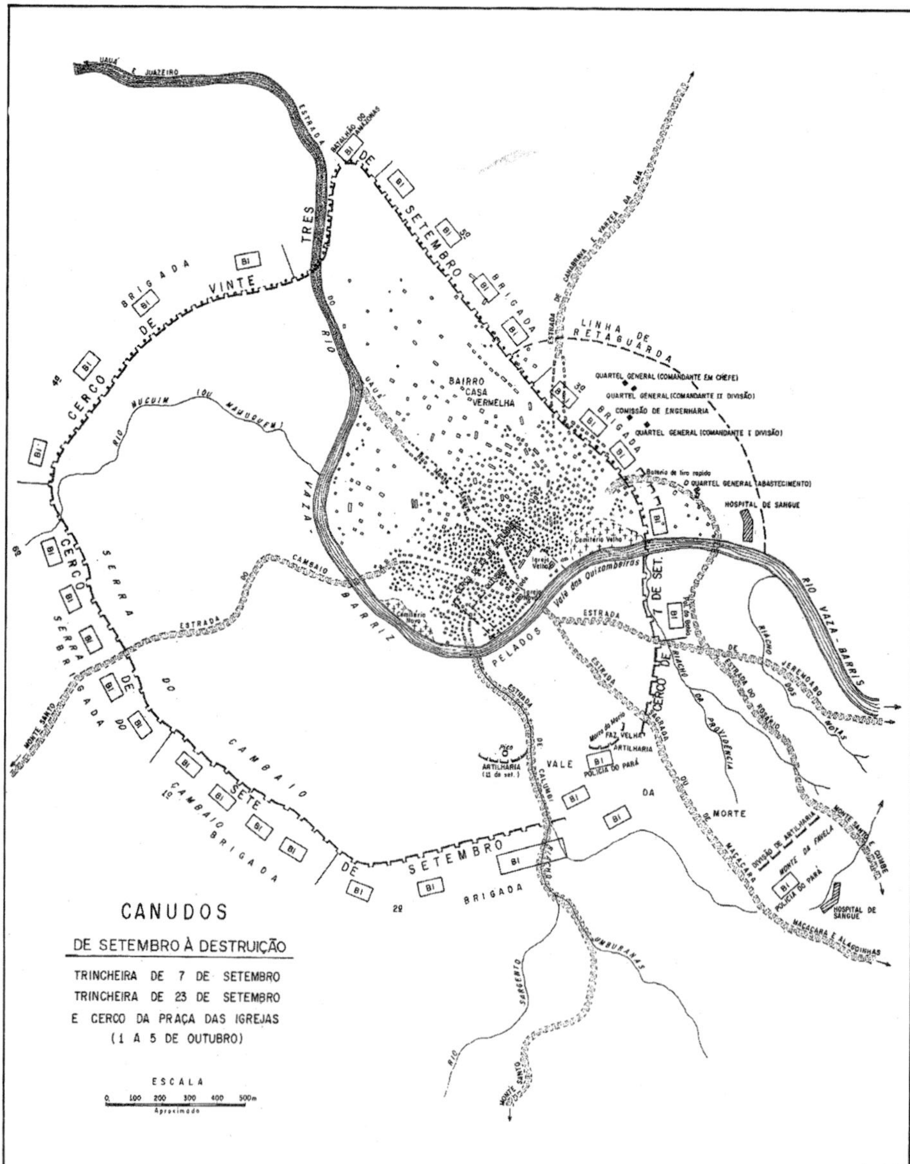
CANUDOS
DE SETEMBRO À DESTRUIÇÃO
TRINCHEIRA DE 7 DE SETEMBRO
TRINCHEIRA DE 23 DE SETEMBRO
E CERCO DA PRAÇA DAS IGREJAS
(1 A 5 DE OUTUBRO)
ESCALA
0 100 200 300 400 500m
Aproximado
UAUÁ E JUAZEIRO
ESTRADA
BATALHÃO DO AMAZONAS
TRES DE SETEMBRO
BRIGADA DE VINTE
CERCO DE SETE DE SETEMBRO
CERCO DE 7 DE SET.
LINHA DE RETAGUARDA
QUARTEL GENERAL (COMANDANTE EM CHEFE)
QUARTEL GENERAL (COMANDANTE II DIVISÃO)
COMISSÃO DE ENGENHARIA
QUARTEL GENERAL (COMANDANTE I DIVISÃO)
QUARTEL GENERAL (ABASTECIMENTO)
HOSPITAL DE SANGUE
BAIRRO CASA VERMELHA
RIO VAZA-BARRIS
RIO MUCUIM (OU MAMUQUEM)
SERRA DO CAMBAIO
ESTRADA DO CAMBAIO
MONTE SANTO
VALE DA MORTE
ARTILHARIA
POLÍCIA DO PARÁ
FAZ. VELHA
DIVISÃO DE ARTILHARIA
MONTE DA FAVELA
MONTE SANTO E CUMBE
MACACARÁ E ALAGOINHAS
RIACHO DA PROVIDÊNCIA
RIACHO DOS MOTAS
ESTRADA DO ROSÁRIO
ESTRADA DE JEREMOABO
ESTRADA DE CAMBAIO
UMBURANAS
RIO SARGENTO
BRIGADA
Des. Hélio

5
Tempo de Mártires

Depois do fracasso da terceira expedição, Prudente de Morais, que tinha reassumido a Presidência da República em 4 de março, pressionado pela oposição florianista – tanto civil como militar –, buscou a todo custo encontrar um general identificado com essa corrente política e que tivesse experiência de combate para comandar a quarta expedição. O indicado foi o general Artur Oscar de Andrade Guimarães, à época comandante do 2º Distrito Militar, em Recife, que, como Moreira César, tinha se destacado na repressão à Revolução Federalista.

Imediatamente após a nomeação, Artur Oscar partiu para a Bahia. Em 21 de março já estava em Queimadas. Passou a elaborar um plano de ação distinto das outras expedições, tomando como base os ensinamentos advindos dos desastres anteriores. O ataque deveria partir de duas direções: uma de Queimadas, Monte Santo, e daí chegando a Belo Monte; e outra saindo de Aracaju, passando por Jeremoabo e daí até o arraial. Para isso, dividiu as tropas em duas colunas, comandadas pelos generais João da Silva Barbosa e Cláudio do Amaral Savaget. Cada coluna se subdividia em três brigadas, comandadas pelos coronéis Joaquim Manuel de Medeiros, Inácio Henriques de Gouveia, Antônio Olímpio da Silveira, Carlos Maria da Silva Teles, Julião Augusto de Serra Martins e Donaciano de Araújo Pantoja.

O comandante da expedição recebeu todo o apoio do presidente da República, que, em mensagem enviada ao Congresso Nacional, reiterou que a terceira expedição não tinha sido derrotada:

> o insucesso se deu, não porque os revoltosos dispusessem de elementos capazes de resistir e repelir o ataque, mas porque as forças legais, quando já se achavam dentro da povoação, que seria tomada e vencida, tiveram a infelicidade de perder o valente chefe que as dirigiu e que, com o exemplo mais do que com as vozes de comando, lhes transmitia a sua coragem, que atingia as raias da temeridade.

Como não havia quem o substituísse à altura, o desânimo se apoderou da tropa, o que explica a retirada desordenada. Agora, a "causa da legalidade e da civilização vencerá a ignorância e o banditismo. Canudos vai ser atacada em condições de não ser possível novo insucesso". Assim, "dentro em pouco a divisão do Exército, ao mando do general Artur Oscar, destroçará os que ali estão envergonhando a nossa civilização".[1]

Apesar dos recursos oficiais, o Exército encontrava grande dificuldade de arregimentar soldados. Adolescentes de vários estados e prisioneiros federalistas foram levados para a Bahia. Em Salvador, "os jovens já não ousavam andar pelas ruas à noite com medo de serem à força metidos num fardamento e mandados para Canudos". Segundo César Zama, muitos criminosos presos na Bahia "foram incluídos no 5° Corpo de Polícia que se organizava para a campanha de Canudos". Portanto, não causa estranheza a deserção de mais de cem soldados do 4° Batalhão Policial da Bahia em Queimadas e que chegam a atentar contra a vida do seu comandante, acusando-o de os enganar, pois teriam sido engajados para servir em Salvador e não para lutar contra os conselheiristas. O problema não se resumia à Bahia: o senador Lopes Trovão denunciou que na capital federal estavam sendo recrutados soldados à força e levados para o sertão baiano.[2]

Com milhares de soldados – grande parte deles só se manteve disciplinada devido aos castigos corporais e às ameaças de prisão –, em uma região carente de meios de sobrevivência, sem uma conveniente rede de abastecimento, pois o Exército imaginava que seria possível sobreviver graças aos recursos locais, eram inevitáveis os atritos com a população civil, que fugia quando as tropas se aproximavam. O general Savaget comenta o "afastamento da população sertaneja que dispõe dos elementos de transporte, a qual desconfiada da tropa, retraía-se evitando as feiras da cidade".[3] Um viajante observou que Cumbe e Monte Santo foram quase que abandonadas pela população após a chegada do Exército, o mesmo ocorrendo em Queimadas e Cansanção. Entre Monte Santo e Queimadas, as "forças militares substituíram a população". Lembra o informante que os soldados estavam acompanhados de mulheres – que serviam como enfermeiras, cozinheiras, lavadeiras ou prostitutas – e crianças, o que agravava ainda mais a dificuldade de obtenção dos recursos necessários à manutenção dos contingentes. Na região, soldados saqueavam carretas com víveres, retiravam portas e janelas das casas para fazer fogueiras, abandonavam munições mais pesadas e vendiam espingardas e fardamentos.[4]

A situação estava tão explosiva que chegaram a ocorrer conflitos entre tropas do Exército e da polícia baiana, como no desembarque do 25° Batalhão de Infantaria, em Salvador, que degenerou em uma batalha campal com vários mortos e feridos. Recorda Milton que muitos praças do Exército, quando passaram por Salvador a caminho de Canudos, invadiram casas particulares, assaltaram bondes, agrediram pessoas indefesas e molestaram mulheres, impondo um regime de terror na capital baiana.[5]

Apesar de ter chegado à Bahia logo após ser designado comandante da expedição, Artur Oscar permaneceu três meses estacionado com as tropas, vagando entre Queimadas e Monte Santo. O governo federal se impacientava com a demora no início das operações militares, e começaram a surgir boatos de que o general seria substituído no comando se não assaltasse logo o arraial. Eram várias as notícias de que Canudos teria sido atacado, de que os conselheiristas estavam fugindo e de que o fim da campanha era uma questão de dias. Até em Washington repercutiram as notícias das supostas vitórias governamentais contra o arraial de Belo Monte. A pressão aumentou após o término da construção da linha telegráfica entre Queimadas e Monte Santo, em 9 de junho, que facilitava a organização da expedição.[6]

A permanência da tensão sem que ocorresse qualquer combate com os conselheiristas influencia boatos que atingem os títulos brasileiros negociados no exterior. Em Londres, uma moção de otimismo dos investidores impõe uma rápida solução para o conflito: os ingleses esperavam que "o governo da República dispersará e punirá breve os fanáticos". Para evitar a queda nos preços dos títulos do governo da Bahia negociados no exterior, Luís Viana autorizou seu representante na Europa a comprar todos os títulos que fossem oferecidos à venda.[7]

Também foram criados novos problemas na área militar. O general Francisco de Paula Argolo, ministro da Guerra, recebeu um telegrama do Clube Militar da Bahia parabenizando-o pela defesa junto ao governo da manutenção dos efetivos do Exército. Prudente de Morais não admitiu a quebra da hierarquia e exigiu do ministro uma advertência à diretoria do Clube Militar. O general Argolo enviou telegrama aos militares sediados na Bahia advertindo sobre "a inconveniência dessa manifestação, a fim de que, de modo algum, se possa suspeitar do esquecimento dos princípios de rigorosa disciplina". O presidente da República não aceitou que o episódio se encerrasse dessa forma, obrigando Argolo a pedir demissão do cargo. Imediatamente foi designado o marechal Carlos Machado Bittencourt, que, ao assumir, deixou clara a sua filiação ao apartidarismo do Exército: "Não venho prevenido nem pretendo exercer vinganças políticas, pois o soldado não deve ter política alguma: só deve ter em vista o bom cumprimento dos seus deveres para com a pátria". E concluiu: "Bem sei que existe dissenção política embora num pequeno grupo de oficiais; espero, porém, que com um pequeno esforço, vê-la-ei breve dissipada".[8]

Nem bem tomou posse o marechal Machado Bittencourt, na Câmara dos Deputados houve uma divisão no Partido Republicano Federal, liderado por Francisco Glicério, que dava sustentação ao governo. Querendo se aproveitar da instabilidade política originária da guerra contra Canudos, Glicério tentou transformar Prudente de Morais em um prisioneiro do partido com vistas à próxima sucessão presidencial. O conflito obrigou o deputado Artur Rios a renunciar à Presidência da Câmara Federal. O impasse indicava a vitória de Glicério, mas, em nova eleição para a Presidência da Câmara, ele foi derrotado por Artur Rios, candidato oficial, por 88 a 76 votos.

Canudos e Juazeiro

O temor do governo cresceu com a possibilidade de os conselheiristas se unirem aos adeptos do padre Cícero Romão Batista, fundador de Juazeiro do Norte, no Ceará, que estava em desavença com o bispo de Fortaleza. Desde 1892 estava proibido de pregar e confessar, e a partir de 1896 a proibição estendeu-se à celebração da missa. O conflito começou em 1889, depois de supostos milagres ocorridos em Juazeiro.[9] O padre Cícero chegou a enviar um emissário a Canudos pouco antes do episódio de Uauá, mas nada se soube acerca desse contato.[10]

Apesar de o padre Cícero estar em conflito com a Igreja, o mesmo não ocorria em relação ao Estado e à classe dominante da região. Quando se retirou de Juazeiro rumo a Salgueiro, em Pernambuco, foi expedido mandado de prisão contra ele – pois o governo federal supunha que estivesse aliado a Antônio Conselheiro –, logo sustado pela interferência de vários juízes de direito e delegados de polícia da região, que enviaram telegramas ao governador de Pernambuco notificando ser infundado o boato de que havia alguma ligação entre o líder de Juazeiro e os conselheiristas. Em telegrama, o juiz de direito de Salgueiro considerou "ser absolutamente falsa notícia padre Cícero deixar Joazeiro do Crato, procurando Canudos para prestar auxílio Antônio Conselheiro. [...] Posso garantir ser ele virtuoso sacerdote, completamente hostil movimento sedicioso Canudos e incapaz tentar contra a ordem pública". O juiz de direito de Leopoldina lembrou, em telegrama, que o padre Cícero "mostra-se contrário movimento Canudos aconselha paz". O próprio governador de Pernambuco acreditava que "padre Cícero não auxiliará Antônio Conselheiro e nem promoverá agitação hostil governo".[11]

O arcebispo do Ceará advertiu o padre Cícero de que não tomasse Antônio Conselheiro como exemplo a ser seguido. Mas o líder de Juazeiro, ao contrário do fundador de Belo Monte, sempre procurou estar associado às oligarquias da região. Foi prefeito de Juazeiro, vice-presidente do estado do Ceará e deputado federal. Honório Vilanova, que depois da destruição de Canudos voltou para o Ceará, afirma que "não havia nenhuma relação entre a doutrina do Conselheiro e os ensinamentos do Padre Cícero". Para ele, "havia uma grande diferença entre ambos, pois enquanto o patriarca de Juazeiro acumulava riquezas, as esmolas recebidas, o Conselheiro distribuía à pobreza tudo o que recebia".[12]

A guerra de extermínio

Mesmo com as garantias de que o movimento conselheirista não se alastraria às áreas de influência do padre Cícero, o governo federal exigiu pronta ação de Artur Oscar, temeroso do crescimento de Canudos e também como um meio de diminuir a crescente agitação da oposição jacobina que usava o conflito como um instrumento de agitação antigovernamental. Ao contrário de outros movimentos da nossa história, o arraial de Belo Monte crescia à medida que se intensificava a repressão estatal. Em vez de as expedições isolarem os conselheiristas e desgastarem politicamente a liderança de Conselheiro, fizeram com que crescesse o fluxo de migrantes para o arraial. Deve ser destacado o apoio da população próxima ao arraial, que evita colaborar com o Exército ao não fornecer mantimentos. Segundo Nery, o general Savaget, conversando com um administrador da fazenda Tarraxil, recebeu a informação de que "o governo do Conselheiro tinha proibido a venda de gado".[13] Da mesma forma, foram sendo incendiados casas e currais que pudessem ser utilizados pelos militares.[14]

Os enfrentamentos vitoriosos contra as tropas governamentais transformaram Antônio Conselheiro em um símbolo da resistência à opressão do Estado. Pela primeira vez na história do Brasil independente, o Estado era derrotado sucessivamente pela auto-organização dos dominados. Os brancos pobres, mulatos, negros e indígenas que vão a Belo Monte levando todo o dinheiro que possuem, armados com "bacamartes, espingardas de caça, garruchas, pistolas, revólveres, facas, facões, foices, cacetes, conforme as posses ou recursos de cada indivíduo",[15] veem na comunidade construída por Antônio Conselheiro a materialização do sonho acalentado havia séculos, na qual os assuntos econômicos, a organização política e os laços sociais fundem-se num só bloco através da religião, que, em vez de ser um elemento de mistificação da realidade, é o aglutinador da coletividade.

Se para os conselheiristas a guerra representava a manifestação coletiva de resistência frente à destruição da comunidade, para os militares, dominados pelo positivismo, a guerra contra Belo Monte, principalmente depois da derrota da terceira expedição, passou a representar o grande momento para "civilizar" o interior do Brasil. Segundo o coronel Olímpio da Silveira, a guerra deveria ser vista como uma demonstração de "zelo e devoção à causa civilizadora em que se empenham as forças em operações nas profundezas do sertão da nossa cara Pátria, que chora os seus filhos, mártires da civilização, que tombaram neste solo ingrato". Descrevendo um combate, o tenente-coronel Siqueira de Menezes associava a natureza com a missão do soldado:

> Um sol brilhante e propício iluminou desta vez as sinistras e temerosas trincheiras do Cambaio, ainda branqueadas pela ossada daqueles que se sacrificaram em holocausto aos destinos da Pátria, às aspirações nobres de um povo que luta pela liberdade, que tem sede de um futuro mais tranquilo e feliz, que procura e deve acentuar os traços de sua fisionomia moral e intelectual. Ele precisa de ordem para progredir.[16]

É recorrente a imagem identificando o soldado entregando-se de corpo e alma para salvar a pátria dos seus inimigos, pois o Brasil passava a ser identificado com o regime republicano. Escreve o general Artur Oscar:

> Cessou o sibilar das balas. A noite desdobrara-se tristonha, como todas as noites dos sertões longínquos e parecia que viera ocultar no manto negro em que envolvera a terra, para poupar a mágoa aos corações republicanos sobreviventes àquele espetáculo horrível, cuja representação ensanguentada teve como comparsas um punhado de soldados que sabem ser brasileiros.

Lembra o coronel Pedro Nery que "era belo ver naquele momento essa falange de bravos que, com todo o heroísmo, oferecia seus peitos como baluarte aos projéteis inimigos, erguendo entusiásticos vivas à República, ao nosso general e a vós".[17]

Para o comandante da quarta expedição, é nítida a distinção entre os soldados e os conselheiristas: "Aqui, homens sinceros e bravos, que morrem porque não fogem; ali, homens perversos, que resistem porque se ocultam; aqui, corações abnegados; ali, almas desumanas!". Portanto, não causa admiração quando o general invoca a Revolução Francesa como exemplo legitimador da guerra contra Canudos. Os conselheiristas são identificados com o atraso, com o passado que não quer desaparecer, enquanto o Exército é o instrumento do progresso que, em determinadas circunstâncias, necessita da força para se estabelecer. Assim, os soldados lutam "com a mesma heroica sublimidade com que os patriotas franceses, na revolução dos fins do século XVIII, arrancavam pedra por pedra da célebre cadeia em que se alojava o lobo que mostrava nas unhas a herança das misérias feudais".[18]

Os primeiros combates

Se os militares dominavam com facilidade a fraseologia revolucionária francesa do século XVIII, o mesmo não ocorria em relação às operações militares. Depois de muita hesitação, Artur Oscar marcou o encontro das duas colunas em Canudos, em 27 de junho, treze dias após a partida de Monte Santo. A primeira coluna seguia vagarosamente pelos caminhos, que algumas vezes não passavam de verdadeiras picadas, e com enorme dificuldade para o deslocamento da artilharia. No dia 25, Artur Oscar recebeu a notícia dos combates de Cocorobó entre a segunda coluna e os conselheiristas, convencendo-se da necessidade de chegar o mais rapidamente possível a Canudos. No dia seguinte já estava no Rancho do Vigário, a três léguas do arraial. Em Angico e Pitombas, a primeira coluna travou dois rápidos combates e continuou avançando. Artur Oscar, em ordem do dia, romantizou o episódio: "[sofremos] dos jagunços covardes que nunca souberam se bater a peitos nus como os soldados leais, um fogo mortífero, uma fuzilaria medonha de todos os lados, como se os espaços vomitassem contra nós toda a fúria dos seus elementos". Continua o general:

> Ocultos nas caatingas, agachados, como tigres, que só atacam de surpresa, os bandidos conseguiram saciar a fome de carnificina, fazendo baixas consideráveis em nossos batalhões, sem apavorar um só dos nossos soldados, que tropeçando sobre camaradas já cadáveres, sucumbiam abraçados à arma com que sua pátria pediu que viessem cair em nome dela.[19]

É provável que conselheiristas estivessem concentrados em atacar a segunda coluna, que teria de ultrapassar o desfiladeiro do Cocorobó, facilitando emboscadas. Como não tinham homens e armamentos para atacar simultaneamente com a mesma intensidade as duas colunas, optaram por reunir suas principais forças para combater as tropas comandadas pelo general Savaget.

Às 18h do dia 27, a primeira coluna ocupou o alto do Morro Vermelho, que os militares passaram a nomear como o Alto da Favela – uma esplanada de oitocentos por trezentos metros –, devido à abundância de faveleiras no local.[20] Durante a noite de 27 para 28 de junho, o Exército foi constantemente atacado pelos conselheiristas, que tentavam expulsar as tropas de um ponto estratégico que permitia bombardear Canudos – o Alto da Favela estava a 1.200 metros do centro do arraial. A situação da coluna foi se agravando devido às baixas e à dificuldade de repor as munições, pois o comboio que poderia auxiliá-los estava sendo atacado em Umburanas e não havia condições de enviar reforços devido à crítica situação das tropas.

Por outro lado, a segunda coluna foi atacada em 26 de junho durante a travessia do Cocorobó, a treze quilômetros de Canudos. Aproveitando-se do perfeito conhecimento do terreno, os conselheiristas usaram as elevações naturais como trincheiras e atacaram os flancos da coluna. O general Savaget tentou romper o cerco com o uso da artilharia, não obtendo êxito devido à topografia do terreno. Com um movimento envolvente, Savaget conseguiu desalojar os conselheiristas de suas posições. A superioridade bélica e numérica – eram 2.542 homens –, além de ser uma tática eficiente para conquistar posição, mas funesta pela exposição das tropas ao fogo inimigo, explica a vitória e o grande número de baixas: 178 homens fora de combate, enquanto as perdas conselheiristas, como reconheceu o próprio Savaget, "foram relativamente insignificantes". O comandante da Coluna foi ferido gravemente no ventre. Apesar de tudo, as tropas conseguiram ultrapassar o Cocorobó, abrindo caminho para atacar Canudos. Antes, ainda travaram dois combates, em 27 de junho, um em Trabubu e outro em Macambira: ambos vencidos pelo Exército. Em três combates, que serviram mais como tentativas dos conselheiristas de atrasar a chegada da segunda coluna ao arraial do que como enfrentamentos decisivos, as baixas chegaram a 326 homens.

A primeira coluna, no Alto da Favela, continuava sendo atacada pelos conselheiristas. Artur Oscar resolveu pedir auxílio à segunda coluna, mas o coronel Thompson Flores, apesar da difícil situação, decidiu aventurar-se com a brigada que comandava, atacando o arraial: fracassou, perdeu muitos homens e morreu. Não se sabe se Artur Oscar autorizou a ação do seu subordinado – também não há nenhum documento ou notícia em que o general critique Flores por essa ação –, o que agravou ainda mais a posição da primeira coluna. Savaget foi obrigado a abandonar "as posições magníficas já ocupadas por esta Coluna" em "auxílio da Primeira Coluna que se achava com a munição esgotada e em posição desesperadora", por solicitação urgente do comandante da expedição. A chegada da segunda coluna rompeu o cerco e às 11h o general Savaget se apresentou a Artur Oscar no Alto da Favela, onde foi recebido, segundo Dantas Barreto, com a seguinte frase: "Você salvou-me de uma derrota".[21]

Artur Oscar deu outra versão para esse crucial combate, que poderia ter levado à derrota da quarta expedição. Segundo ele, "receberam as nossas forças o auxílio da Segunda Coluna, às 11 horas do dia, quando já definitivamente tínhamos assentado a nossa vitória, apesar de haver chegado a Coluna com uma pressa que bem demonstrou os laços de fraternidade que unem os soldados brasileiros". Curiosamente, no parágrafo anterior escreve: "se o inimigo resistisse mais meia hora e aquele general

(Savaget) demorasse esse tempo, só podíamos vencer à baioneta, visto como já quase não tínhamos munição". Em 1898, o ministro da Guerra, general João Tomaz Cantuária, voltou ao tema e veladamente criticou Artur Oscar:

> Superando as maiores dificuldades, a Coluna comandada pelo denodado Savaget, depois do heroico feito do Cocorobó, no dia e hora marcada, se achava diante de Canudos ocupando posição dominante à cidadela maldita; ao encetar, porém, a ação, em obediência à ordem que recebeu do General em chefe, teve de abandonar as vantagens da posição para correr em socorro da primeira coluna, que se achava em más condições, pela falta de munição, para fazer frente ao inimigo, que se arrojava contra nossa força com uma impetuosidade e valor dignos verdadeiramente de melhor causa.[22]

A concentração das tropas no Alto da Favela, durante toda a primeira quinzena de julho, manteve a expedição sob o risco constante da derrota. A escassez de víveres, a indecisão de Artur Oscar, a rivalidade entre os oficiais – todos querendo ter a glória de tomar o arraial – e a ameaça de uma nova derrota obrigaram o comandante da expedição a tentar, em 18 de julho, o primeiro ataque frontal a Canudos, com cerca de 3.350 homens. Antes de se decidir pelo abandono da tática cautelosa de minar a defesa dos conselheiristas pelo ataque diuturno de artilharia – em 14 de julho, realizou grande bombardeio ao arraial em homenagem à Revolução Francesa –, o general teve de optar entre uma retirada para um sítio que possibilitasse defender melhor a tropa para só então assaltar Canudos e a proposta de um ataque partindo do próprio morro da Favela. A chegada de um comboio com víveres reforçou a decisão de Artur Oscar pelo ataque imediato.

As dificuldades militares

Esperava-se uma rápida vitória, tanto que os oficiais acreditavam que "logo depois do assalto e tomada de Canudos voltariam à Favela, onde almoçariam". Savaget, na Ordem do Dia nº 40, escreveu que tinha recebido um telegrama de Artur Oscar dizendo que no dia 27 "nos abraçaremos em Canudos. Não podemos faltar ao honroso convite, que é para nós motivo de justo orgulho e de completa alegria".[23] Em um dos mais violentos combates da campanha, o Exército teve 918 baixas, ou seja, para cada três homens, um foi ferido ou morreu. Com muita dificuldade foi conquistada uma pequena área do arraial, cerca de 10%, estabelecendo uma longa trincheira, de leste para oeste, chamada desde então de linha negra – por ser uma área de fronteira entre o Exército e os conselheiristas, a troca de tiros era constante, chegando a morrer de dez a quinze soldados por dia. O custo em vidas dessa ocupação foi extremamente alto para o Exército: em 27 de julho, no hospital improvisado no Alto da Favela, havia 1.650 feridos, a maioria em estado grave.[24]

Os conselheiristas tentaram a todo custo expulsar as tropas. Conseguiram estabilizar a linha defensiva, mas enfrentaram o fogo devastador da artilharia que castigou o arraial durante todo o dia: eram, no total, 21 canhões. Em 30 de junho e 1º de julho, um pequeno grupo de conselheiristas tentou capturar ou destruir os canhões de uma bateria do Exército, mas foi rechaçado. Em 24 de julho, liderado pelo célebre Pajeú, quase conquistou parte da artilharia, mas depois de um combate prolongado todos os atacantes foram mortos. Em 30 de julho, tentaram, sem sucesso, por três vezes, assaltar uma peça de artilharia.[25] A constância dos ataques revelava a necessidade de destruir a grande vantagem estratégica do Exército, fator que desequilibrava, a favor do governo, a balança militar. Sem a artilharia, dificilmente os conselheiristas seriam derrotados.

Apesar dos grandes gastos governamentais em alimentos e do envio de comboios, os soldados passaram constantes períodos de fome. De início, como a ração oficial não era suficiente, as tropas foram se alimentando das roças de cana, mandioca e milho, plantadas pelos conselheiristas, de raízes de umbuzeiros e outros tubérculos, além da caça. Com o esgotamento dessas fontes, começaram a tomar dos cavalos as rações de milho, a beber graxa derretida usada nas balas de canhão e, excepcionalmente, quando encontravam algum animal, a retalhar a carne entre eles, comendo-a crua. No fim de agosto, segundo Euclides da

Cunha, a ração era de um litro de sal para cinquenta soldados e um boi para 120. Macedo Soares associa a escassez de alimentos com a tendência que surgia entre os oficiais de uma retirada para Monte Santo e o aumento da indisciplina e das deserções: "piquetes inteiros durante a noite abandonavam os postos e partiam em direção a Cocorobó ou ao Rosário; muitos, saciada a fome, regressavam; outros ficavam no mato, baleados pelos jagunços e derreados pela fraqueza e cansaço". De acordo com Milton, bois e cavalos fornecidos à expedição foram desviados e, posteriormente, revendidos ao governo. Também surgiram acusações no Congresso Nacional, como a do senador Lauro Muller, de que o governo teria comprado 100 mil carabinas Mauser e 60 milhões de cartuchos imprestáveis, perfazendo um prejuízo de 6.000.000$000. Frente a esse quadro, é possível compreender a alegria demonstrada pelo major Alencar em correspondência ao coronel Medeiros, de 19 de julho, manifestando "grande satisfação de participar-vos que até esta data ainda não desertou uma só praça da cavalaria".[26]

Quanto aos feridos, eram atendidos no hospital montado próximo ao alto do morro da Favela e, posteriormente, enviados a Monte Santo. Lá encontravam um hospital sujo, com fezes espalhadas pelo chão, sem nenhuma higiene nas operações, totalmente desaparelhado, para atender a centenas de pacientes e somente com dois médicos. Dada a inexistência de "qualquer pó antisséptico, queimavam partes das bolachas que lhes davam para o café, reduziam o carvão obtido a pó fino e aplicavam sobre as chagas". Surtos de cólera e tifo atingiram as tropas, pois a falta de água as obrigava a aproveitar qualquer fonte do precioso líquido. Recorda Villela Jr. que a

> água que bebíamos vinha de uma fonte próxima, que foi tomada dos jagunços à bala e à baioneta. Nesta luta caíram dentro do poço alguns corpos de jagunços que, feridos na elevação de terreno acima do poço, rolaram para dentro, de onde foram tirados, mas não se esgotou a água por ser insuficiente para a tropa a quantidade ali produzida. Assim, ficamos bebendo aquela água da cor de açafrão e com gosto de podre.[27]

Pelas estradas próximas a Canudos perambulavam soldados e oficiais feridos com uniformes em frangalhos, seminus, sujos e descalços, "a mendigarem quase de joelhos um pouquinho de alimento, fosse qual fosse, para saciar a fome!!". Soldados desesperados para fugir da guerra chegaram a atirar na palma da própria mão, para poderem retornar a Salvador. A maioria dos praças andava descalça. Recorda Savaget que havia "muitos casos de estropiamento de praças, devido não só aos péssimos caminhos, pedregosos e lamacentos, como também, e principalmente, pela falta de hábito dos nossos soldados às marchas prolongadas, a pés descalços". Posteriormente, informou que "os casos de estropiamento dos soldados desapareceram completamente, o que atribuo ao motivo de haverem as praças se habituado já às longas caminhadas a pé, como também ao de haverem melhorado muito as estradas".[28]

O diário de um oficial morto em combate e achado por Manuel Benício é uma das melhores descrições dos horrores da guerra:

> Como ruge este inferno tumultuosamente em desordem! Soldados sequiosos, esguridos, maltrapilhos, escassez d'água, fartura de porcaria, burros que devoram o pêlo, clarins que tocam a que ninguém atende, cavaleiros que passam levantando pó, resmungamento rouco de quem sucumbe à fome, respirações cansadas, gemidos pungentes, um brado ao longe, bois que mugem e morrem, mulheres de cócoras como múmias, falta de medicamento para os feridos nas malas da ambulância médica, um tiro desgarrado, uma ordem que não se cumpre, cavalos escavando o chão, todos varados de fome, feridos esmolando o que comer, burros lambendo a crosta da terra, ar de estupor nas fisionomias lúgubres, ambulâncias cheias de conserva, vinho, água de Setz e ovos em lata! – um punhado de farinha senão eu morro! – banquez trazendo mortos e feridos com bicheiras, doentes no pó, oficiais deitados na poeira, praças ao pé, vento e sol canicular, poeira, exalação fétida, horrível, podre, dos cadáveres insepultos, animais assombrados em esparrame no meio do povo, gritos, palavrões, ameaças, tudo sofre; a fome tortura, o calor queima, a sede abrasa, a poeira sufoca e olhos esbugalhados fitam o vácuo!

Conclui o militar: "Quem os poderá fechar no meio estonteador deste inferno tumultuariamente em desordem!?". Em vários momentos, o autor do diário descreveu a fome que assolava o acampamento. Na hora da distribuição dos víveres era necessário que houvesse uma proteção especial ao celeiro devido à possibilidade de tumulto. Depois

> crianças, homens e mulheres de cócoras catavam no chão, esmagados por milhares de palminhas sujas, os extravasamentos e restos dos gêneros perdidos nas horas do dividendo das taminas. Folhas de fumo enroladas, singas de café, grãos de milho, sementes de feijão, polvilho de sal, arroz, raspas de rapadura, tudo era catado, descobrindo-se a terra com as unhas, à guisa de galinha ciscando monturos.[29]

As baixas desde o início da campanha são extremamente altas: de 27 de junho a 18 de julho, foram 3 mil homens colocados fora de combate. Só para chegar a Canudos, depois de sete combates, o Exército teve 1.200 baixas. Nos combates de junho, o 31° Batalhão de Infantaria teve 40 praças feridos e 58 mortos, 6 oficiais mortos e 5 feridos, perfazendo um total de 109 baixas. O 7° Batalhão de Infantaria, somente no combate de 28 de junho, teve 114 baixas (50 mortos e 64 feridos). O 30° Batalhão de Infantaria, no combate de 18 de julho, perdeu 139 homens: 104 feridos (2 oficiais e 102 praças) e 35 mortos (1 oficial e 34 soldados). No mesmo dia, o 25° Batalhão de Infantaria, que entrou em ação com 337 praças e 17 oficiais, ficou reduzido a 11 oficiais e 146 praças, ou seja, perdeu 197 homens, dos quais 6 oficiais e 191 praças.[30]

O número de baixas deveu-se também à violência dos combates. O general João da Silva Barbosa, relatando as batalhas de julho, diz que "em cinco anos de campanha na guerra do Paraguai, tomando parte em diversos combates, nunca sofri tão cruzados fogos em um semicírculo donde não havia lugar que as balas não cruzassem". Segundo Artur Oscar, em julho, um único combate com a participação de 3.349 homens sofreu 918 baixas. Os oficiais, como o coronel Tupi Caldas, chegaram a glorificar as perdas, em vez de reconhecer que a tática usada era suicida:

> As guarnições de artilharia e as fileiras deste batalhão sofriam as consequências de sua impossibilidade heroica no meio dos fogos inimigos, e o chão juncava-se de bravos que caíam gloriosamente em defesa das instituições republicanas, insensatamente ameaçadas pelos inimigos da pátria. Desabrigados, lutando a peito descoberto, éramos, entretanto, alvejados pelos bandidos sempre ocultos nas suas tocas, como fazem os assassinos e os salteadores covardes.[31]

Raros eram os oficiais que criticavam, ainda que veladamente, a tática reiterada de "carregar a baioneta sobre Canudos". O major Salvador Pires de Carvalho, comandante de um dos batalhões da polícia baiana, em correspondência ao general Artur Oscar, explicou que não era possível atacar à baioneta os conselheiristas entrincheirados da igreja velha, nos andaimes, no pavimento superior e nas torres da igreja nova devido à distância a que estavam dos inimigos, ao fogo cruzado: "Impossível era ir adiante, carregando a baioneta não sobre o inimigo em trincheiras acessíveis, mas colocado em altura que não se podia atingir". É possível que aos batalhões da Bahia tenham sido reservadas as missões cujo número de perdas seria relativamente alto. Depois do fim da campanha, Artur Oscar escreveu que "procurara dar às posições mais arriscadas, como meio de desfazer umas tantas prevenções, aos batalhões baianos 9° e 16° de Infantaria, oferecendo-lhes o ensejo de conquistarem a áurea do valor de seus anteriores". Conclui o general afirmando que aproveitou "o 5° corpo de polícia do Estado para todas as comissões difíceis e arriscadas". No fim da guerra, dos 483 praças, voltaram para Salvador somente 160.

Artur Oscar, descrevendo um combate, diz com orgulho que atacou "lutando a peito descoberto com um inimigo entrincheirado". Para o coronel Silva Teles, a explicação era simples, pois "guerra no mato é mesmo assim: mata o que se resguarda atrás do pau e se oculta na caatinga, e morre o que combate a peito descoberto, como se dava com os nossos valentes soldados". Segundo Araripe, os "casos de precipitação de alguns chefes, que subestimavam a capacidade de reação dos jagunços, tinham a sua explicação nos processos de luta das coxilhas gaúchas, em que as cargas e o corpo a corpo eram apanágio dos guerrilheiros dos pampas".[32]

As dificuldades militares da quarta expedição foram sensivelmente agravadas pela originalidade, audácia e iniciativa de combate dos conselheiristas. Comandados por João Abade, desenvolveram um plano tático-estratégico que combinava a guerra de posição com a guerra de guerrilha, explorando com inteligência as habilidades naturais dos sertanejos, profundos conhecedores da região, acostumados a longas marchas, alimentação rarefeita e escassez de água. Escreve Milton que os sertanejos lutavam à sua maneira, "transpondo a pé – num só dia – setenta quilômetros ou mais, e vencendo essas distâncias, sem carretas nem bagagens, pois conduziam consigo mesmos a quantidade de mantimentos indispensáveis para não morrerem à fome".[33]

Frente ao poderio bélico do Exército não era possível o combate clássico, dada a desproporção de homens e armamento. Assim, os conselheiristas fustigavam as tropas incessantemente desde Monte Santo até Canudos, sem que o Exército conseguisse estabelecer contato regular entre a principal base na retaguarda e o centro das operações militares. Artur Oscar, justificando ao marechal Bittencourt a demora para o término da campanha, enfatiza que é preciso

> conhecer esta zona, ver e estudar o acidentado caprichoso do terreno, observar a configuração das caatingas e trincheiras naturais formadas pelas depressões do solo, para só então compreender-se como é que dez homens, ocultos e protegidos por tais recursos, podem e fazem parar um batalhão inteiro, valente e disciplinado.[34]

Se, por um lado, a enorme concentração de tropas em Canudos fortalecia a estratégia de combate do Exército, por outro causava enormes dificuldades devido às necessidades de abastecimento de milhares de soldados. De Monte Santo partiam imensos comboios para Canudos que, invariavelmente, eram atacados pelos conselheiristas. Era muito difícil protegê-los, pois alguns se estendiam por centenas de metros, formados por carretas que transportavam munição, armas e víveres, além da boiada: somente um, em agosto, conduziu a Canudos setecentas reses e 150 carros.[35]

As emboscadas eram facilitadas pelo domínio da geografia da região: "o essencial para eles (os conselheiristas) era ver sem serem vistos, conseguir que o adversário não atinasse de pronto com as linhas de onde partiam os fogos convergentes, estivessem elas localizadas no centro da caatinga emaranhada, ou nos altos barrancos dos rios esgotados". Nesses ataques capturavam armas e munições e destruíam os carregamentos com mantimentos. Segundo Montenegro, isso se devia às orientações de Antônio Conselheiro, que só

> permitia a utilização das armas capturadas ao inimigo. Ordenava que dinheiro, mantimentos e demais pertences apreendidos fossem jogados fora, no mato. Não queria que sua gente usasse coisas dos "infiéis". Os conselheiristas deviam comer "cabeça de frade", embora o inimigo houvesse abandonado na estrada grande quantidade de charque. Antes a fome do que comer comida republicana.

Não é correta essa observação, pois, se no início da campanha havia alimentos suficientes para manter a população do arraial, o mesmo não ocorreu a partir de agosto, quando a situação militar se agravou. É mais plausível imaginar que não conduzissem os alimentos para o arraial devido às dificuldades de transporte e de circulação, dada a concentração de tropas que impediam a entrada de um comboio em Canudos.[36]

A estratégia dos conselheiristas foi influenciada pelo armamento insuficiente que possuíam para enfrentar o poder de fogo da expedição. Do armamento utilizado, a maior parte foi obtida das expedições anteriores, principalmente da terceira, de desertores das polícias estaduais da Bahia e de Sergipe e daqueles que migraram para o arraial. Um prisioneiro contou que da expedição Moreira César ficaram com 34 cunhetes de munição e cerca de trezentas armas; e que até esse momento só tinham seis armas modernas, duas obtidas no Cambaio e quatro em Massetê. De resto, "eram armas e munições de caça que já não se empregam senão em lugares remotos do interior".

O suposto apoio monarquista a Canudos com o envio de armas e oficiais não passou de uma quimera. Nunca foi encontrado qualquer carregamento de armas ou documento que comprovasse o recebimento de apoio logístico tanto dos monarquistas como de oligarcas da Bahia. O presidente da República chegou a enviar o delegado de polícia do Rio de Janeiro, Elísio de Araújo, ao interior de Minas Gerais, de onde se supunha serem enviados armamentos aos conselheiristas. O delegado, depois de várias diligências, nada encontrou. Somente participou de um tiroteio próximo a Sete Lagoas com homens que levavam um "carregamento suspeito". Apesar de não ter apreendido sequer uma arma ou encontrado qualquer indício, afirmou que "era uma realidade de armamentos para Canudos". O próprio Artur Oscar, que no início da campanha chegou a fazer coro com os que denunciavam o apoio militar dos monarquistas aos conselheiristas, em telegrama a Alcindo Guanabara, disse: "Lamento não ter em mãos o documento comprobatório da remessa de munição a Antônio Conselheiro [...]. Não tenho em mãos nenhum despacho relativo à remessa de munições enviadas da capital deste estado aos bandidos, nem me consta que o haja".[37]

Os conselheiristas tentaram por todos os meios isolar o Exército em Canudos, dificultando ao máximo a chegada de alimentos, armas e munição. Quanto mais afastados da base de apoio (Monte Santo) e sem mobilidade, mais facilmente eram alvos de ataques diuturnos que sempre ocorriam quando havia uma ocasião favorável aos conselheiristas, evitando um combate aberto no qual as vantagens numérica e bélica do Exército eram inquestionáveis. Como raramente viam o inimigo – sempre oculto –, os militares acostumados à guerra clássica insistiam em buscar o combate a qualquer custo como um meio de desgastar os conselheiristas, que, em resposta, priorizavam atingir os oficiais – facilmente distinguíveis pelo uniforme, pelas divisas e botas. Escreve Manuel Benício que, certa vez, quando os soldados se aproximaram de um conselheirista, este lhes disse: "Não me matem, camaradas, que sou companheiro. Só atiro em oficiais". Atacavam também os cavalos para imobilizar as tropas, deixando-as sem transporte. Somente em assalto pela retaguarda da artilharia, entre o Rancho do Vigário e Canudos, foram mortos 32 cavalos. No dia posterior, 28 de junho, mais 43.[38]

Conta Manuel Benício que os conselheiristas usavam o couro de vaca para cobrir um sertanejo que ficava oculto vigiando o movimento das tropas. Outras vezes, utilizavam ramagens como disfarce, possibilitando à noite chegar próximo ao acampamento, ouvir as conversas e roubar armas das sentinelas; de dia, cobertos pela ramagem, alvejavam o acampamento sem que os soldados soubessem de onde partiam os tiros. À noite costumavam simular um ataque ao acampamento dando poucos tiros de lugares previamente combinados, e, como resposta, os soldados atiravam centenas de cartuchos, o que ajudava a gastar rapidamente a munição – que os conselheiristas não imaginavam poder ser reposta tão rapidamente – e abatia moralmente a tropa que não só não dormia como sentia-se insegura, pois não via o inimigo que a via.[39]

Euclides da Cunha descreveu a ação de um conselheirista que, sozinho, atacou vários batalhões sem ser atingido pela tropa. Abrigado em uma cova de trinta centímetros de profundidade, protegido por um umbuzeiro, o atirador solitário tinha a sua mercê toda a tropa sem que esta pudesse identificar de onde partiam os tiros. Agachado na cova, ele escolhia o seu alvo. Detonou 361 cápsulas, contadas pelo jornalista. O conselheirista "não morreu. Por acaso uma fração das forças tomou em acelerado a direção da trincheira. Ele surgiu numa última explosão terrível e desapareceu prestes caindo pela encosta abrupta...".[40]

No cerco a Canudos – mais de três meses –, os conselheiristas aproveitaram a distribuição desordenada das casas do arraial, usando-a como arma contra os invasores. Construíram fossos para abrigá-los durante os tiroteios, transformando-os em trincheiras bem protegidas. Ligando uma casa a outra havia uma série de túneis que permitia a rápida mobilidade dos defensores na frente de batalha, dificultando ao máximo a estratégia do Exército de ir ocupando o arraial casa por casa, pois, quando eram desalojados de uma, poderiam reocupá-la graças aos túneis. As toscas habitações dos conselheiristas, ridicularizadas no início da campanha, são transformadas por Artur Oscar em verdadeiras fortalezas: "As casas de Canudos são construídas de forma tal que as balas apenas fazem buracos e elas ficam de pé. Seus tetos são de caibros, com varas atravessadas, tendo por cima galhos com folhas grandes e largas e com um revestimento de 20 a 25 centímetros de terra argilosa de maneira que dificilmente são destruídas".[41]

O rio Vaza-Barris, seco durante todo o período do cerco – ao contrário da época da terceira expedição –, foi usado como trincheira pelos conselheiristas. Além disso, construíram trincheiras, chamadas de valados, em toda a extensão da frente de batalha, e utilizaram a igreja velha e as torres, os andaimes e o pavimento superior da igreja nova como principal centro de defesa do arraial, de onde observavam os movimentos da tropa, escolhendo os alvos para os ataques – não deve ser esquecido o valor simbólico das igrejas para os combatentes do arraial. Dessa forma, abrigavam os defensores protegendo-os dos ataques de infantaria, o que dava uma importante vantagem aos conselheiristas, pois evitavam o contato direto com o inimigo. O grande número de baixas do Exército demonstrou o acerto dessa tática, na medida em que o número de combatentes entre os defensores dificilmente ultrapassou 1.500 homens.[42]

A indefinição do quadro militar faz com que aumentem as pressões contra a estratégia de Artur Oscar. Em artigos transcritos em vários jornais, Manuel Benício, correspondente do *Jornal do Commercio*, atacou duramente o comandante da expedição, ressaltando a inexistência de um sistema de abastecimento regular entre Queimadas e Canudos, a falta de segurança na estrada Monte Santo-Canudos, pois não havia piquetes permanentes para protegê-la, o esquecimento no envio de víveres para os animais, que não tinham o que comer, e a demora para a conclusão da campanha, com o perigo da proliferação de doenças entre os soldados devido às péssimas condições sanitárias do acampamento.[43]

Artur Oscar e todo o comando da expedição não aceitaram as críticas e ameaçaram Benício de ser chicoteado; os mais exaltados chegaram a propor seu fuzilamento. O comandante pediu mais cinco mil homens, além do reforço de armamentos e munição. O governo enviou uma brigada comandada pelo general Miguel Maria Girard com cerca de 1.500 soldados, a maioria vinda do Rio de Janeiro. Chegaram a Canudos um mês após a partida, não sem antes serem atacados no Rancho do Vigário por piquetes conselheiristas que infligiram sérias baixas às tropas. O general Girard, doente, ficou em Queimadas, e somente mil soldados foram se juntar às tropas sitiantes. Nesse momento, o Exército tinha 3.500 homens, mas, mesmo assim, Artur Oscar não se decidiu pelo ataque decisivo ao arraial.

Chegaram mais 1.500 homens dos batalhões policiais dos estados do Pará, Amazonas e São Paulo,[44] e cinco batalhões de infantaria do Exército. O próprio ministro da Guerra, marechal Bittencourt, deslocou-se para a Bahia, chegando a Salvador em 6 de agosto e em 7 de setembro a Monte Santo, onde ficou até o fim da campanha, cuidando do abastecimento da tropa. É evidente que a viagem do marechal para a Bahia era um sinal da impaciência governamental frente à estratégia cautelosa do general Artur Oscar. O governo desconfiava de que a extensão da campanha fosse um pretexto para agitar ainda mais a cena política no momento em que Prudente de Morais tinha de enfrentar uma aguerrida oposição dos saudosos do marechal Floriano e o seu próprio partido – Partido Republicano Federal – estava seriamente dividido frente à sucessão presidencial.

Os acontecimentos de Canudos continuavam ocupando amplos espaços na imprensa. Antônio Conselheiro era associado aos mais diferentes personagens, desde estelionatários – que se supunha serem conselheiristas – até líderes religiosos de Santa Catarina e do Rio Grande do Sul que estavam sendo perseguidos pelo governo. O líder de Belo Monte é o personagem principal em uma comédia exibida no Teatro Politeama, de São Paulo, e até baile de fantasia é realizado tendo como inspiração as operações militares do sertão baiano.[45]

A oposição continuava pressionando o governo. Alguns deputados insistiam em colocar em pauta a discussão sobre a decretação de estado de sítio na Bahia. As sucessivas cartas e telegramas de Artur Oscar dirigidas aos líderes florianistas, que sempre recebiam amplo espaço na imprensa, enfraqueciam a autoridade de Prudente de Morais. Quando realizavam alguma ação supostamente heroica em combate, os militares saudavam o acontecimento com vivas à República, ao marechal Floriano, ao Exército, e ignoravam o ministro da Guerra ou o presidente da República. Um bom exemplo é a Ordem do Dia nº 893, de Artur Oscar:

> O exército esteve sublime de heroísmo. Os soldados morriam dando vivas à República e à memória do marechal Floriano Peixoto, o que prova que

> a República teve a sorte de fazer brotar o amor pátrio em seus corações rudes, porém generosos. Com tais elementos a República pode sofrer embates como este de Canudos, mas não perecerá.[46]

A divisão entre florianistas e antiflorianistas é evidente no próprio comando da expedição. Enquanto o general Artur Oscar continuava insistindo na necessidade de mais reforços em homens e armamentos, o general Silva Barbosa

> diz que não se precisa mais um soldado para ocupar de todo Canudos; mas o general Artur Oscar, não concordando com semelhante modo de pensar, espera a Brigada Girard para fazer a ocupação, mesmo porque já anteriormente havia requisitado forças.[47]

A chegada do marechal Bittencourt a Monte Santo, o reforço de vários batalhões do Exército e das policiais estaduais, a melhoria do abastecimento e o aumento do poder de fogo dos sitiantes – com mais soldados, armas e canhões – desequilibraram a balança militar a favor do Exército. Foram derrubadas pela artilharia as torres das igrejas nova e velha, que até então tinham desempenhado papel importante na defesa do arraial. Graças aos reforços ficaram facilitadas as tarefas do cerco completo do arraial: em 7 de setembro, sob o comando do coronel Olímpio da Silveira, o Exército realizou a mais importante manobra estratégica da campanha, o assalto à Fazenda Velha. Saindo à noite, as tropas contornaram Canudos durante a madrugada e ocuparam – depois de um breve confronto – a posição à frente da parte mais populosa do arraial. Dias antes, em 4 de setembro, Siqueira de Menezes tinha ocupado as estradas de Cambaio e Calumbi. Com essas manobras, ficou impossibilitada a entrada de recursos no arraial, que, mesmo em pequena escala, permitia suportar o cerco e o acesso às fontes d'água. A fome, a sede e o bombardeio diuturno do arraial tornavam alarmante a situação dos conselheiristas.

O término da campanha se aproximava. No fim de setembro chegaram mais tropas e munições, junto com o general Carlos Eugênio de Andrade Guimarães, irmão de Artur Oscar, designado comandante da segunda coluna, pois o general Savaget estava ferido e sendo tratado em Salvador. A vantagem numérica, bélica e estratégica do Exército era tão grande que não havia mais como manter a resistência. Mesmo com a escassez de armas, munição e víveres, a destruição da maior parte do arraial e o desaparecimento dos principais comandantes militares – João Abade em 27 de setembro, Pajeú morreu em julho, e Macambira em 1° de outubro –, os conselheiristas mantiveram a luta. A população, que poderia ter abandonado o arraial antes da chegada da terceira expedição, no período entre a derrota de Moreira César e os combates de junho, ou depois, até meados de setembro, não arredou pé de Canudos. Isso dá à comunidade de Belo Monte um caráter épico, ímpar na nossa história. Somente a força dos valores societários e a solidez da ligação entre o destino individual e o coletivo explicam a longevidade da resistência.

A morte de Antônio Conselheiro poderia ter encerrado a luta: foi um duro golpe, mas a resistência continuou, pois o que estava em jogo era a defesa de uma comunidade construída pelos sertanejos. Conselheiro estava com 67 anos de idade, passava por constantes crises de tosse, sérios problemas intestinais e, provavelmente, tinha sido ferido na coxa em 6 de setembro, por estilhaços de bomba. Com o estado de saúde agravado pela idade e os mais de trinta anos de vida errante, vendo o arraial que ajudara a construir ser destruído, não resistiu e morreu em 22 de setembro. O que Antônio Vicente deve ter pensado nos seus últimos dias em Belo Monte? Pode ser que tenha lembrado das palavras de Paulo no ocaso da vida (2Tm, 4,7-8):

> Combati o bom combate, terminei a minha carreira, guardei a fé. Desde já me está reservada a coroa da justiça, que me dará o Senhor, justo Juiz, naquele Dia; e não somente a mim, mas a todos os que tiverem esperado com amor a sua Aparição.

Um conselho de líderes se reuniu para decidir o rumo da resistência: uns queriam se retirar, outros desejavam mantê-la, mas ninguém propôs a rendição. Os Vilanova abandonaram o arraial enquanto Marciano de Sergipe assumiu o comando, resumindo em poucas palavras a determinação dos últimos defensores de Belo Monte: "Pois se o Conselheiro morreu eu quero morrer também". Segundo Honório Vilanova, Marciano "morreu cortado pelas juntas, pernas, braços e dedos. Os soldados furaram-lhe os olhos".[48]

O fim da guerra

Pressionado por Carlos Eugênio, preocupado com o avanço da varíola entre os soldados e a chegada da estação das águas, que dificultaria ainda mais as operações militares, Artur Oscar apressou o ataque final a Canudos. Em 1° de outubro, com seis mil homens, iniciou de madrugada o ataque:

> Durante a noite foram lançadas noventa bombas de dinamite, cujo efeito foi esplêndido, maravilhoso, causando ao inimigo enormes perdas. Uma delas caiu em um hospital de sangue, ateando-se violento incêndio. Era de constranger o coração o quadro que se observava: gritos lancinantes de angústia, de dor e de desespero! Crianças a chamarem por suas mães e por seus pais, mulheres que, feridas, mortas de fome e de sede, se debatiam com as chamas, onde centenas delas encontraram o seu túmulo!

A descrição da barbárie continua:

> De todos os pontos da linha ouviam-se gritos desesperados e as lamentações dos desgraçados envolvidos nas labaredas do incêndio que se propagou durante a noite pelas casas ocupadas pelos bandidos, ficando soterradas, em suas ruínas, tudo carbonizado, muitas vítimas do fanatismo e da exploração política.[49]

Incendiando o arraial, o Exército foi avançando para o último núcleo de resistência. Segundo Manuel Benício, "o clarim deu sinal de degola e a tropa invadiu, por todos os lados, todo o arraial". Lembra Aristides Milton que os conselheiristas "preferiam, contudo, morrer despedaçados pela bomba e pela metralha a se entregar desarmados ao adversário em cuja isenção e generosidade não podiam confiar". Escreve Artur Oscar que "fuzilavam-se a dois passos de distância ou matavam-se à baioneta, a machado, à faca, por todas as formas, enquanto que as casas conquistadas, verdadeiros redutos, eram devastadas pelo incêndio". Recorda Dantas Barreto que "as avançadas da brigada faziam vivíssimo fogo às primeiras manifestações dos bandidos e as casas onde se ocultavam estes iam servindo de necrotério de seus próprios cadáveres".[50]

Apesar da desproporção de forças, o Exército teve um grande número de baixas. Só o 39° Batalhão de Infantaria: 29 mortos e 53 feridos, perfazendo um total de 82 baixas. O panorama do arraial era ainda mais desolador: mortos espalhados pelas casas e ruas, prisioneiros com ferimentos gangrenados, escombros e incêndios por toda parte. Os conselheiristas

> perderam o último cemitério que então lhes restava na margem esquerda. A vasta necrópole, com 200 metros de extensão e 80 de largura, estava entulhada de corpos, dois ou três na mesma cova: ultimamente sepultavam tão às pressas que se viam as mãos e os pés dos cadáveres à flor da terra. Contaram-se 1.500 montículos, pouco alinhados, constituindo outras tantas sepulturas; viam-se alguns túmulos de tijolo, caiados e regularmente construídos, embora singelamente.[51]

Em 2 de outubro, pela primeira vez desde o início da campanha, surgia uma bandeira branca entre as ruínas do arraial. Antônio Beatinho, do qual até então nada se sabia, apresentou aos generais Artur Oscar e Silva Barbosa uma proposta de paz. Alvim Martins Horcades, testemunha do fato e que anotou o diálogo entre o conselheirista e os generais, assim reproduziu as palavras de Beatinho:

> Senhor governador, eu nunca matei ninguém, por isso é que me entreguei e pedi para vir a presença de v. ex., porque sei que é homem civilizado e que sabe falar. Eu venho dizer a v. ex. que acabe com esta guerra, porque nós estamos vencidos; aí dentro não tem mais gente prá brigar com vmces., por isso eu venho pedir prá mandar os seus soldados abrirem o cerco prá nós ir prá nossas casa e vmces. irem prás suas, porque nós esta-

mos aí dentro como bode no curral. A 3 dias que não se dorme, está tudo metido em buracos e os meninos só vivem gritando, porque estão todos com fome e sede. Seu Conselheiro não se sabe dele. Desde que v. ex. atacou ontem com sua gente que morreu quase tudo e eu hoje, vendo que morria, resolvi apresentar-me a fim de falar com v. ex. e então fiz um buraco por baixo de uma parede e amarrei este pedaço de pano branco numa varinha prá me deixarem passar. Se isso durar mais dias vmces. matam todos que estão lá, por isso eu peço prá deixar cada um ir prás suas casas e vmces. vão também descansados para suas.[52]

Artur Oscar rejeitou a proposta e encarregou Beatinho de "convencer aos companheiros que deviam se entregar com suas famílias, pois cá teriam casa, comida e tudo quanto precisassem".[53] Uma parte dos sitiados aceitou se render – a maioria velhos, mulheres e crianças, entre seiscentas e mil pessoas –, e outra parcela manteve-se na defesa do arraial, não acreditando nas promessas do general. Beatinho foi degolado às oito horas da noite do dia 3 com mais dezessete prisioneiros, na primeira turma de degolados entre os que se entregaram no dia anterior. As garantias do general republicano de nada valeram.

O fogo continuava cada vez mais intenso, o bombardeio intermitente, o avanço das tropas pelas ruas do arraial, a ocupação das igrejas, a morte dos combatentes, tudo conspirava para o fim da luta. Até a tarde do dia 5 de outubro, os quatro últimos conselheiristas continuavam resistindo, como se estivessem enfrentando o tenente Pires Ferreira, em Uauá. Abrigados em uma furna, recusaram-se a render-se e combateram até a última bala. Cercados por dezenas de soldados, um velho – este ainda tentou com um machado investir contra os soldados –, um jovem, um caboclo e um negro alto, como que simbolizando a comunidade de Belo Monte, foram chacinados. Finalmente, depois de meses de luta o governo conseguiu destruir o que chamaram de Troia de taipa, acampamento de beduínos, aldeia maldita, antro de bandidos, mas que os sertanejos designavam simplesmente por Belo Monte.

Os prisioneiros

A fúria dos soldados voltou-se contra os indefesos. Com o crescimento do número de prisioneiros nos últimos dias de campanha intensificou-se o processo de eliminação física dos conselheiristas. Segundo César Zama, o ministro da Guerra comunicou ao general Artur Oscar que não tinha "onde guardar prisioneiros". Favila Nunes, correspondente da *Gazeta de Notícias*, transferiu, implicitamente, aos próprios sertanejos a culpa pelo massacre: "Os prisioneiros sobem a 160, na maior parte mulheres e crianças, visto ter o general ordenado não aprisionar homens que são de uma mudez revoltante e cínica". O grande problema para o comandante da expedição era eliminar o mais rapidamente possível as centenas de prisioneiros. Muitos foram fuzilados, mas a prática preferida dos soldados para assassinar os sertanejos era a degola – chamada também de gravata vermelha –, fartamente utilizada nas guerras civis do sul do país. Dantas Barreto nega a existência indiscriminada da degola, imputando-a a uma propaganda conselheirista "a fim de evitarem a fuga dos seus companheiros menos ardorosos para os campos legais".[54]

A descrição mais completa dos horrores cometidos pelos soldados contra os prisioneiros é a do jovem estudante de medicina Alvim Martins Horcades, voluntário do corpo médico em Canudos.[55] Ao penetrar nos redutos defendidos até o início de outubro, encontrou casas com dezenas de homens, mulheres e crianças mortas. As mulheres sobreviventes preferiam se atirar nas fogueiras a se render ao Exército. Os soldados, com os sabres sempre amolados, obrigavam os prisioneiros a dar vivas à República, mas estes até a hora da morte mantinham-se fiéis à comunidade de Belo Monte e davam vivas a Conselheiro. Foi organizada uma lista de prisioneiros – segundo Horcades, "à semelhança da que se faz ao estudante para o exame" – e estes foram chamados gradualmente, dando a ilusão aos demais de que estavam sendo libertados. Levados a uma área próxima ao acampamento, eram cruelmente degolados. De início as execuções ocorriam à noite, mas logo passaram a ser realizadas à luz do dia. Os cadáveres não foram enterrados nem em valas coletivas; devido ao grande número, foram empilhados e queimados.

Os sobreviventes foram caçados como animais. Quando interrogados, não havia a mínima compaixão por parte dos vencedores. Euclides da Cunha relatou um interrogatório com a participação do general Artur Oscar, o tenente-coronel Siqueira de Menezes e dele próprio, inquirindo uma mulher sobre Canudos e a liderança de Conselheiro, isso quando tinha acabado de perder o marido e o filho, além de estar com a mão direita ferida por um golpe de sabre: "meu marido foi morto quando *abancava* pro santuário no meio de um *lote de soldados*, o mesmo tiro quebrou o braço do meu filho. Fiquei estatelada... não vi nada... este sangue que está na minha roupa é de meu filho – o que eu queria era ficar lá também morta...". Euclides da Cunha ficou impressionado com os galicismos na fala da prisioneira e com a repetição da expressão "e eu sei?", um "eufemismo interessante substituindo o não claro, positivo...". Não há exagero quando Horcades escreve:

> Eu fui dos primeiros a apreciar, por entre as ruínas, tudo quanto havia. Horror e mais horror! O cúmulo do horror! Só em uma casa encontrei 22 cadáveres já queimados, de mulheres, homens e meninos! Em uma rua uma mulher, tendo sobre uma das pernas uma criancinha e num dos braços outra, todas três quase petrificadas![56]

Manuel Ciríaco, um dos sobreviventes, relata seu retorno a Canudos dias depois da queda do arraial: "Era um horror [...]. Era de fazer medo. A podridão fedia a léguas de distância, os bichos a gente via correndo pelos cadáveres e urubu fazia nuvem. Tudo abandonado, ninguém ficou enterrado".[57] Durante o período de chuva, muitos corpos foram levados pelo Vaza-Barris até o Atlântico, pois centenas de corpos foram mal enterrados no leito do rio, totalmente seco durante a quarta expedição. O martírio dos conselheiristas continuava mesmo depois da morte: quando alguns habitantes de Monte Santo foram a Canudos para buscar seus parentes mortos e enterrá-los na vila, o padre da vila proibiu que qualquer seguidor de Antônio Conselheiro fosse sepultado no cemitério local, obrigando-os a buscar um terreno nas cercanias da vila, onde surgiu um cemitério sem as "bênçãos" da Igreja.

Poucas vozes denunciaram os massacres. Entre os correspondentes de guerra, somente Manuel Benício não silenciou frente às atrocidades. Artur Oscar proibiu que os oficiais dessem entrevistas para o correspondente do *Jornal do Commercio*, alegando que ele só escrevia matérias alarmantes. Como não se intimidou e manteve sua posição, foi ameaçado de morte pelos oficiais da expedição e obrigado a se retirar do teatro de operações. Os estudantes baianos lançaram um manifesto de protesto declarando que "consideram um crime a jugulação dos míseros 'conselheiristas', aprisionados, e, francamente a reprovam e condenam, como uma aberração monstruosa".[58] Os estudantes boicotaram as homenagens realizadas em Salvador ao general Artur Oscar. O jornal *O Comércio de São Paulo*, defensor do monarquismo, foi voz isolada na imprensa do eixo Rio de Janeiro-São Paulo. Desde o fim da campanha atacou diariamente o tratamento dado pelo Exército aos prisioneiros. Quando em São Paulo foram recebidos gloriosamente os soldados do batalhão paulista, os monarquistas fizeram questão de frisar que a "sociedade paulista glorifica os heróis, mas abomina os *Jacques, the Ripper* das mulheres jagunças"; "saúda aqueles que souberam honrar os nomes de Caxias e Herval, mas repele os carrascos frios da degola, os bárbaros devastadores à querosene e dinamite".[59]

Entre os dias 22 e 27 de outubro, *O Comércio de São Paulo* transcreveu na íntegra o relatório do Comitê Patriótico, organizado para amparar as vítimas da guerra. Em editorial, o jornal explicou a publicação do relatório e atacou Artur Oscar e a República:

> Lá ficaram espalhados, servindo como escravos a fornecedores enricados como dinheiro do Tesouro brasileiro, dezenas de pobrezinhos, cujos pais foram rebentados à dinamite pelo general Artur Oscar e cujas irmãs foram desvirginadas por soldados bestiais. Eis a nobreza, eis a generosidade, eis o amor da República!

No relatório, o Comitê enfatizava que graças a sua ação evitou "a uns a morte pela falta de conforto e à míngua de recursos, a outros a verdadeira escravidão em que se achavam e, porventura, a prostituição no futuro".[60]

Mesmo assim, dezenas de crianças – chamadas de jaguncinhos – foram dadas pelos oficiais de presente aos seus amigos, meninas eram entregues a cafetinas e levadas para prostíbulos e alguns lutavam para obter o maior número possível de órfãos para vendê-los, organizando um verdadeiro tráfico de crianças. O Comitê Patriótico denunciou que "se estavam distribuindo menores como animais; estavam cruelmente separando famílias inteiras; que, finalmente, a Bahia estava ameaçada de um novo escravismo". Quase todas as crianças sofriam de inanição, estavam com vários ferimentos, sem roupas e traumatizadas pelos meses de combate. As mães suplicavam para poder continuar com seus filhos e "nenhuma dentre todas as prisioneiras era mulher de má reputação ou de conduta irregular, notando-se-lhes bons costumes, hábitos de trabalho". Muitas crianças com pai ou mãe vivos foram dadas aos participantes da campanha, como foi o caso dos dois filhos de Maria Joaquina de Miranda, branca, com 45 anos de idade, prisioneira em Canudos, e que,

> sabendo que os seus filhos menores de nomes: Maria, com 13 anos e Porfírio, com idade de 10 anos, seguiram para a capital do Amazonas em companhia de oficiais do batalhão de polícia daquele estado, vem pedir a V. Ex. a caridade de reclamá-los, pois a suplicante, embora na ausência de seu marido, por não saber se está vivo ou morto, está em condições de sustentá-los com subsistência, como prova com os documentos juntos.[61]

O general Artur Oscar, logo após a queda do arraial, fez farta distribuição de crianças entre os negociantes da região. Um deles, inquirido pelo Comitê, disse que o

> menino era dele; estava com ele; não tinha que dar satisfação a ninguém, pouco se lhe importava que o pai ou a mãe ambos fossem judas ou o diabo; a questão era que o menino tinha sido dado pelo general e disto havia passado recibo na maior garantia; não o entregava, pois, a ninguém, nem tinha que se responsabilizar por coisa alguma.[62]

Com a maioria dos homens e mulheres mortos, as crianças não só perderam seus pais e a família como também a própria identidade. O frei Pedro Sinzig, testemunha dos fatos, relatou que "na choupana situada nas proximidades do nosso alojamento acham-se duas crianças de três a quatro anos, cujos pais foram mortos. À nossa pergunta: 'Como te chamas?', respondeu um deles: 'Jagunço'".[63]

Inúmeros prisioneiros foram esquartejados, outros eram levados aos povoados próximos "acorrentados, alguns deles tão barbaramente que as cordas se lhes entranhavam pelas carnes, cortando-as impiedosamente". Médicos militares se recusavam a atender as mulheres e crianças prisioneiras com graves ferimentos. As crianças, como sempre, foram as que mais sofreram: conta frei Sinzig que um soldado viu "pegarem uma criança pelos pés, despedaçando-se lhe a cabeça de encontro a uma árvore", e outra "achada no caminho, que contava ter sido ferida por um soldado, quando não podia mais andar". O estudante de medicina Pinheiro, "cuja ciência não era para gastar com prisioneiros, embarcou para a Bahia" e somente com a chegada de um médico do Comitê Patriótico foi possível dar tratamento adequado a uma criança com mais de seis ferimentos: "Verificou-se então que o bracinho estava quebrado. O médico apertava e espremia sem compaixão, até que afinal o pus saiu em quantidade incrível. A água injetada para limpar a ferida saía do outro lado do bracinho".[64]

Em busca de Conselheiro

A sanha do Estado se voltou para encontrar a todo custo o corpo de Antônio Conselheiro, repetindo o acontecido na Revolução Federalista, quando o corpo de Gumercindo Saraiva – principal líder militar rebelde – foi exumado, golpeado pelos soldados, teve a barba arrancada e vários órgãos mutilados. Depois, "o corpo de Gumercindo foi trazido até a estrada para que sobre ele, num verdadeiro triunfo de canibais, desfilasse a divisão inteira!".[65]

No dia 6, logo pela manhã, foi achado o corpo de Antônio Conselheiro ao lado de uma parede do santuário. Estava enterrado de lado em uma cova de dez centímetros de largura e dois metros de comprimento. Segundo Martins Horcades, testemunha do fato, o corpo foi reconhecido pelo capitão Jesuíno Lima, velho desafeto de Conselheiro, por jagunços (o autor não os identifica) e pelos "colegas J. Pondé e Pio de Souza, residentes no Itapicuru, por onde ele havia passado". Continua Horcades,

> às 11 horas foi encontrado o cadáver de um indivíduo de cor parda, estatura regular, cabelos longos e quase pretos, tez queimada, olhos aprofundados e que pareciam ser grandes, boca rasgada, sem dentes, barba longa e grisalha, dedos compridos e unhas aparadas, pés grandes e descarnados, assim como todo o corpo, mostrando passar uma vida de duras privações; vestia ceroulas e camisas novas de algodãozinho, túnica azul, tendo aos pés alpercatas novas; achava-se envolto em uma esteirinha fina, vulgarmente chamada da Costa.[66]

Como o corpo estava em decomposição, não foi possível fazer a autópsia. Foi fotografado por Flávio de Barros por ordem do general Barbosa. Antes de ser enterrado novamente, não se sabe por ordem de quem, o corpo foi decapitado. Os presentes aproveitaram para recolher alguma recordação: uns ficaram com fios da vasta cabeleira de Conselheiro, outros com objetos que tinham sido enterrados com ele.

Há uma versão apresentada por Pedrão para Optato Gueiros de que o corpo desenterrado foi o de Manuel Quadrado, que se trajava do mesmo modo que Conselheiro e também usava longas barbas. Segundo essa informação, o líder de Belo Monte foi sepultado atrás da igreja nova, e não no santuário. Assim, o exumado teria sido Manuel Quadrado, o médico informal da comunidade, segundo Euclides da Cunha, "um tipo adorável", "vivendo num investigar perene pelas drogarias primitivas das matas",[67] que morreu no mesmo dia que Conselheiro. Adalgisa, filha de Quadrado, disse para Pedrão que assistira à decapitação do pai. Procurando confirmar as informações de Pedrão, Gueiros foi ao Pará à procura de Adalgisa. Encontrou-a e obteve a confirmação das informações prestadas por Pedrão. A foto de Flávio de Barros do suposto cadáver de Conselheiro deixa algumas dúvidas, pois pelo rosto, mãos e pés, que estão bem visíveis, não parece que estamos frente a um homem de 67 anos, vividos de forma intensa, com longos períodos de jejum, constantes viagens pelo sertão e quase um ano sem sair de Canudos. A barba grisalha, já descrita pelo frei Monte Marciano, não aparece com nitidez na foto.[68]

A cabeça envolta em cal foi guardada em uma caixa e levada para Salvador sob responsabilidade do dr. Miranda Curió, para ser analisado o crânio pelo dr. Raimundo Nina Rodrigues, professor da Faculdade de Medicina, principal representante do lombrosianismo no Brasil. No dia 26 de outubro abriram a caixa e começaram os exames. Para Nina Rodrigues, Antônio Conselheiro "era realmente muito suspeito de ser degenerado, na sua qualidade de mestiço". O laudo do médico maranhense concluiu que o "crânio de Antônio Conselheiro não apresentava nenhuma anomalia que denunciasse traços de degenerescência: é um crânio de mestiço onde se associam caracteres antropológicos de raças diferentes". Assim, "é, pois, um crânio normal."[69]

Depois da exumação do corpo de Antônio Conselheiro, Artur Oscar ordenou "não deixar ficar de pé nem um só pau que indicasse ter havido ali uma choça sequer".[70] O incêndio que atingiu parte do arraial desde 1° de outubro espalhou-se por todo Belo Monte. Ao amanhecer do dia 6, os soldados explodiram as igrejas, juntaram a madeira espalhada, jogaram querosene e transformaram o arraial em uma imensa fogueira. Somente o cruzeiro colocado por Conselheiro em 1893, como um marco de fundação, escapou à destruição, sendo levado para o cemitério onde estavam enterrados os soldados do Exército, na outra margem do Vaza-Barris, retratando simbolicamente a destruição de Belo Monte: a cruz não deveria ficar como testemunha de que havia existido naquele local uma comunidade que tinha na religião o elemento aglutinador. Transladar a cruz significava recolocar a religião como um dos mecanismos de dominação do Estado, dissociando-a de qualquer projeto de um mundo novo.

O Exército, no fim da campanha, fez o possível para superestimar a população do arraial como justificativa para a longevidade da campanha e também para realçar os supostos méritos militares. Já durante o conflito as projeções dos militares tinham sido refutadas. Manuel Benício, em artigo escrito para o *Jornal do Commercio*, questiona as estimativas da existência de quatro/cinco mil casas em Canudos. O jornalista fez questão de contar do alto da Favela durante mais de duas horas e chegou à conclusão de que Canudos "tem no máximo duas mil casinholas, mais ou menos. [...] Não me convencerão nunca que Canudos tem quatro mil casas e que estamos brigando com três mil jagunços. As casas não passam de duas mil e aposto todo o ordenado que o Jornal me quiser pagar, se o número delas subir além disso". Euclides da Cunha, logo ao chegar ao arraial, calculou o número de casas em cerca de duas mil.[71]

Como o último foco de resistência foi dominado às 16h do dia 5 e o arraial estava assolado por vários incêndios, com escombros espalhados por todos os lados, casas em um estado que impossibilitava identificar onde começava uma e terminava outra, cadáveres insepultos e a ameaça de surto de tifo e malária, era meramente impossível que a comissão de engenharia do Exército, formada por três oficiais, em algumas horas do entardecer do dia 5 e no amanhecer do dia 6, antes de iniciar a destruição do arraial, tivesse contado casa por casa de Canudos e chegado ao número de 5.200.[72] A economia de escassez predominante em Canudos, além do estado de beligerância desde novembro de 1896 – que impedia o livre fluxo das mercadorias –, não permitiria manter uma população de 25 mil a 30 mil pessoas. Na região, as vilas mais próximas tinham entre 5 mil habitantes, como Pombal, e 24 mil, como Jeremoabo, incluindo toda a zona rural desses municípios que representavam a ampla maioria da população. Monte Santo, em cuja circunscrição se incluía Canudos, em 1892, tinha duas escolas, um comércio insignificante e falta constante de água que afetava a lavoura e a criação. Sendo um município com uma área relativamente extensa, a população total não passava de 13 mil habitantes. Salvador, a capital do estado, possuía 174 mil habitantes, e o maior município do interior – Santo Amaro – contava com 66 mil pessoas.[73]

Também vale analisar o mapa desenhado pela comissão de engenharia do Exército e incluído em *Os sertões* para constatarmos que, no arraial, a maioria das casas se concentrava numa extensão de aproximadamente mil metros de comprimento por mil metros de largura. Portanto, tudo indica que Canudos não só não era a maior cidade do interior baiano, como também nunca se aproximou de 25 mil habitantes, possuindo no máximo 10 mil pessoas. É óbvio que isso não diminui em nada a importância do arraial, sua experiência histórica e o heroísmo da sua resistência frente ao Estado republicano: mais que o título (falso) de segunda maior cidade baiana, Canudos permaneceu na história pelo que significou para milhares de sertanejos.

As festas pela vitória

Na capital federal, satisfeito com as notícias recebidas do sertão baiano, Prudente de Morais pediu ao marechal Machado Bittencourt que transmitisse ao general Artur Oscar "congratulações pela terminação dessa campanha excepcional, de modo tão honroso para a República quanto glorioso para o Exército nacional, que, através de tantos sacrifícios, acaba de escrever mais uma página brilhante para a nossa história". A destruição do arraial não foi uma medida tomada isoladamente por Artur Oscar ou pelo ministro da Guerra, mas representou uma decisão governamental. Disse o presidente da República: "Em Canudos não ficará pedra sobre pedra, para que não mais possa se reproduzir aquela cidadela maldita, e esse serviço a nação o deve ao heroico Exército nacional", pois "a ordem pública jamais será impunemente perturbada no seio da República, que está preparada para fazer valer a sua autoridade e que conta principalmente com a dedicação e a bravura das classes armadas para submeter quaisquer desordeiros, seja qual for a bandeira que arvorem".[74]

A notícia da vitória do Exército, depois de meses de incerteza, boatos e conspirações, desencadeou inúmeras manifestações de júbilo nos grandes centros urbanos. No Rio de Janeiro, aulas foram suspensas, funcionários públicos foram dispensados do trabalho, bandas de música percorreram as ruas, oradores improvisaram comícios, funcionários do Ministério da Guerra passearam com o retrato do marechal Floriano Peixoto, o Palácio do Catete – sede do governo – passou a noite iluminado e centenas de pessoas ouviam quatro bandas militares que, alternadamente, tocavam no saguão. Os consulados do Chile, de Portugal, da Suécia e da Noruega hastearam seus respectivos pavilhões associando-se ao regozijo oficial. Até em Buenos Aires repercutiram os acontecimentos do sertão baiano: o jornal *La Prensa* noticiou que causou grande contentamento a vitória do Exército em Canudos.

A Marinha, que não participou das operações de guerra, compareceu ao Catete com toda a oficialidade – à frente o contra-almirante Júlio de Noronha –, acompanhada de bandas tocando marchas triunfais. Depois da execução do Hino Nacional, Prudente de Morais agradeceu a homenagem, lembrando que "a felicidade da pátria está unida à sorte da República. Uma não pode existir sem a outra". Assim, "a República jamais perigará, que a ordem não será mais alterada e que as ordens do poder legal, das autoridades constituídas, serão sempre cumpridas, porquê da sua execução depende a felicidade da Pátria". Olavo Bilac, aliviado com o fim do conflito, desabafou: "Enfim arrasada a cidadela maldita! Enfim dominado o antro negro, cavado no centro do adusto sertão, onde o Profeta das longas barbas sujas concentrava a sua força diabólica, feita de fé e de patifaria, alimentada pela superstição e pela rapinagem!".[75]

A Igreja, satisfeita com a destruição do arraial – solicitada pelo relatório do frei João Evangelista Monte Marciano desde 1895 –, participou ativamente das comemorações. Ainda durante o conflito já tinha se colocado a serviço da República. O general Savaget, quando voltou ferido de Canudos, ficou hospedado no palácio do arcebispo, em Salvador. Em agosto, ordenou a realização de preces públicas em todo o Estado da Bahia apoiando a ação do Exército. No Pará, antes do embarque da milícia paraense para a Bahia, houve uma missa campal, com o arcebispo dando as bênçãos da Igreja aos soldados. Quando do retorno das tropas foi rezada uma missa campal, em Salvador, na Praça Duque de Caxias, ao lado do monumento aos heróis de 2 de julho de 1823. Em São Paulo, o batalhão policial paulista foi recebido com uma missa na igreja da Sé.[76]

Enquanto a vitória era comemorada nas grandes cidades, os soldados, meros instrumentos da classe dominante e vítimas da guerra como os conselheiristas, começavam a regressar para Salvador. Em Queimadas, Lélis Piedade assistiu à chegada de uma brigada:

> Conta-se o número de praças e ele é até insuficiente para constituir um batalhão tal a redução sofrida na terrível campanha de Canudos. E como vêm oficiais e praças? Rotos, imundos, quase nus, carregados de trouxas, formando agrupamentos esquisitos, estranhos. Parecem foragidos da miséria em busca de um conforto para o corpo e o espírito. Batalhões há que foram com quinhentos homens e voltaram agora com cento e tantos.[77]

Até hoje não há estimativas precisas, mas as baixas das quatro expedições não foram inferiores a cinco mil homens.

O regresso aos estados dos batalhões foi sempre acompanhado de grandes festejos. No Pará foi decretado feriado por três dias para as repartições públicas, houve missa campal e entrega de medalhas. Em São Paulo foram organizados vários festejos que começaram na Estação da Luz com a presença de autoridades estaduais, populares e bandas de música. Os soldados percorreram a cidade ovacionados pela população. Quando passaram em frente ao consulado da França foram homenageados pelo cônsul com uma coroa de louros ao som da Marselhesa. Percorreram várias ruas, ouviram inúmeros discursos, foram saudados como heróis nacionais. Somente após várias horas de desfiles conseguiram ser liberados, não sem antes serem mais uma vez homenageados com um ramalhete de flores artificiais e mais um discurso feito pelo cônego Valois de Castro em nome dos alunos do Seminário Episcopal. Pelo Decreto nº 492, de 23 de outubro de 1897, foram concedidas medalhas aos membros do batalhão policial: de ouro, para o tenente-coronel José Elesbão dos Reis e o major José Pedro de Oliveira; de prata para os outros oficiais; e de bronze para os praças. Contudo, no ano seguinte ainda não tinham recebido as medalhas, segundo o governador do Estado, "por circunstâncias ocasionais". Logo a premiação caiu no esquecimento.[78]

Os batalhões do Exército que retornavam de Canudos, antes de chegarem a Salvador, recebiam novos fardamentos, pois muitos estavam seminus.[79] Ainda no clima de euforia, o governo ofereceu a cada soldado uma casa na capital federal. A promessa não foi cumprida e muitos praças começaram a construir barracos de madeira no Morro da Providência, próximo de onde ficaram acampados. Com a reforma urbana do início do século XX – e a expulsão dos moradores dos cortiços do centro da cidade –, cresceu o número de habitações populares, que passaram a ocupar todo o morro. Logo, por analogia ao Morro da Favela, em Canudos, o conjunto de barracos passou a ser chamado de favela.

Os participantes da campanha, segundo Artur Oscar, voltaram cobertos de glórias. Na sua última ordem do dia – a de nº 1.561, de 18 de outubro de 1897 – lembra que tem "a convicção profunda de que a República está na alma do Exército". Para o general, "o Exército foi bravo, bateu-se leal e valorosamente, sem jamais arredar um passo. Aos vivas levantados à monarquia pelos jagunços correspondeu com verdadeiras ovações à República. À traição opôs uma clemência invejável". E conclui: "Canudos, o miserável lugarejo, elevado à altura de centro de transformação política das instituições vigentes fez jus a um lugar na história da pátria que o estudará com calma e desapaixonadamente e dirá que nele o Exército representou o seu papel patriótico de sempre".[80] Quarenta dias após o fim da campanha, fazendo parte ainda das comemorações, o governo indultou os praças que desertaram na guerra.

No retorno das tropas ficou muito conhecido o caso de uma mulher que tinha recebido a notícia da morte do marido, soldado da expedição, e que acabou por casar com outro homem. O problema foi que a notícia da morte do marido era falsa. Ao revê-lo, a mulher preferiu se matar com uma faca retalhando o ventre. Olavo Bilac comentou o caso:

> Francamente, o pior papel parece-me ser o do primeiro marido, o do espectro, o do redivivo. O dever de um homem que passa falsamente por morto é morrer mesmo, para não atrapalhar a vida dos outros com sua ressurreição. Que fez ele, ressuscitando? Fez a figura de um raio estalando de chofre no ninho de amor, a figura de um esqueleto sórdido aparecendo de golpe entre os convivas de um banquete alegre; matou a mulher que amava e que já não o amava, estragou a vida de um homem que nunca lhe fizera mal e ficou arrastando uma existência triste, manchada para todo o sempre pela recordação da tragédia – e nem bem vivo, nem bem morto, cheirando a cova e a decomposição.[81]

No ambiente de euforia foi indicada a chapa situacionista à Presidência da República para o quadriênio 1898-1902: Campos Sales e Rosa e Silva, respectivamente presidente e vice-presidente. Campos Sales, expondo sua plataforma política, ressaltou "o luminoso exemplo do México". Lembra a prosperidade do tesouro, a construção das estradas de ferro, a rede telegráfica, os correios, a melhoria dos portos, os monumentos públicos, "frutos de um período governamental de vinte anos de paz e ordem!". Para o futuro presidente da República, foi com a "ascensão de Porfírio Diaz em 1876 [que] iniciou-se o período da ordem e com ele a fase de reparação".[82]

Se os republicanos históricos procuravam seguir o modelo político da Argentina, a burguesia cafeeira latifundiária identificava-se com a "ordem" imposta por D. Porfírio. Para implantar a "Política dos Governadores", combinando uma aliança entre o poder central e os poderes regionais, tornava-se indispensável destruir qualquer tentativa de organização dos dominados, tal como no México porfirista. A paz no sertão, imposta a ferro e fogo, era a contrapartida da divisão da *res publica* entre as oligarquias regionais: a República dos *landlords* não poderia conviver com nenhuma comunidade que não se submetesse aos seus ditames, com camponeses independentes, mas somente com agregados, com camponeses submetidos ao poder latifundiário.

A tragédia da guerra encerrou-se com mais um drama. Ao chegarem à capital federal os primeiros contingentes militares vindos de Canudos, em 5 de novembro, no momento do desembarque houve um atentado contra a vida do presidente da República, presente à recepção aos soldados, que acabou ferindo mortalmente o marechal Bittencourt. A repercussão negativa do atentado, a prisão de Marcelino Bispo – assassino do ministro da Guerra – e a comprovação de suas ligações com setores do jacobinismo carioca levaram ao desaparecimento da cena política dos florianistas mais exaltados. No horizonte, nada mais impedia a consolidação no poder da oligarquia cafeeira.

CONCLUSÃO

O Significado de Canudos

Na sessão de 17 de agosto de 1897 da Câmara dos Deputados, interrompida várias vezes pelo seu presidente devido ao clima tenso em que se desenvolveram os trabalhos, o deputado baiano Leovigildo Filgueiras, depois de um longo discurso aparteado pelo líder do governo, J. J. Seabra, também baiano, a certa altura disse: "Nós nada sabemos de positivo a respeito; Canudos continua para a Nação como uma esfinge, que deve ser estudada para que não venha a devorar a todos os soldados republicanos".[1] Isso apesar de diariamente os jornais estamparem notícias sobre os combates, alguns chegarem a enviar correspondentes para a região, de os jacobinos transformarem o arraial no alvo predileto para enfraquecer Prudente de Morais, e da terceira e quarta expedições mobilizarem conjuntamente milhares de soldados. A guerra, a longevidade da campanha, a resistência heroica, o apoio popular em grande parte do sertão e uma vivência concreta da fé transformaram o arraial fundado por Antônio Conselheiro em verdadeiro enigma.

No próprio ano de 1897, muitas interpretações foram dadas à comunidade de Belo Monte. Uma delas foi sobre o suposto sebastianismo de Antônio Conselheiro. Essa crença, surgida em Portugal logo após a morte de D. Sebastião, em 1578, no norte da África, representou o desejo permanente de retorno aos áureos tempos da expansão marítima, enquanto no Brasil, em diferentes movimentos messiânicos (Pedra

Bonita, por exemplo), acabou se transformando em uma esperança para os deserdados do retorno do rei que restabeleceria a justiça libertando-os da opressão.[2]

De todos os participantes da campanha que deixaram registrados seus relatos (jornalistas, militares, estudantes e escritores), Euclides da Cunha, em *Os sertões*, foi o único que apontou uma influência sebastianista em Canudos, a esperança na vinda de um rei predestinado. Nas reportagens de *O Estado de S. Paulo* não há qualquer comentário, mas na *Caderneta de campo* há várias referências na transcrição de ABC – relatos em versos – e de uma suposta profecia que Maria Isaura Pereira de Queiroz chama de "sermão recolhido por Euclides da Cunha", induzindo o leitor a considerar o texto como de autoria de Antônio Conselheiro. Em *Os sertões*, foram citadas duas das chamadas profecias e um pequeno trecho de um ABC, mas da forma como foram expostos dão a entender, no caso das profecias, que são um único documento.[3]

Durante a quarta expedição foram publicadas na imprensa várias cartas atribuídas aos conselheiristas. O número de documentos apócrifos é muito grande e tudo era motivo para sensacionalismo. A incompreensão do mundo sertanejo era substituída pelo fantástico, como se Canudos estivesse localizada em outro continente. Se analisarmos uma das profecias com mais cuidado – aquela de que o sertão virará praia e a praia virará sertão –, veremos que é muito provável que não passe de mais um dos inúmeros textos apócrifos da época. Diz a profecia:

> A Profecia de Jerusalém marca. Quantos homens foram falsos à Coroa em 1822 se desenganaram os que ficaram inganados. Em 1830 se disinganaram quando correram as estrelas do Céu. Em 1854 uma grande cólera haverá que na medicina não haverá médico que saiba tratar. Em 1862 pedra e fuzil no [ilegível] e causas mil – o sangue há de correr até o salto da botina. Em 1867 que foi os primeiros sinais desta idade. Para 1868 muitas linhas de ferro haverá quando correrá uma milha de fogo por cinza daquelas, que há de ser a desgraça do País Brasileiro. Em 1878 há = de haver um só homem religioso fazendo sermão pelas portas. Em 1880 faltará o fervor dos homens que só hão de conhecer o dinheiro e nem esse mesmo haverá.

Em 1888 grande revolução haverá, de maio 3 nem antes nem depois. Em 1889 a perseguição será maior, caminhar longas estradas, [ilegível] topará com muitos rebanhos de povos caindo um por cima dos outros; se não a peles e o cadáver, que não encontrará um só cavaleiro, a era será tal de primavera entrupicada de peste, morte, fome e carestia; muito pasto e pouco rasto. No certão haverá muito vagueiro que entregará os ferros a seus amos. Em 1889 será despedido o Imperador da Corte pelos homens desgraçados do Brasil. Em 1891 guerra: Nação com Nação. Em 1892 grande multidão de pecadores, uns convertidos e outros emendados que não se conhecerá rico nem pobre. Em 1893, prata, ouro, cobre não haverá, correrá bilhetes vermelho feitos por mão dos homens, arrebatando da Tesouraria. Em 1894 há de vir rebanhos de mil correndo do centro da Praia para o certão então o certão virará Praia e a Praia virará certão. Em 1895 os homens dos seus barcões abrirão as portas e assentar-se-ão em cima dos seus barcões e que não há de vender cinco réis de fazenda. Em 1896 há de haver guerra Nação com a mesma Nação, o sangue há de correr na terra. Em 1897 haverá muito pasto e pouco rasto e um só Pastor e um só rebanho. Em 1898 haverá chapéus e poucas cabeças. Em 1899 converter-se as águas em sangue o planeta há de aparecer no nascente com o raio do Sol q o ramo se confrontará com o Ceo, ajuntará-se astronámos da terra se ajuntará com os mares; planetas do Céu há de brigarem com os astornámos da terra. Há de chover uma grande chuva de estrelas; cairá muitos meteoros na terra que daí será o fim do mundo. Em 1901 se apagarão as luses. Deus disse no Evangelho – eu tenho um rebanho que anda fora desse aprisco e é preciso que se reúnam, porque há um só Pastor em um só rebanho. Diz o profeta Jeremias para 1901 existe um só pastor geral e um só rebanho. Fim. Neste Arraial de Belo Monte aos 24 de janeiro de 1890 [*sic*].[4]

A profecia teria sido escrita ou transcrita em Belo Monte em 24 de janeiro de 1890, o que parece estranho pelas seguintes razões:

1) o arraial foi criado em junho de 1893, e a data da profecia é 1890;
2) poderia até ter sido escrita em 1890, mas não o poderia ter sido em Belo Monte, nome dado pelos conselheiristas ao antigo arraial de Canudos;

3) o documento é datado de 1890, mas começa a vaticinar acontecimentos desde 1822; e como sabemos, profecia é a predição do futuro, não do passado. Euclides da Cunha, quando cita a "profecia" em *Os sertões*, não fornece o local ou a data e começa a transcrevê-la somente a partir de 1896, sugerindo ao leitor que o documento profetizava acontecimentos do fim do século e não que predizia fatos desde 1822.

A inclusão desses documentos, supostamente encontrados no arraial, em *Os sertões* transformou-se em uma das explicações preferidas daqueles que escreveram sobre o arraial. Maria Isaura Pereira de Queiroz, quando incluiu Canudos entre os movimentos messiânicos, apontou a existência do sebastianismo utilizando-se de duas fontes: Euclides da Cunha e José Calasans. Quando lemos o livro citado de Calasans constatamos que a única fonte é Euclides da Cunha. O mesmo autor publicou um livro com a literatura de cordel sobre Canudos e, à exceção dos poemas de J. Sara, nenhum autor faz qualquer referência ao sebastianismo de Antônio Conselheiro. J. Sara, em *Meu folclore*, cita D. Sebastião quatro vezes, mas obtém parte de suas observações também com Euclides da Cunha: "Leiam o livro *Os sertões*" ou "Disse Euclides da Cunha".[5]

Apesar de nenhum relato sobre o período de peregrinação ou fixação em Canudos fornecer qualquer informação que sustente a tese de que o sebastianismo foi um dos componentes básicos da comunidade conselheirista, José Calasans insiste em afirmar que "Antônio Conselheiro parece ter sentido a necessidade de encontrar, no espírito das populações místicas que ele liderava, uma poderosa força [...]. Esta força, o velho Conselheiro foi achar na crença sebastianista, que três séculos de tradição haviam plantado na alma coletiva dos rudes sertanejos".[6]

Se nos relatos dos sobreviventes, nos livros de Nertan Macedo e Odorico Tavares e nas Ordens do Dia do Exército não há menção ao sebastianismo – entendido como a espera pela chegada do rei salvador –, na literatura da época o sebastianismo é fartamente utilizado para nomear todos aqueles que defendiam a restauração monárquica. A revolta da Armada foi considerada sebastianista:

> A revolta de uma parte da armada brasileira [...], encontrou no sebastianismo português o mais franco e decidido apoio [...], lamentávamos que portugueses se associassem aos manejos sebastianistas, preconizamos a necessidade da nossa colônia se inspirar nas novas ideias de progresso e ordem apoiando os apóstolos da causa republicana.

Continua o autor: "a dar-se uma restauração monárquica, ela teria uma existência efêmera, deixando da sua passagem apenas a memória de uma convulsão política e o sangue de algum novo Maximiliano, imolado ao ávido sebastianismo de desalmados especuladores".[7]

A rearticulação política dos monarquistas também é considerada sebastianista. Campos Sales, em carta a Bernardino de Campos, comentava: "Falam, é certo, em uma agitação sebastianista, e até já esteve marcado o dia 7 deste para a revolução restauradora". Os monarquistas, como Joaquim Nabuco, também usavam a expressão com o mesmo significado: "o Jornal do Brasil vai muito bem, e tem certa influência, ainda que eu atribua a simpatia que ele está encontrando às tendências sebastianistas que lhe atribuem".[8]

A imprensa jacobina usava e abusava da expressão sebastianista: "Quanto pior melhor, disse um dos próceres sebastianista e agora o repete em coro a grei monarquista [...]. Esperamos que o governo mineiro não permita que este solo sagrado com o sangue de tantos mártires republicanos se constitua em valha-couto sebastianista, em homísio dos poltrões açuladores da revolta". Segundo Abelardo Montenegro, "O Jacobino, jornal do Rio de Janeiro, considerava Conselheiro um enviado do sebastianismo, uma espécie de gumercindo ou aparício, com o propósito de perturbar a ordem na Bahia". É comum encontrarmos a acusação de que os federalistas gaúchos eram sebastianistas: a Federação, órgão do Partido Republicano Rio-Grandense, "começou a acusar os liberais de sebastianismo", os liberais eram tidos por "monarquistas supersticiosos e reacionários", e até no distante sertão baiano o significado de sebastianista está associado à restauração monárquica.[9] O intendente de Monte Santo em seu relatório ao Conselho Municipal, em 1894, escreve que o Brasil "acha-se em grande parte anarquizado, sonhando ainda qual os sebastianistas, com a coação centralizadora de meu Rei e meu Senhor!". O coronel João César Sampaio, em ordem do dia, afirma que Floriano Peixoto descobriu, "na malfadada revolta de 1893, trabalho sebastianista", e que os monarquistas saudaram a morte de Moreira César: "Que satisfação devem ter esses vis sebastianistas, saboreando de longe e escondidos, tão brilhante resultado". O general Artur Oscar, na ordem do dia de 6 de outubro relatando a queda de Canudos, escreveu que "não podia ser maior a nossa vitória nessa santa cruzada da fé contra o fanatismo, da civilização contra a escravidão, da democracia contra o sebastianismo".[10]

Portanto, além de Euclides da Cunha, não há outro autor que justifique o suposto sebastianismo dos conselheiristas. Os documentos citados pelo escritor não resistem a uma análise mais apurada. Outros autores nada mais fizeram que o repetir, analisando superficialmente o período, sem notar o real significado de sebastianismo no fim do século XIX.

Deve ser lembrado que desde o fim do século XVIII passava de mão em mão uma profecia apocalíptica atribuída ao frei Vidal da Penha, muito semelhante à encontrada por Euclides da Cunha:

> Intentos grandes haverão, porém na era de
> 1890... Antes ou depois verás coisas mil
> no mês mais vizinho de abril [...]
> E do centro do sertão virá quem tudo acabará
> Isto há de acontecer
> Porque os sinais que nos cobrem
> Assim o indicam:
> Um só rei haverá
> Que tudo dominará
> E eu, posto onde deus for servido
> Verei o acontecido [...]
> Quando vires o sol escuro
> Amola a faca para comer couro no futuro,
> Que na era dos dois xx,
> Verás rebanhos de vinte mil.
> Isto há de acontecer,

Quando o céu fizer sinal;
Os povos fora de linha
Andarão como pintos atrás da galinha
Quando vires a guerra fechar as duas pontas,
Serão tomadas todas as contas
Tudo há de acontecer
Arder e depois florescer,
Porque Deus o quer e eu o sei,
Por ser assim o que está escrito.[11]

Textos como esse faziam parte do imaginário religioso sertanejo e algumas vezes eram incentivados pelas manifestações da Igreja em oposição ao Estado, como durante a Questão Religiosa, ainda no Império, ou no momento da separação da Igreja do Estado, já no regime republicano. Essa "escatologia institucional" não passava de um instrumento político da Igreja para reforçar sua posição quando sentia seus interesses ameaçados.

Outra interpretação sobre Canudos foi a produzida por Edmundo Moniz, que tentou entender a organização do arraial de Belo Monte buscando no marxismo ortodoxo a fonte explicativa. Para ele,

> Antônio Conselheiro tinha um pouco de Tomas Munzer [Thomas Muntzer], de Tomás More [Thomas Morus], de Pugachov, de Fourier e de Owen. Por força do momento histórico em que viveu, há, em seu movimento, a fusão das ideias que promoveram, no campo, os levantes igualitários dos séculos XVI, XVII e XVIII com as utopias do renascimento e do século XIX.

Segundo Moniz, "há muita semelhança entre Canudos de Antônio Conselheiro, os falanstérios de Fourier e a New Harmony de Owen". E conclui:

> Embora Antônio Conselheiro estivesse politicamente atrasado em relação à República, não compreendendo o significado histórico da revolução

burguesa como um avanço, no plano social estava além da República como da Monarquia. Ao Estado burguês apoiado pelos latifundiários, Antônio Conselheiro opunha a comunidade socialista.[12]

O autor imputou a Antônio Conselheiro aquilo que ele nunca foi e tudo indica que nem pretendeu ser. Sua insistência em tentar provar que a leitura de *A utopia* de Thomas Morus tenha servido de inspiração para fundar Belo Monte é um grande equívoco. Primeiro, por imaginar que circulassem no século XIX, em pleno sertão, exemplares do livro de Morus. Segundo, e não menos importante, apesar de tentar dar uma "visão progressista" de Canudos, não deixou de manifestar seu preconceito em relação aos sertanejos: estes não poderiam criar uma comunidade baseando-se na sua própria tradição tão rica de formas organizativas coletivas, necessitando de inspiração europeia. Moniz, seguindo a tradição do marxismo ortodoxo brasileiro, desconsiderou a influência religiosa como se ela fosse somente um invólucro que encobrisse as razões de ordem material. Assim, a religião não passa de uma interpretação desfocada da realidade.

Não é plausível afirmar que Canudos era uma comunidade socialista. Como vimos no Capítulo 2, havia propriedade privada, acumulação privada de parte dos lucros e desigualdades sociais. O comunitarismo, produto da tradição sertaneja, foi a forma encontrada para manter milhares de conselheiristas em uma área pobre em recursos naturais e assolada pela seca. A razão do surgimento, da existência e da resistência de Canudos deve ser encontrada no mundo sertanejo, nas relações sociais, na vivência religiosa e na luta cotidiana pela sobrevivência. Não cabe incluir Canudos na linha evolutiva sequencial das revoluções ocidentais.

No rastro da interpretação de Moniz encontra-se também Décio Saes. É óbvio que sua análise é muito mais sofisticada e competente do que a do autor de *A guerra social de Canudos*, mas, da mesma forma, evidencia um desconhecimento do arraial de Belo Monte. Diz que "o movimento de Canudos (Bahia), que se estendeu pela década de 1880", foi liderado por Antônio Conselheiro, "adversário da escravidão, mas a comunidade de Canudos se fechou sobre si mesma, em nada tendo contribuído para o estabelecimento de uma frente escravo-camponesa contra o latifúndio".[13]

O autor confundiu o início da vida itinerante de Conselheiro com a fundação do arraial, além de imputar ao arraial um distanciamento em relação às comunidades vizinhas, o que nunca ocorreu. Quanto à "frente escravo-camponesa", isso não era possível, pois é do conhecimento geral que a escravidão foi abolida em 1888 e o arraial foi criado cinco anos depois – isso sem questionar a análise conceitual da "frente política" imaginada por Saes.

Não deve ser esquecida uma das mais conhecidas interpretações dos movimentos religiosos brasileiros ocorridos no período republicano: a do livro *Cangaceiros e fanáticos*, de Rui Facó, publicado postumamente e reunindo artigos escritos no fim dos anos 1950. Sua principal tese é que "os fenômenos do misticismo ou messianismo, que se convencionou chamar de fanatismo, disseminados pelos sertões em nosso passado ainda recente, têm um fundo perfeitamente material e servem apenas de cobertura a esse fundo. É a sua exteriorização".[14]

É recorrente esse tipo de explicação de Canudos pelos historiadores e sociólogos de filiação marxista ortodoxa. Para eles, a religião nunca passou de uma fachada que encobria as razões de ordem material: era a falsa consciência. Curiosamente, assim como o Estado brasileiro nunca soube reconhecer e conviver com a diferença, esses pesquisadores agiram da mesma forma. Desqualificaram a luta de milhares de sertanejos porque não se adaptava ao modelo revolucionário ocidental. O entendimento de Canudos por aquilo que realmente foi era tão complexo e exigia tamanha inversão analítica que optaram por ignorar essas especificidades, preferindo repetir a cantilena de que a religião não passava de uma ideologia típica de movimentos pré-políticos.

Outras interpretações enfatizaram o milenarismo existente em Canudos. Não houve em Belo Monte a espera coletiva do milênio, ou seja, a crença de uma idade futura em que todos os males seriam corrigidos, as injustiças, reparadas, e abolidas as doenças e a morte. Desde a criação do arraial, em 1893, até sua destruição em 1897, a comunidade manteve contatos constantes com as vilas e arraiais da região. Logo ao se instalar na área da antiga fazenda, Antônio Conselheiro delegou uma série de funções, começando a criar as raízes organizativas no arraial. Não era uma estruturação provisória, mas a fixação definitiva no local depois de mais de duas décadas de vida errante. Nos quatro anos de existência, em Belo Monte entravam e saíam pessoas, havia uma feira semanal para intercambiar produtos e um comércio intermitente. Os conselheiristas não se consideravam uma comunidade eleita à espera da Salvação. A vivência de uma nova vida religiosa não excluía a necessidade de buscar constantemente os recursos para a manutenção de milhares de habitantes do arraial. Isso não exclui a possibilidade de alguns moradores do arraial terem manifestado essa crença que fazia parte do universo religioso sertanejo havia vários séculos, mas é improvável, dados os relatos da época e dos sobreviventes muitos anos depois da destruição de Belo Monte, que os conselheiristas, principalmente aqueles que exerciam funções de mando, partilhassem dessa visão de mundo. É difícil imaginar qual teria sido a evolução religiosa do arraial caso não tivesse sido destruído, mas até a quarta expedição inexistiam indicações de qualquer exaltação coletiva milenarista, típica desses movimentos. Afinal, a comunidade de Belo Monte não morreu de morte natural, foi assassinada.

Antônio Conselheiro foi considerado um Messias por seus seguidores? Foi um líder de um movimento messiânico, isto é, dessa crença milenarista na qual o líder carismático revela aos homens o caminho da salvação, organiza os fiéis em uma comunidade de eleitos e começa a instituir uma sociedade perfeita, segundo a mensagem de Deus? Todos os relatos da época de peregrino, as notícias de jornais e os documentos oficiais não fazem referência à liderança messiânica de Antônio Conselheiro. No período da existência de Belo Monte também não há nenhuma informação que permita responder afirmativamente à pergunta. Um dado importante é que o relatório do frei Monte Marciano, que ficou uma semana no arraial e teria o maior interesse em desqualificar o líder de Canudos, não fez qualquer comentário sobre uma suposta liderança messiânica de Conselheiro. Os militares participantes da quarta expedição também ficaram intrigados com a tenacidade da resistência dos conselheiristas e buscaram associá-la a algum fenômeno de fanatismo religioso. Euclides da Cunha, em reportagem de 19 de agosto de 1897, entrevistou um garoto conselheirista, levado a Salvador como prisioneiro. Chamava-se Agostinho e tinha 14 anos. Depois de descrever todas as principais figuras do arraial, a organização econômica e outros detalhes, deixou intrigados seus interlocutores. Escreve Euclides:

> Terminamos o longo interrogatório inquirindo acerca dos milagres do Conselheiro. Não os conhece, não os viu nunca, nunca ouviu dizer que ele fazia milagres. E ao replicar um dos circunstantes que aquele declarava que o jagunço morto em combate ressuscitaria – negou ainda –, "Mas o que promete afinal ele aos que morrem?", a resposta foi absolutamente inesperada: "Salvar a alma".[15]

No fim da reportagem escreveu que as "revelações feitas diante de muitas testemunhas têm para mim um valor inestimável; não mentem, não sofismam e não iludem, naquela idade, as almas ingênuas dos rudes filhos do sertão". Essa entrevista não foi aproveitada por Euclides quando da redação de *Os sertões*. A razão é simples: o garoto, com suas respostas desconcertantes, não se adaptava ao modelo interpretativo euclidiano, portanto, o autor resolveu seu dilema excluindo-o.

Analisando as prédicas de Antônio Conselheiro,[16] é possível constatar que sua reflexão teológica é bastante tradicional, não se aproximando dos líderes messiânicos. O próprio frei Monte Marciano referenda essa interpretação no relatório da missão. Nas prédicas, ele reafirmava temas clássicos do cristianismo, como a interpretação dos Dez Mandamentos, a confissão, a cruz, a missa etc. Em momento algum há qualquer sugestão da espera messiânica ou de uma suposta personificação de Messias. Antônio Conselheiro demonstra possuir um relativo conhecimento da tradição bíblica, fez dezesseis citações da Bíblia – todas em latim –, citou nove vezes Santo Tomás de Aquino, sete São João Crisóstomo, São Paulo e Santo Agostinho, entre outros pais da Igreja.

Através de *Os sertões*, paulatinamente ficou consagrada a interpretação de que a guerra simbolizou o choque entre o litoral e o sertão: um, civilizado, vivendo no mesmo tempo histórico da Europa; e o outro, atrasado, inculto, em um estágio inferior da evolução social. O criador dessa matriz interpretativa foi o médico maranhense Raimundo Nina Rodrigues, que já em 1º de novembro de 1897 publicou na *Revista Brasileira* o ensaio

"A loucura epidêmica de Canudos. Antônio Conselheiro e os jagunços", posteriormente incluído em *As coletividades anormais*. Essa visão do interior era também compartida pelo editorialista de *O Comércio de São Paulo*, que ainda antes da publicação desse ensaio buscou explicar as causas da guerra, considerando indispensável incorporar o sertanejo à civilização: "A guerra foi o batismo de sangue que abriu as portas da nacionalidade brasileira para seus irmãos sertanejos". Com o passar do tempo foi sendo reforçada essa interpretação, acrescida de alguns matizes que somente a atualizaram. Em 1952, comemorando o cinquentenário da publicação de *Os sertões*, Antonio Candido escreveu que "Canudos, em vez de representar apenas um fenômeno patológico, isto é, de desorganização social, significava também, senão principalmente, desesperada tentativa no sentido de uma nova organização social, uma solução que reforçasse a coesão grupal ameaçada pela interferência da cultura urbana".[17] O exagero rodriguiano foi sendo lapidado no processo de construção da ideia moderna dos dois Brasis.

Euclides da Cunha, maior intérprete da guerra, nunca reconheceu nos conselheiristas condições de igualdade à "civilização do litoral". Ao avistar pela primeira vez Canudos, não a distinguiu da natureza bruta: "Tem a cor da própria terra em que se erige, confundindo-se com ela na mesma tinta, de um vermelho carregado e pardo, de ferrugem velha, e, se não existissem as duas grandes igrejas à margem do Vaza-Barris, não seria percebida a três quilômetros de distância". Quando em *Os sertões* escreveu que Canudos não era a nossa Vendeia, o fez não por entender que o arraial nunca foi um centro restaurador, mas porque considerou que o estágio cultural dos conselheiristas era tão rudimentar que não poderiam ter capacidade de escolher conscientemente entre Monarquia e República, desviando-se da análise de Nina Rodrigues, para o qual a "população sertaneja é e será monarquista por muito tempo, porque no estádio inferior da evolução social em que se acha, falece-lhe a precisa capacidade mental para compreender e aceitar a substituição do representante concreto do poder pela abstração que ele encarna – pela lei".[18]

No afã de desqualificar o sertanejo como agente histórico, Euclides atacou os conselheiristas pela adoção do coletivismo dos bens que, como vimos, nunca existiu. Curiosamente, no ensaio "Um velho problema", incluído em *Contrastes e confrontos*,[19] criticou os revolucionários franceses por terem mantido a propriedade burguesa. O autor de *Os sertões*, ao considerar Canudos um movimento messiânico e milenarista, busca na história a comprovação das suas observações e, por dedução, imputa à comunidade de Belo Monte características dos movimentos precedentes. Logo, há uma produção do fato pelo mimetismo – recurso já usado quando atribuiu o sebastianismo a Canudos como mera dedução da história portuguesa, utilizando-se da interpretação de Oliveira Martins – como na relação que estabeleceu entre coletivismo dos bens e promiscuidade sexual, tendo como ponto de partida observações de Ernest Renan sobre os montanistas da Frígia, Ásia Menor, no século II,[20] desconsiderando as noções de tempo e espaço: a decadência do mundo antigo foi transplantada para o sertão nordestino no fim do século XIX, sem nenhuma mediação.

Recentemente surgiram algumas versões destacando que Canudos foi o último quilombo do Brasil. É difícil descobrir as razões que fundamentaram tal assertiva, pois padece de erros primários. O primeiro é a aplicação da denominação "quilombo" para um acontecimento posterior à abolição da escravidão. O segundo, e mais importante, é dar à presença negra em Canudos uma importância que não teve. Através da lista de prisioneiros – a maioria eram crianças – assistidos pelo Comitê Patriótico da Bahia,[21] dos 126 nomes relacionados, dezenove eram mulatos, vinte sem registro de cor, 25 caboclos, 25 negros e 36 brancos. Os negros representaram somente 19% dos prisioneiros. Se adotarmos o mesmo procedimento para a liderança conselheirista, chegaremos a um resultado muito próximo. Assim, imputar a Canudos a denominação de quilombo não passa de mais uma tentativa de negar a identidade da comunidade e sua importância na história do Brasil, só que agora travestida de uma visão supostamente radical.

Resta uma última pergunta: como explicar o surgimento, a permanência e a resistência de Canudos? O arraial foi uma comunidade religiosa, liderada por um beato, e a migração para Belo Monte deveu-se ao fascínio exercido por Conselheiro. O seu exemplo de vida, a entrega total a Deus e a vinculação dessa profunda religiosidade com as necessidades materiais de um povo sofrido, abandonado pelo poder público, que só aparecia para recolher impostos, acabou transformando o arraial e a mensagem de seu líder em sinônimo de liberdade para o sertanejo, oprimido pelo latifúndio, pelo Estado e por uma Igreja distante e ausente. Para os conselheiristas, a resistência significava a manutenção das conquistas que obtiveram ao fundar, manter e expandir o arraial. A destruição de Canudos transformou o futuro em uma volta ao passado, com o agravante de perderem os referenciais econômicos, sociais, políticos e culturais, elaborados durante os anos de existência do arraial e que demonstraram concretamente a possibilidade de se libertar da opressão sem necessidade de qualquer força exterior à própria comunidade.

A despeito de Antônio Conselheiro não ser o Messias nem liderar um movimento milenarista, sua popularidade e sua influência político-religiosa alcançavam grande parte do sertão: o número de conselheiristas era muito maior fora do arraial que dentro dele. Isso causava um sério transtorno às autoridades constituídas pela nova ordem republicana: lembremo-nos do intendente de Monte Santo e da dificuldade em cobrar impostos. Em janeiro de 1896, o barão de Jeremoabo recebeu uma correspondência de um aliado que reclamava do apoio recebido pelo peregrino: ele "tem foros de governador, e como tal vai promulgando leis, publicando-as e estas vão sendo aceitas pelos infelizes que o acompanham e por uma grande maioria dos habitantes dos lugares onde ele arma tenda para dar conselhos".[22] O maior perigo de Canudos residia na proliferação do exemplo de uma comunidade religiosa, herdeira da tradição coletiva sertaneja, que, ao invés de se isolar, continuava mantendo contatos regulares com as outras vilas e arraiais, propagando uma forma organizativa que colidia frontalmente com o Estado dos *landlords*.

Portanto, não houve anomia ou mera resistência às transformações econômicas, ao "progresso", mas uma rebelião aberta e a esperança coletiva de construir um mundo novo, um mundo que fizesse sentido. Canudos foi o grande momento da história nordestina do fim do século XIX e significou a negação radical de uma sociedade marcada pelo racionalismo cientificista, pelo mandonismo e pela lógica do capital, acabando por se transformar em uma das maiores referências da história do Brasil.

POSFÁCIO

O "Diário de uma expedição" e a construção de *Os sertões*

Os artigos e reportagens escritos por Euclides da Cunha para o jornal *O Estado de S.* Paulo foram chamados de "Diário de uma expedição".[1] São os primeiros momentos de aproximação do autor de *Os sertões* com o tema central do seu livro: a Guerra de Canudos. Por meio dos 34 artigos e reportagens escritos entre março e outubro de 1897, podemos percorrer os caminhos analíticos de Euclides da Cunha – do jornalista, com colaborações esparsas em *O Estado de S. Paulo*, ao escritor de um dos maiores clássicos brasileiros, *Os sertões*.

O primeiro artigo foi publicado em 14 de março de 1897, com o título de "A nossa Vendéia",[2] onze dias após o desastre da expedição Moreira César e quando os jornais do Rio de Janeiro, especialmente, já haviam divulgado notícias detalhadas dos acontecimentos militares que envolveram a terceira expedição. O ambiente político na capital federal estava tenso desde o segundo semestre de 1896. Os jacobinos, saudosos do período florianista, pressionavam o governo civil, enfraquecido pelas derrotas das três expedições, pelas desavenças no Parlamento entre Francisco Glicério, líder do Partido Republicano Federal, e a ala majoritária do Partido Republicano Paulista, e pela licença médica do presidente da República Prudente de Morais – que teve de passar o governo para o vice, o baiano Manuel Vitorino, entre 10 de novembro de 1896 e 4 de março de 1897. Na capital federal haviam saqueado e destruído as sedes dos jornais monarquistas *Gazeta da Tarde*, *Apóstolo* e *Liberdade* e assassinado o coronel Gentil de Castro, quando se dirigia para Petrópolis, com o visconde de Ouro Preto e Afonso Celso Júnior, justamente para fugir do clima de perseguição política predominante na cidade.[3] Como escreveu Euclides, anos depois, a "Rua do Ouvidor valia por um desvio das caatingas".[4] Em São Paulo, a sede de *O Comércio de São Paulo*, jornal monarquista de propriedade de Eduardo Prado e dirigido por Afonso Arinos, foi atacada e saqueada sem que a polícia tomasse nenhuma atitude. O jornal *República*, editado no Rio de Janeiro, no dia posterior a esses fatos, considerou que, apesar "da profunda comoção que perturbou ontem a cidade, pode-se dizer que reinou perfeita ordem em toda ela". Ainda segundo o jornal, "não nos consta que tivesse havido nenhum excesso ou conflito ou violência pessoal".[5]

Euclides inicia o artigo recordando que o sertão de Canudos não era de todo desconhecido graças aos estudos de Martius, de Saint-Hilaire, do professor Caminhoá e do relatório de José C. de Carvalho sobre o transporte do meteorito de Bendengó, em 1888. Identifica na natureza, muito mais do que nos "sequazes de Antonio Conselheiro", "o mais sério inimigo das forças republicanas". Depois, com base nos autores citados, Euclides dissertou sobre a natureza da região, para no fim do artigo iniciar uma discussão política. Curiosamente, não fez nem sequer uma referência aos debates políticos, intensos, principalmente após a derrota de 3 de março, nem ao amplo material jornalístico. Até esse momento, o sertanejo era, para o autor, "um tipo etnologicamente indefinido", e ele associa os conselheiristas aos vendeanos pelo "fanatismo religioso que domina suas almas ingênuas e simples" e que "é habilmente aproveitado pelos propagandistas do império". Conclui o artigo afirmando que a "República sairá triunfante desta última prova".[6] O tom é mais ameno do que o usado pelo editorialista de *O Estado de S. Paulo*, que, na semana anterior, em 8 de março, afirmou que "a normalidade desapareceu; no estado atual de coisas, o governo carece de empregar meios anormais", linguagem próxima à usada pelo presidente Prudente de Morais, amigo de Júlio de Mesquita, que, em mensagem encaminhada ao Congresso Nacional, prometeu que "a causa da legalidade e da civilização vencerá a ignorância e o banditismo. Canudos vai ser atacada em condições de não ser possível novo insucesso", e que o Exército "destroçará os que lá estão envergonhando a nossa civilização".

Certamente, Euclides deve ter tomado conhecimento do extenso noticiário sobre Canudos publicado na imprensa carioca. Mesmo em São Paulo, vários jornais forneceram vasto noticiário sobre a derrota da terceira expedição. *A Platea*, por exemplo, publicou na edição de 8 de março, com grande destaque, notícias sobre o desastre da expedição. Foram transcritos dois artigos do barão de Jeremoabo, velho inimigo do Conselheiro, historiando suas desavenças com o líder de Canudos, que, segundo ele, vinham de 1874. O próprio *O Estado de S. Paulo* concedeu amplos espaços à expedição Moreira César, transcrevendo artigos publicados na imprensa carioca.[7] A edição do dia 8 de março alcançou uma tiragem recorde: 18.442 exemplares, esgotados no início da tarde. Nesse dia, o editorial apontava que a "luta é contra a República. O governo tem de defender a República, tem de sufocar o movimento monarquista". Ao empastelamento do jornal *O Comércio de São Paulo* foi reservado um pequeno espaço; já sobre o assassinato do coronel Gentil de Castro, no Rio de Janeiro, noticiado no dia 10, foi transcrita uma notícia da *Gazeta de Notícias*, afirmando que o coronel "foi vítima de sua imprudência e temeridade".

Entre o primeiro e o segundo artigos, temos pouco mais de quatro meses. É possível constatar o sentimento de Euclides em relação ao regime republicano pela sua correspondência. Ainda em 1° de abril, em carta a João Luís Alves, escreveu que

> o que me impressiona não são as *derrotas* – são as derrotas sem combate – em que o chão fica vazio de mortos e o exército se transforma num bando de fugidos! Nunca supus que fôssemos passíveis de desastres desta ordem! NUNCA! Será possível que a nossa república tenha quadros de tal ordem que lembram os últimos dias de Baixo Império? Descrente destas coisas, descrente desta terra – aonde lamento ter nascido – eu creio entretanto na vitalidade de um princípio. A república é imortal, e já que temos a felicidade de possuí-la, eu acredito que ela final galvanizará este povo agonizante e

deprimido... Acho, realmente, ridículo o título de filho desta terra depois da vasta série de escândalos de toda a sorte com que ela tem desmoralizado a História![8]

Em 17 de julho, Euclides voltou ao tema. Escreveu "A nossa Vendéia", justificando que tinha utilizado esse título em artigo anterior. Nesses quatro meses ocorreu enorme mobilização militar. Foi nomeado o general Artur Oscar para comandar a expedição, dividida em duas colunas: uma comandada pelo general João da Silva Barbosa, e outra, pelo general Cláudio do Amaral Savaget. Milhares de soldados de todo o Brasil foram deslocados para a Bahia e, em 27 de junho, tivemos o primeiro grande combate da quarta expedição, quando o general Artur Oscar foi salvo da derrota pela chegada da segunda coluna, comandada pelo general Savaget, que tinha partido de Aracaju em direção a Canudos.

O artigo é dividido em três partes. Na primeira, o autor justificou as derrotas sofridas pelo Exército em razão das "próprias condições da luta" e criticou o otimismo existente quando do início da expedição. A demora na destruição de Canudos "nada mais é do que um progredir lento para a vitória". Lembrou Euclides que a Inglaterra tinha encontrado sérios problemas para vencer os zulus, na África, e os afegãos, na Ásia, assim como a França, em Madagascar, e a Itália, na Abissínia, pois

> nada pode perturbar com maior intensidade o mais seguro plano de campanha do que esse sistema de guerra que sem exagero de frase se pode denominar – a tática da fuga – na qual, adaptadas de um modo singular ao terreno e invisíveis como misteriosas falanges de duendes, as forças antagonistas irrompem inopinadamente de todas as quebradas, surgem de modo inesperado nas anfractuosidades das serras, nas orlas ou nas clareiras das matas e, fugindo sistematicamente à batalha decisiva, diferenciam e prolongam a luta, numa sucessão ininterrupta de combates rápidos e indecisos.

A segunda parte do artigo foi reservada para descrever a natureza da região e o teatro da guerra: "a natureza [...] parece haver estereografado toda a desordem, toda a ação violenta e tumultuada dos elementos que a assaltaram". O jagunço, "traiçoeiro e ousado", adaptava-se perfeitamente à natureza, descrita de forma fantástica: "zombando dos espinhos que não lhe rasgam sequer a vestimenta rústica, vingando célere como um acrobata as mais altas árvores, destramando, destro, o emaranhado dos cipoais". O combatente conselheirista – jagunço na linguagem de todos os comentaristas da guerra – "é uma tradução justalinear quase do iluminado da Idade Média. O mesmo desprendimento pela vida e a mesma indiferença pela morte, dão-lhe o mesmo heroísmo mórbido e inconsciente de hipnotizado e impulsivo". Finalizando o artigo, Euclides acreditava que as tropas "seguem lentamente, mas com segurança, para a vitória"; fez uma leve crítica à falta de planejamento da expedição, especialmente à inexistência de uma linha segura de abastecimento ligando Monte Santo a Canudos de forma permanente.

É provável que Euclides tenha se decidido a ir para Canudos, cobrir *in loco* a guerra, como já havia ocorrido com vários representantes da imprensa carioca. Um, entre outros exemplos, é o de Manuel Benício, vereador na Câmara Municipal de Niterói e capitão honorário do Exército e que, em 27 de março, viajou para a Bahia como correspondente do *Jornal do Comércio*.[9] Em 29 de julho, Júlio de Mesquita enviou um telegrama para o presidente Prudente de Morais, seu velho companheiro da propaganda republicana, com um pedido:

> Quero dever-lhe o favor de conseguir que Carlos Machado nomeie para seu Estado-Maior o Tenente Euclides da Cunha. Este é meu companheiro na redação do *Estado*. Tem talento de escritor quanto dedicação de soldado republicano. Quer prestar serviços à República e preparar elementos para um trabalho histórico. O Sr. compreende quanto, como redator do *Estado*, me interesso por esta nomeação. Peço resposta hoje.

À margem do telegrama, o presidente anotou: "Atendido".[10] No dia seguinte, *O Estado de S. Paulo* publicou uma nota confirmando a viagem de Euclides para Canudos, onde, de acordo com o jornal, "nos enviará correspondências do teatro das operações e, além disso, tomará notas e fará estudos para escrever um trabalho de fôlego sobre Canudos e

Antônio Conselheiro. Este trabalho será por nós publicado em volume". No dia 1° de agosto, Euclides da Cunha viajou para o Rio de Janeiro, de onde partiu dois dias depois para Salvador, no fim da tarde, incorporado ao Estado-Maior do marechal Bittencourt, que havia assumido o Ministério da Guerra em 17 de maio, em meio à crise política e militar. Como anotou, na partida ocorreu um incidente: "Logo após passar em frente a Villegaignon, um soldado atirou-se ao mar, demorando assim ainda mais a viagem. Foi salvo por um escaler do pequeno vapor Itaí que entrava no porto na mesma ocasião em que o nosso saía. O soldado estava embriagado".[11]

Chegou a Salvador no dia 7 – onde permaneceu pouco mais de três semanas –, depois "de quatro dias de verdadeira tortura", e imediatamente escreveu o primeiro dos dez artigos produzidos na capital da Bahia para *O Estado*, ainda a bordo do navio *Espírito Santo*: "rapidamente, direi mesmo vertiginosamente, acotovelado a todo o instante por passageiros que irradiam em todas as direções sobre o tombadilho, na azáfama ruidosa da chegada". A linguagem é otimista: acredita que em "breve pisaremos o solo onde a República vai dar com segurança o último embate aos que a perturbam". Três dias depois, escreveu novo artigo. Relatou o ambiente entre a tropa, a chegada dos feridos e a partida de novos soldados para a guerra. Concordou com as principais críticas ao fracasso momentâneo da quarta expedição: a desorganização no ataque ao arraial quando "baralharam-se batalhões e brigadas, confundiram-se, enredaram-se, anularam-se as fileiras [...] sem orientação [...] alvo amplíssimo sobre o qual batia, caía em cheio a saraivada de balas dos jagunços sem perder um tiro" e o abandono do comboio de munições na retaguarda "deixou-o desguarnecido, completamente isolado" e foi "assaltado e facilmente tomado".

Essas severas críticas ao general Artur Oscar eram propaladas pelos oficiais da segunda coluna, comandada pelo general Savaget, que ficaram indignados de ter de abandonar posições conquistadas com muito sacrifício para salvar o general Oscar da derrota, em 28 de junho, quando estava isolado no Alto da Favela. E foi o jornalista Manuel Benício, nas reportagens publicadas pelo *Jornal do Comércio*, que propagou para todo o Brasil a incompetência militar de Artur Oscar.[12] Suas críticas acabaram criando sérios problemas para continuar cobrindo a guerra, tanto que escreveu a última reportagem em 24 de julho e, ameaçado de morte por oficiais simpáticos a Oscar, acabou regressando para Salvador, onde, provavelmente, encontrou-se com Euclides da Cunha, na primeira quinzena de agosto. Chegou a Niterói em 23 de agosto, onde foi realizado um ato de desagravo no Teatro Municipal local. Na mesma matéria, sem nenhum comentário crítico, citou a existência da degola dos prisioneiros de Canudos como algo natural: "Vivem (os conselheiristas), inanidos quase. Diversos soldados que inquiri afirmam, surpreendidos, que o jagunço degolado não verte uma xícara de sangue" e "o fanático morto não pesa mais que uma criança".

Euclides foi testemunha da visita que o marechal Bittencourt fez aos feridos no hospital da Faculdade de Medicina. Ele mesmo informou na matéria do dia 10 que estava indo aos hospitais: "percorri-os todos". Essa visita não foi relatada pelo correspondente nas páginas de *O Estado de S. Paulo*, mas sim em *Os sertões*. Vale lembrar desse episódio, pois faz parte do retrato do ministro da Guerra traçado por Euclides, retrato severo e cruel. O ministro era um burocrata inexpressivo, segundo Euclides: movia-se "passivo, comodamente endendato na entrosagem complexa das portarias e dos regulamentos. Fora disto era um nulo. Tinha o fetichismo das determinações escritas. Não as interpretava, não as criticava: cumpria-as". Foi esse insensível militar que, ao visitar os feridos, não deu a menor demonstração de apreço quando foi reconhecido por um antigo subordinado da Guerra do Paraguai, que estava no hospital. O velho soldado teria se levantando do leito com esforço e dirigido súplicas ao ministro. De acordo com Euclides, era "empolgante a cena. Resfolegaram surdamente, opressos, todos os peitos. Empanaram-se todas as vistas, de lágrimas [...] e o marechal Bittencourt prosseguiu, tranquilamente, continuando a leitura maquinal das papeletas. É que tudo aquilo – fortes emoções ou quadros lancinantes – estava fora do programa. Não o distraía".[13]

Nessa mesma visita, o ministro estava acompanhado de Euclides e vasta comitiva, incluindo Alfredo Silva, correspondente enviado por *A Notícia* para cobrir a guerra e que, aliás, acompanhou o autor de *Os sertões* até Canudos. Silva descreveu o fato e narrou a cena de forma distinta. O marechal conversou cortesmente com cada doente e quando o velho soldado dirigiu a súplica, o ministro o reconheceu e pediu que enviasse os papéis solicitando a reforma, portanto, sem desconsiderar o pedido e com comportamento digno.[14]

No dia 12, Euclides continuou acompanhando os desembarques dos feridos e traçou retratos comoventes:

> Os feridos chegam num estado miserando – relembrando antes turmas extenuadas de *retirantes* do que restos, desmantelados embora, de um exército. Dificilmente se distingue uma farda despedaçada e incolor: calças não descem além dos joelhos, reduzidas a tangas, rotas, esburacadas, rendilhadas pela miséria; camisas em farrapos mal revestindo corpos nos quais absoluto depauperamento faz com que apontem, vivíssimas, todas as apófises dos ossos.

As críticas ao comando da quarta expedição continuaram: falou da fome, da falta de munições e que, até aquele momento, "não se fez uma guerra, subordinada a preceitos invioláveis – fez-se uma diligência policial com oito mil homens". E aproveitou para mais uma vez elogiar o marechal Bittencourt. É evidente a simpatia do jornalista de *O Estado de S. Paulo* para com o general Savaget e o coronel Carlos Teles, críticos de Artur Oscar. Os dois estavam em Salvador tratando de ferimentos e encontraram-se diversas vezes com Euclides. O coronel Teles acabou se envolvendo em uma polêmica quando escreveu uma carta para a *Folha da Tarde*, jornal carioca, desmentindo informações sensacionalistas sobre a Guerra e Canudos:

> Canudos tem somente mil casas (ranchos) ou pouco mais e nunca quatro a cinco mil como geralmente se diz; que calculo ao chegar ali a quarta expedição o número de *jagunços* em seiscentos no máximo... que não há ali fim restaurador nem mesmo influência de pessoa estranha nesse sentido, que em Canudos não existe nenhum estrangeiro e muito menos capitão italiano instrutor de brigadas.

No dia 15, Euclides afastou-se do jornalismo, da busca frenética por notícias, para interpretar analiticamente a guerra. Para ele, a destruição do "arraial sinistro", da "cidade de taipa", como chamou Canudos, seria simplesmente um "incidente transitório". O que importava era que a guerra, finalmente, abriria a possibilidade de construir a nacionalidade:

> Índoles diversas, homens nascidos em climas distintos por muitos graus de latitude, contrastando nos hábitos e tendências étnicas, variando nas aparências; frontes de todas as cores – do mestiço trigueiro ao caboclo acobreado e ao branco – aqui chegam e se unificam sob o influxo de uma aspiração única. Parece um refluxo prodigioso da nossa História. Depois de longamente afastados, todos os elementos da nossa nacionalidade volvem bruscamente ao ponto de onde irradiaram, tendendo irresistivelmente para um entrelaçamento belíssimo.

Essa "aliança moral", ou seja, a destruição de Canudos, "dirimirá talvez a distância entre o Sul e o Norte, tornará com certeza mais harmônicos os variados fatores da nossa nacionalidade". Traçou o primeiro retrato de Antônio Conselheiro com as informações que tinha recolhido até então e que usaria em *Os sertões*: "espécie bizarra de grande homem pelo avesso, tem o grande valor de sintetizar admiravelmente todos os elementos negativos, todos os agentes de redução do nosso povo"; era um "notável exemplo de retroatividade atávica". Na conclusão, escreveu que as estradas abertas na campanha militar deveriam, no futuro, ser percorridas pelo verdadeiro vencedor: "o mestre escola". Canudos era uma sociedade sem história, lá só havia "fanatismo e erro". No dia seguinte, escreveu novo artigo, mas, percebe-se, sem nenhuma novidade, provavelmente porque Euclides estava adoentado.[15] Mesmo assim, insinuou que em Salvador havia adeptos do Conselheiro, e que "nesta hora mesma, aqui, há velas que se acendem em recônditos altares e preces fervorosamente murmuradas em prol do sinistro evangelizador d'*Os sertões* cujos prosélitos não estão todos lá".

Dois dias depois, escreveu uma bela reportagem sobre tema único e que intitulou "um episódio de luta". É o ataque de doze conselheiristas, em 1º de julho, liderados por Joaquim Macambira, ao canhão Withworth 32, chamado pelos conselheiristas de "a Matadeira". Euclides fez uma brilhante descrição da organização do ataque, da estratégia dos combatentes conselheiristas, do combate e da fuga do único sobrevivente. Estranhamente, em *Os sertões*, reservou somente uma dúzia de linhas ao episódio.[16] À fuga do conselheirista, somente uma linha, quando no jornal fez uma descrição detalhada:

> Um apenas se salva, golpeado, baleado, saltando, correndo, rolando, intangível entre os soldados, atravessando uma rede de balas, vingando as pontas das baionetas, caindo em cheio nas caatingas que atravessa velozmente e despenhando-se, livre afinal, alcandorado sobre abismos, pelos pendores aprumados da montanha [...].

No dia seguinte, fez a sua melhor reportagem em Salvador. Entrevistou um jaguncinho – expressão dada pelo Exército às crianças e aos adolescentes levados prisioneiros de Canudos – que viera com o coronel Carlos Teles. Chamava-se Agostinho e tinha 14 anos. Finalmente poderia ouvir da própria boca de um morador do "arraial sinistro" informações sobre o cotidiano da comunidade e seus principais líderes. Agostinho respondeu a todas as perguntas dos interrogadores, que estão transcritas na matéria, mas o ponto alto encontra-se no fim. Quando perguntado sobre os milagres atribuídos ao Conselheiro, respondeu:

> Não os conhece, não os viu nunca, nunca ouviu dizer que ele fazia milagres. E ao replicar um dos circunstantes que aquele declarava que o *jagunço* morto em combate ressuscitaria – negou ainda.
>
> — Mas o que promete afinal ele aos que morrem?
>
> A resposta foi absolutamente inesperada:
>
> — Salvar a alma.

Euclides fez questão de acrescentar, no fim da matéria, uma observação pessoal. Disse que essas revelações "têm para mim um valor inestimável; não mentem, não sofismam e não iludem, naquela idade, as almas ingênuas dos rudes filhos do sertão". Só que em *Os sertões* não há nenhuma referência ao garoto Agostinho; e não há porque, com base nas suas informações, não é possível compatibilizar o modelo explicativo euclidiano com o cristianismo ortodoxo do Conselheiro, não é possível imputar ao Conselheiro o epíteto de Messias ou de líder milenarista. Euclides resolveu o dilema: simplesmente suprimiu o garoto Agostinho, que não mentia e nem sofismava, de *Os sertões*.

No dia 20, Euclides continuava passeando por Salvador, como "um grego antigo nas ruas de Bizâncio". Há, no conjunto das matérias escritas em Salvador, uma verdadeira geografia euclidiana da cidade.[17] Nota-se que o correspondente não tem nenhuma novidade para informar aos leitores de *O Estado de S. Paulo*, daí ter recolocado a discussão das questões estratégicas da luta no sertão. No dia seguinte, relatou suas pesquisas nos arquivos soteropolitanos. Na "poeira dos arquivos", como escreveu, encontrou o jornal *A Pátria*, editado na cidade de São Félix do Paraguaçu. Transcreveu parte de uma notícia publicada no dia 20 de maio de 1894 com o título "Ainda o Conselheiro", na qual o articulista, da cidade de Monte Santo, acusava os seguidores de Antônio Conselheiro de "canalha fanatizada e assassina". Desde a criação de Belo Monte – denominação dada pelo Conselheiro a Canudos –, seus moradores não pagavam mais impostos à intendência de Monte Santo. E o exemplo de Canudos estava se espalhando por outros arraiais do município de Monte Santo, como Uauá, daí a fúria do articulista contra os conselheiristas.

Dois dias depois, Euclides continuava seu trabalho de historiador, buscando fontes para melhor conhecer o sertão. Uma delas, citada e usada diversas vezes em *Os sertões*, é o livro *Descrições práticas da província da Bahia*, de Durval Vieira de Aguiar, em que o autor, tenente-coronel da polícia baiana, descreveu detalhadamente todos os municípios da província da Bahia.[18] Quando passava por Monte Santo, o autor encontrou Antônio Conselheiro, e Euclides transcreveu essa passagem do livro de Aguiar. Aproveitou o ensejo para continuar traçando o seu retrato do Conselheiro: "maníaco imbecil", "fanático vulgar", que vivia "sua insânia formidável". Esse foi o último artigo escrito em Salvador – era o décimo primeiro –, e o correspondente revela aos seus leitores a irritação por ter ficado tanto tempo na capital e longe do campo de batalha: "Será esta a última carta que escreverei deste ponto aonde, involuntariamente, fiquei retido, lutando com uma falta de assunto extraordinária, que já deve ter sido percebida". A insatisfação de Euclides era grande e ele declarou de forma peremptória em carta a Reinaldo Porchat de 20 de agosto: "estou há quinze dias e deves avaliar com que contrariedade [...] A vida aqui além de insípida é lúgubre – uma distração única – assistir à chegada dos feridos, assistir à partida das tropas. Uma coisa pavorosamente monótona".[19]

No dia 31 de agosto, enviou uma reportagem de Alagoinhas, já a caminho de Canudos, acompanhando a comitiva do ministro da Guerra. É visível a alegria do autor. Descreveu com entusiasmo a natureza – que conhecia especialmente, mas não só, por meio de conversas e pelos livros de Teodoro Sampaio.[20] No dia seguinte, escreveu de Queimadas e registrou com entusiasmo: "entrei pela primeira vez nas caatingas, satisfazendo uma curiosidade ardente, longamente alimentada". A natureza era exuberante: "Um quadro absolutamente novo; uma flora inteiramente estranha e impressionante capaz de assombrar ao mais experiente botânico". Mas o fascínio pela natureza não encobriu o pesquisador que estava à procura das razões do crescimento de Canudos e de sua influência na região. Citou que várias povoações – como Tucano e Cumbe – "perderam igualmente grande número de habitantes" e sob "uma atração irresistível famílias inteiras mudaram para Canudos que cresceu bruscamente em poucos meses". Foi justamente esse deslocamento de força de trabalho um dos motivos do ódio dos grandes proprietários de terra da região para com Conselheiro. Já em janeiro de 1894, o intendente de Tucano escreveu: "Seguiu daqui e destas imediações esta semana para o Conselheiro umas 16 a 20 famílias, é um horror!". Um mês depois, o coronel Aristides da Costa Borges escreveu para o barão de Jeremoabo tratando da mesma questão: "O Antonio Conselheiro continua a ser o motivo da saída de muita gente daqui, e outros pontos, que ameaça ficarem despovoados. O êxodo agora de nossa gente é grande e o Governador não pode agora tomar providências, que são urgentes".[21] Para o correspondente de *O Estado de S. Paulo*, a guerra "não deve ter exclusivamente um caráter destruidor", era fundamental "incorporar à civilização estes rudes patrícios que – digamos com segurança – constituem o cerne da nossa nacionalidade".

No dia seguinte, também de Queimadas, escreveu nova reportagem. Inicialmente abandonou a descrição da região para, de novo, tratar das questões militares e com informações otimistas, como a de que "não há epidemias; o estado sanitário das forças é, até hoje, o melhor possível", o que estava muito distante da cruel realidade da frente de batalha, onde os soldados passavam fome e eram vítimas de tifo, varíola e cólera. Mas concluiu o artigo comentando novamente a natureza e contando o passeio a cavalo pela caatinga. Fez questão de anotar o encontro com a faveleira: "Encontrei na volta um novo espécime desta flora agressiva, espécime que não citei na carta que ontem escrevi daqui – a *favela*, cuja folha sobre a pele, ao mínimo contato, é um cáustico infernal, dolorosíssimo e de efeitos prolongados".

No dia seguinte, Euclides enviou uma breve reportagem. Se a natureza mereceu um amplo espaço, o mesmo não ocorreu com as nove mulheres que chegaram prisioneiras, acompanhadas de seis crianças, das quais duas eram bebês de poucos meses "mirradas como feto". Das outras quatro crianças, de 3 a 5 anos, ficamos sabendo o nome de uma delas: José, que trazia na cabeça um boné de soldado, mas estava ferido: "a boca é uma chaga, foi atravessada por uma bala!".[22] As mulheres "são monstros envoltos em trapos repugnantes; fisionomias duras de viragos de olhos zanagas ou traiçoeiros". Somente uma mereceu descrição simpática: "a miséria e as fadigas cavaram-lhe o rosto mas não destruíram a mocidade... olhos grandes e negros em que se reflete uma tristeza soberana e profunda". O correspondente preferiu não explorar o drama das prisioneiras: "Não vale a pena narrá-lo". A preocupação estava centrada nos preparativos da viagem para Monte Santo a cavalo, pois Queimadas era o ponto mais próximo da frente de batalha servido pela estrada de ferro.[23]

Em 4 de setembro, estava em Tanquinho, "um lugar detestável". Sente-se que Euclides sofreu muito na viagem de cinco léguas: "Vou riscar da minha carta o pequeno círculo com que condecorei esse lugar maldito e substituí-lo por um ponto imperceptível". No único lugar onde era possível encontrar água, o tanquinho, no momento em que Euclides foi se abastecer, encontrou o que chamou de "múmia coberta de trapos", um soldado, bebendo daquela água: "Examinei-o e tive a fraqueza de deixar transparecer, talvez, a invencível repugnância ao pensar que ia beber no mesmo lugar em que tocaram aqueles lábios gretados pela febre".[24]

No dia seguinte, o correspondente chegou a Cansanção, duas léguas depois de Tanquinho, mas que era um outro mundo: "felizmente, já merece o nome de povoado". Até o armazém "paupérrimo" é elogiado, mesmo diante das "prateleiras toscas e desguarnecidas". Ficou das nove horas da manhã até as duas horas da tarde no povoado, mas antes do churrasco "magnífico de novilho sadio" teve de assistir a uma missa numa pequena sala de menos de dez metros quadrados: "Não me apedrejeis, companheiros de impiedade; poupai-me, livre-pensadores, iconoclastas ferozes! [...] eu não menti às minhas crenças e não traí a nossa fé, transigindo com a rude sinceridade do filho do sertão". O frei Pedro Sinzig,[25] um dos oficiantes da missa, deixou registrado no seu diário esse momento: "Assistiram ajoelhados à santa missa o ministro da guerra, o general e os oficiais, ao passo que os soldados, devido à falta de lugar, ficaram na rua".[26]

O fotógrafo Flávio de Barros, que acompanhava as tropas, registrou a comitiva diante da igreja, acompanhada de uma banda de música. É possível observar na última fila, na escadaria da igreja, do lado esquerdo, a figura de um acompanhante que se assemelha a Euclides da Cunha.[27] Quatro horas depois do fim do churrasco estavam em Quirinquinquá, de onde escreveu uma breve reportagem com rápidas observações sobre a natureza do local.

Em 6 de setembro, depois de duas horas de marcha, "chegamos à nossa base de operações": Monte Santo, onde permaneceu pouco mais de uma semana. A cidade era um verdadeiro acampamento de tropas, com mais de dois mil soldados estacionados. Encontrou velhos companheiros da Escola Militar que – contingência da guerra – estavam "ajagunçados". Descreveu na longa reportagem a situação das tropas e forneceu uma importante informação sobre os conselheiristas: "os fanáticos distribuem de um modo notável a atividade, revezando-se da linha de fogo para o campo onde cultivam mandiocas, feijão e milho! Fazem roças que devem ser colhidas no ano vindouro!". Se os conselheiristas estavam plantando roças para colher no ano seguinte, isso é mais um fator para desmontar a tese de que Canudos era milenarista. Uma comunidade com esse perfil aguarda o fim dos tempos e a chegada do Salvador, vive do saque – afinal, o mundo vai acabar – e não se preocupa com o futuro, justamente o que não estava acontecendo em Canudos, como informa o próprio correspondente. Euclides continuava adoentado e preocupado com não ter condições físicas para seguir até Canudos: "Não sabemos ainda se o Marechal Bittencourt irá até Canudos; se esta resolução for tomada, revestirei a minha incapacidade física com a minha capacidade moral e não abandonarei os dedicados companheiros".

No dia seguinte, enviou nova reportagem. Voltou a enfatizar as questões militares. Pela primeira vez, Euclides fez breve referência às mulheres que acompanhavam os soldados. Afinal, não podiam ser ignoradas: eram centenas. Só na segunda coluna eram 512, que traziam 72 crianças, duas delas nascidas na marcha de Aracaju a Canudos. Na frente de batalha, lavavam roupa e faziam comida para vender aos soldados. Muitas morreram em meio aos combates: só no dia 8 de julho, foram três. As mulheres são retratadas severamente: "multidão rebarbativa de megeras esquálidas e feias na maioria – fúrias que encalçam o exército". Em *Os sertões* o julgamento é o mesmo: "Algumas mulheres, amantes de soldados, vivandeiras-bruxas, de rosto escaveirado e envelhecido, completavam a ilusão".[28] Concluiu a reportagem informando que Antônio Conselheiro teria declarado que os que morressem degolados não teriam vida futura e isso explicaria a resistência extraordinária dos conselheiristas. Vale registrar que é a segunda vez que trata da degola sem emitir nenhum julgamento.

Em 8 de setembro, dedicou uma reportagem exclusivamente ao caminho da Santa Cruz, em Monte Santo. Para ele, somente quem subia a via sacra de três quilômetros de extensão é que podia avaliar a "tenacidade incoercível do sertanejo fanatizado". Parte do artigo serviu como base para a descrição sobre Monte Santo que realizou em *Os sertões*.[29] Cinco anos antes, Antônio Conselheiro havia restaurado várias das capelas ao longo do caminho até a igreja da Santa Cruz, bem no alto do monte.

Euclides percorreu o caminho com quatro militares e o jornalista Alfredo Silva, de *A Notícia*, que já estava em Monte Santo antes da chegada do correspondente de *O Estado de S. Paulo*. Silva, em artigo datado de 8 de setembro, estranhou os trajes de Euclides, que "se apresentou de vistosas botas de verniz, calça branca, camisa de fina seda e chapéu de fina palha". Certamente teve muitas dificuldades para percorrer os três quilômetros, parte deles excessivamente íngremes, sob um sol abrasador. O mesmo jornalista escreveu que Euclides percorreu o caminho com uma "portátil máquina fotográfica", não citada em momento algum no "Diário de uma expedição" ou registrada na *Caderneta de campo*. Nesse momento, a única máquina fotográfica que existia em Monte Santo era a de Flávio de Barros, que, aliás, aproveitou para registrar a estada na cidade com várias fotos do arraial e das tropas. Datou como dos dias 9 e 10 de setembro uma única reportagem, e do dia 11 outra concisa matéria de quatro parágrafos. As duas trazem brevíssimos comentários sobre as dificuldades de abastecimento das tropas na frente de batalha e três curtos parágrafos sobre a natureza da região: o repórter estava sem notícias e ansioso para partir rumo a Canudos.

Finalmente, no dia 13, às cinco e meia da manhã, junto com a segunda brigada da divisão auxiliar formada por oitocentos homens e comandada pelo coronel Sotero de Menezes, Euclides da Cunha rumou para Canudos. No caminho, além das anotações sobre a vegetação, desenhou vários croquis. No dia 16 chegou ao Alto da Favela às treze horas, e ao acampamento às catorze horas, 43 dias depois da partida do Rio de Janeiro. Hospedou-se na cabana do capitão Abílio de Noronha, seu amigo, e estava tão ansioso que logo foi percorrer parte da frente de batalha e jantou com o general Artur Oscar, privilégio de poucos jornalistas.[30] Logo nas primeiras palavras descreveu o seu fascínio por ter chegado a Canudos:

> E vingando a última encosta divisamos subitamente, adiante, o arraial imenso de Canudos. Refreei o cavalo e olhei em torno. É extraordinário que os que aqui têm estado e escrito ou prestado informações sobre esta campanha, nada tenham dito ainda acerca de um terreno cuja disposição topográfica e constituição geológica são simplesmente surpreendedoras.

Descreveu detalhadamente o arraial, ao menos o que era possível ver do Alto da Favela – suas casas, ruas, bairros, igrejas –, por meio de um binóculo: é a melhor descrição jornalística do arraial. Concluiu a matéria narrando como, nos combates de 18 de julho, um conselheirista atrás de um umbuzeiro, onde tinha cavado uma trincheira de meio metro de profundidade, conseguiu atacar vários batalhões do Exército e sair ileso. O jornalista, acompanhado do seu amigo, o tenente Gustavo Guabiru, fez questão de contar o número de cápsulas detonadas pelo conselheirista: "361 tiros deu aquele ente fantástico e talvez perdesse muito poucas balas".[31]

Ficou oito dias sem escrever uma nova reportagem, mas não foi um tempo perdido.[32] No dia 17, observou o acampamento e conversou longamente com o general Artur Oscar, "cuja dedicação e valor pela primeira vez observo".[33] Essa observação, anotada na *Caderneta*, é muito importante, pois nas matérias escritas em Canudos vai, paulatinamente, alterando o julgamento que tinha do general comandante da expedição e desenhando um perfil distinto daquele das reportagens escritas em Salvador, sob influência das conversas que teve com o general Savaget e com o coronel Carlos Teles. No dia 18, fez diversos croquis, copiou um esquema de Canudos, caminhou pelas redondezas e foi até as linhas de combate, onde "alvejado barbaramente, voltei do meio do caminho". Conversou longamente de novo com o general Artur Oscar e chegou a participar do interrogatório de um conselheirista preso, o que demonstrava boas relações não só com o comandante da expedição como também com o *entourage* do general. À noite, feriu-se sozinho: "Dei de noite uma canelada horrível num toco, quase desmaiei de dor". Teve de ser carregado pelo sargento Pais até a barraca do capitão Abílio, onde estava hospedado.

No dia 19, começou a transcrever o diário do alferes Praxedes, um dos ajudantes de ordens do general Artur Oscar.[34] Conversou com o coronel Siqueira de Menezes e o tenente-coronel Olímpio da Silveira e chegou até a contar as casas de Canudos: "tem mais de duas mil casas". Visitou o general Barbosa e à noite conversou longamente com o general Artur Oscar: era a terceira conversa em três dias.

No dia 20, continuou buscando informações sobre a guerra, conversou novamente com Siqueira de Menezes,[35] obtendo informações sobre o mundo sertanejo, terminou o esboço sobre Canudos e recebeu uma cortesia especial do general Artur Oscar, demonstrando a boa relação existente entre ambos: o plano de ataque a Canudos.[36] No dia seguinte, pela manhã, esteve com o tenente-coronel Tupi Caldas; à tarde, com o general Artur Oscar, com quem jantou e "continuamos a palestra fora, sentados à porta da barraca em grupo a que chegaram o Dr. Curió, Tupi, Guabiru e outros". Participou também de outro interrogatório, agora de "um jaguncinho quase inanido vindo de Cocorobó", mas que não foi citado nas reportagens posteriores enviadas a *O Estado de S. Paulo*.

No dia 22, assistiu a dois duros combates e esteve preocupado com o jaguncinho "que me foi dado pelo general" e que estava doente.[37] No dia 23, parece, passou boa parte do dia no hospital com o dr. Curió.

Finalmente, no dia 24, depois de oito dias, voltou a escrever uma reportagem, a segunda realizada em Canudos. O centro da reportagem foi o interrogatório dos prisioneiros. O primeiro, que pouco disse, estava ferido: "o estilhaço de granada transformou-lhe o olho esquerdo numa chaga hedionda, de onde goteja um sangue enegrecido". O segundo interrogatório foi realizado com duas prisioneiras: mãe e filha. A mãe – "esquelética e esquálida" – nada informou. Para os interrogadores, a conselheirista, por ter dificuldades em responder às perguntas, era uma incapaz, quando deveria estar em estado de choque, pois seu marido, como informou a reportagem, tinha morrido havia meia hora.[38] O próximo foi um conselheirista ferido que não tinha nem condições de falar. Chegou outro prisioneiro gravemente ferido: "é um cadáver claudicante", que vive "há dois meses, numa inanição lenta, com dois furos no ventre, num extravasamento constante de intestinos". Não foi possível nem sequer ouvir sua voz. Em seguida chegou um bebê de 6 meses. Logo após, mais uma senhora: "uma velha com feição típica de raposa assustada". O desfile da barbárie republicana, tudo indica, não alterou o ânimo do comandante da expedição e do jornalista fluminense, tanto que, como anotou na *Caderneta de campo*, "o General Artur Oscar apostou comigo dez caixas de charutos como Canudos se renderá no dia 27".

Dois dias depois escreveu nova reportagem, logo pela manhã. O centro foram mais uma vez os interrogatórios, especialmente de uma mulher – que, pelas respostas, era a mesma descrita na reportagem anterior, pois utilizou-se de expressões semelhantes. Na sucessão de perguntas e respostas, o que chamou a atenção do repórter foi a linguagem usada pela prisioneira, "os eufemismos interessantes". O registro do drama é de absoluta distância: "Meu marido foi morto por um lote de soldados quando saía; o mesmo tiro quebrou o braço de meu filho de colo... Fiquei estalada, não vi nada... Este sangue aqui na minha manga é de meu filho, o que eu queria era ficar lá também morta...". Concluiu a reportagem incorporando uma informação fantasiosa, muito do agrado do general Artur Oscar, pois justificava a longevidade da campanha: "Não é possível que a munição de guerra daquela gente seja só devida à deixada pelas expedições anteriores".[39]

No dia 27, escreveu uma reportagem como uma espécie de diário: a primeira parte, logo pela manhã, e a segunda parte, às nove horas da noite. É provável que tenha tido problemas de saúde, pois concluiu a reportagem no hospital militar. Pela primeira vez, descreveu o martírio dos conselheiristas, "gente indomável", cercados havia três meses, quase sem comida e com enorme dificuldade de obter água. No texto, desarticulado, ao contrário das reportagens anteriores, acabou reforçando mais uma vez os argumentos de Artur Oscar de que os conselheiristas estavam sendo armados pelos inimigos da República. No dia seguinte, relatou suas conversas com Siqueira de Menezes e transcreveu suas anotações sobre a temperatura da região.[40] O texto, também fragmentado, levantou uma pergunta interessante: "E que fazer se o trágico evangelizador se rendesse confiando na generosidade do vencedor?". Para sorte da República, tal não ocorreu.

Na matéria do dia 29, Euclides fez o que chamou de "um passeio dentro de Canudos!". Acompanhou no "passeio" os generais Artur Oscar e Carlos Eugênio e outros oficiais. Na *Caderneta de campo*, anotou: "Não posso definir a comoção ao entrar no arraial". Descreveu detalhadamente a desorganização no arruamento das casas, o interior das habitações, sua construção – que as fotos de Flávio de Barros comprovam – e o interior das habitações e sua mobília: "um banco grande e grosseiro (uma tábua sobre quatro pés não torneados); dois ou três banquinhos; redes de cruá, dois ou três baús de cedro de três palmos por dois. É toda a mobília. Não há camas; não há mesas, de um modo geral". Deve ter sido um rápido passeio, que se iniciou às sete e meia da manhã e, pelo ritmo da narração, não deve ter durado mais de uma hora. Foi a segunda e última vez que Euclides viu de perto uma pequena parte da cidade erguida pelos conselheiristas.

Em 1° de outubro enviou a maior – e também a última – reportagem escrita em Canudos. A matéria é uma espécie de despedida. Inicia com uma declaração de amor à natureza da região: "Não há manhãs que se comparem às de Canudos; nem as manhãs sul-mineiras, nem as manhãs douradas do planalto central de São Paulo se equiparam às que aqui se expandem num firmamento puríssimo, com irradiações fantásticas de apoteose". Em seguida, passa a narrar o combate – o mais violento da guerra – da sede da comissão de engenharia, de onde estava assistindo. Depois de quase seis horas de batalha, à uma da tarde, anotou:

> contemplei o quadro emocionante e extraordinário, compreendi o gênio sombrio e prodigioso de Dante. Porque há uma coisa que só ele soube definir e que eu vi naquela sanga, estreitíssima, abafada e ardente, mais lúgubre que o mais lúgubre vale do inferno: a blasfêmia orvalhada de lágrimas rugindo nas bocas simultaneamente com os gemidos da dor e os soluços extremos da morte.

O heroísmo da resistência conselheirista acabou merecendo elogio do repórter:

> Sejamos justos – há alguma coisa de grande e solene nessa coragem estoica e incoercível, no heroísmo soberano e forte dos nossos rudes patrícios transviados e cada vez mais acredito que a mais bela vitória, a conquista real consistirá no incorporá-los amanhã, em breve, definitivamente, à nossa existência política.[41]

Depois dessa reportagem, até a queda do arraial – em 5 de outubro, às dezesseis horas –, não temos notícias confiáveis de onde estava o repórter de *O Estado de S. Paulo*, mas, com certeza, não estava em Canudos. Não narrou a rendição de Antônio Beatinho, em 2 de outubro, que foi relatada por todos os correspondentes que estavam em Canudos, nem os combates de 3 e 4 de outubro, nem, muito menos, a queda do arraial. No jornal só encontramos telegramas de Euclides, desconexos, em absoluto confronto com o que estava ocorrendo na frente de batalha e que era noticiado pelos outros jornais.[42] Tudo indica que teve de se retirar para Monte Santo – onde estava o ministro da Guerra –, e dali para Salvador. Estava doente desde quando partiu de São Paulo, em 31 de julho.[43] O noticiário de *O Estado de S. Paulo* acabou sendo ocupado pela transcrição de jornais de outros estados e da capital federal. Sabe-se que em 12 de outubro Euclides estava em Serrinha, dirigindo-se para Salvador. Partiu de Salvador para a capital federal no dia 16, no vapor *Brasil*; no dia anterior havia sido exonerado como adido ao Estado-Maior do marechal Bittencourt. Em 21 de outubro chegou a São Paulo, logo pela manhã, vindo de trem, do Rio de Janeiro. Cinco dias depois, escreveu o último artigo sobre a guerra louvando o batalhão de São Paulo, que teria seguido o exemplo histórico dos bandeirantes. Sobre o destino dos jaguncinhos e a degola dos prisioneiros, nenhuma palavra, e isso quando esse tema era discutido pela imprensa carioca e baiana. Mesmo na capital paulista, *O Comércio de São Paulo*, em editorial do dia 26 de outubro – portanto, no dia seguinte à publicação do artigo de Euclides –, denunciou o massacre dos conselheiristas: o povo "saúda aqueles que souberam honrar os nomes de Caxias e Herval, mas repele os carrascos frios da degola, os bárbaros devastadores a querosene e dinamite". No dia 30, *O Estado de S. Paulo* noticiou que "a conselho de médicos, o doutor Euclides da Cunha, nosso distinto colaborador, está numa fazenda do interior convalescendo da febre que adquiriu em Canudos". No dia 12 de dezembro, o mesmo jornal informou que Euclides havia obtido, da Secretaria de Agricultura, dois meses de licença para tratar de sua saúde.[44]

O "Diário de uma expedição" e a viagem para Canudos foram essenciais para a redação de *Os sertões*, mas o que chama a atenção são as modificações na abordagem do objeto e na mudança de julgamento de personagens, como, entre outros, no caso do general Artur Oscar, elogiado nas reportagens e criticado severamente em *Os sertões*, ou a omissão nas reportagens da degola e a citação da gravata vermelha diversas vezes no livro vingador, como o autor chamou o seu livro máximo. Por sua vez, as críticas à República, que quase não aparecem nas reportagens – isso quando Euclides, nas cartas, manifestava-se descrente do novo regime –, estão presentes em diversas passagens de *Os sertões*. Também não deve ser esquecido que nas reportagens raramente se analisou o fenômeno Canudos pelo viés racial, enquanto em *Os sertões* esse será um tema dominante. Deve ser lembrado que, dos conselheiristas entrevistados por Euclides, nenhum fez referência ao sebastianismo, no sentido clássico que a expressão acabou adquirindo no Brasil, ou seja, a esperança do regresso do rei D. Sebastião para libertar os pobres da opressão, ao messianismo de Antônio Conselheiro (até pelo contrário, como vimos) ou ao milenarismo. O que o próprio repórter apresentou foi uma luta de resistência, como poucas na história do Brasil, em defesa de uma comunidade fundada com base na tradição cristã e sertaneja.

Notas

1. O Caminho da Missão

1 Cf. Montenegro, 1954, p. 10; Macedo, 1969, p. 37-43; Paiva, 1981.

2 Brígido, 1899, p. 106; 1900, p. x.

3 Girão, 1971, p. 292-3.

4 O romance *Joana Imaginária*, de Paulo Dantas, trata dessa época da vida de Antônio Vicente. É desconhecido o destino desse filho de Conselheiro. Há uma informação de que teria visitado o pai em Canudos.

5 Os documentos do processo estão transcritos em Macedo, 1964, p. 111-5.

6 A palavra "peregrino" vem do latim *peregrinus* (*per* = através de, por; *ager* = campo). Significa literalmente atravessar um campo, um território, uma fronteira.

7 Cohn, 1981, p. 35. Nas sociedades consideradas primitivas, o indivíduo que se dissocia da comunidade em busca de uma experiência religiosa aventura-se, primeiro, "pelas regiões desordenadas da mente. Segundo, há uma aventura além dos limites da sociedade. O homem que retorna dessas regiões inacessíveis traz consigo um poder inacessível àqueles que tenham permanecido sob o controle de si mesmos e da sociedade. [...] ter estado à margem é ter estado em contato com o perigo, é ter ido à fonte do poder" (*apud* Douglas, 1976, p. 118 e 120).

8 Cf. Calasans, s.d., p. 53-63; Milton, 1902, p. 10; Montenegro, 1954, p. 13, 14 e 22.

9 Em 1873, Honório Vilanova – irmão de Antonio Vilanova, célebre comerciante de Canudos – encontrou Antônio Vicente em Urucu e o descreveu assim: "Era forte como um touro, os cabelos negros e lisos lhe caíam nos ombros, os olhos pareciam encantados de tanto fogo, dentro de uma batina de azulão, os pés metidos numa alpercata de currulepe, chapéu de palha na cabeça" (*apud* Macedo, 1964, p. 17).

10 Romero, 1977, p. 41. Corretamente, Calasans observa que "sem sombra de dúvida, o Antônio dos Mares de *O Rabudo* é o mesmíssimo Antônio Conselheiro ou Santo Antônio Aparecido do escritor sergipano". Ver Calasans, s.d., p. 55.

11 O padre João de Barros dá o seguinte retrato do cônego Borges: "Era um César na tribuna; imponente e soberbo. Falava como um príncipe. Seus discursos parlamentares, máxime o proferido em defesa do seu primeiro diploma, podem servir de modelo" (Diário Oficial do Estado da Bahia. Salvador, Imprensa Oficial do Estado, 1923. Edição Especial do Centenário, p. 37).

12 "Constituições Primeiras do Arcebispado da Bahia". São Paulo, Typographia, 2 de dezembro, 1853. p. 198-9. Esse documento foi aprovado pelo Sínodo Diocesano de 12 de dezembro de 1707 e redigido por D. Sebastião Monteiro da Vide.

13 Macedo, 1964, p. 49.

14 Cf. Calasans, 1972, n. 14, out./dez., p. 65.

15 Milton, 1902, p. 10-1 (grifos do autor).

16 Até essa época, a Guarda Nacional era a garantia da classe dominante para impor a *sua* ordem no sertão. Eram recrutados para a Guarda os cidadãos livres maiores de 18 anos e com renda superior a 200 mil-réis. O Exército funcionava como força auxiliar e até nas solenidades militares a Guarda Nacional tinha a precedência (cf. Mattoso, 1992, p. 244-5).

17 *Apud* Calasans, s.d., p. 3. O relato foi compilado do jornal baiano *Diário de Notícias*, de 30 de setembro de 1897, que transcreve as declarações de um operário italiano que trabalhou na construção da estrada de ferro Salvador-Timbó. A data da notícia é importante porque é o momento

do auge da guerra de Canudos e a figura de Conselheiro é estigmatizada à exaustão.

18 Calasans, 1969, p. 7.

19 Milton, 1902, p. 12. Todas as fontes confiáveis, contrárias ou favoráveis ao peregrino, são unânimes em destacar o seu desapego dos bens materiais. Portanto, a acusação do chefe da polícia é inócua.

20 Benício, 1899, p. 46. O autor romanceia o momento em que Antônio surpreende a mulher com o amante: "Queria só ver com os meus olhos o que meus ouvidos têm ouvido dizer. Infelizmente é verdade. Sou demais na casa e retiro-me, levando os objetos que me são indispensáveis" (p. 40).

21 Girão, 1947, p. 392-8.

22 Cf. Monteiro, 1980, p. 43-9.

23 Villa, 2001, p. 83.

24 "Fala com que o Exmo. Sr. Conselheiro Pedro Luiz Pereira de Souza abriu a 2ª sessão da 24ª Legislatura da Assembleia Provincial da Bahia em 3 de abril de 1883". Salvador, Typographia do *Diário da Bahia*, 1883, p. 14. Na sequência, esse tipo de fonte será citado somente como Fala do Presidente da Província da Bahia, com a indicação do respectivo ano.

25 Notícia do correspondente do jornal *Diário de Notícias*, de Salvador, edição de 16 de junho de 1893, *apud* Calasans, 1973, p. 77. O caminho da Santa Cruz, em Monte Santo, foi construído sob direção do frei capuchinho Apolônio de Todi – chamado por Euclides da Cunha de "o Anchieta do Norte" –, no século XVIII. Para uma história do santuário de Monte Santo, ver Calasans, 1983.

26 Benício, 1899, p. 69.

27 Benício, 1899, p. 53 e 55.

28 Fala do Presidente da Província da Bahia, 1885, p. 54.

29 Benício, 1899, p. 58.

30 Em 1883, o cônego Borges foi eleito deputado da Assembleia Legislativa Provincial, representando o 9º Distrito (Fala do Presidente da Província da Bahia, 1883, p. 3).

31 Montenegro, 1954, p. 25.

32 Benício, 1899, p. 52-5.

33 O Asilo de Alienados de Salvador, o único da província, é constantemente citado nos relatórios dos presidentes provinciais como um problema, pois o número de vagas é insuficiente para atender à demanda. Durante esses anos acolhia, em média, setenta doentes.

34 Garcia, 1965, p. 177-8.

35 Aguiar, 1888, p. 76.

36 Calasans, s.d., p. 3-4.

37 Fala do Presidente da Província, 1889, p. 96.

38 Azzi, 1992, p. 29, 30 e 33.

39 *Apud* Costa e Silva, 1982, p. 47.

40 *Apud* Costa e Silva, 1982, p. 48-9.

41 Amado, 1956, p. 143-4.

42 Diz Amado que os "frades engrolavam um vocabulário restritíssimo". Eles "eram dominados por uma obsessão a respeito de coitos, relações entre homem e mulher, de coisas de cama. Os termos horripilavam" (Amado, 1954, p. 145).

43 *Apud* Cox, 1974, p. 55. Lembra Cox que, como as danças continuaram dentro e nos adros das igrejas, em 1298, o Concílio de Würzburg declarou-as grave pecado. Em 1889, o arcebispo de Salvador proibiu a lavagem da Igreja do Senhor do Bonfim, que, segundo o testemunho de Carlos Alberto de Carvalho, consistia "num assalto ao templo [...] por uma horda de mulheres e homens do povo, carregando potes d'água à cabeça e empunhando vassouras de piaçava [...]. Cantavam benditos e ladainhas, de mistura com chulas e sambas e a lavagem prosseguia. As mulheres seminuas, os homens arregaçados até acima dos joelhos bailavam diabolicamente; de vez em quando distribuíam-se copos de aguardente pelos lavadores e a lavagem não tinha fim" (*apud* Ramos, 1951, p. 134).

44 Para reconstruir o mundo do penitente, fiz uso dos seguintes trabalhos: Pinheiro, 1950, esp. p. 94-8, 106-8, 227-42; Melo, 1946, esp. p. 218-88; Silva, 1962, p. 15-28.

45 Cf. Pimenta, 1920, p. 331-2.

46 O costume de realizar procissões solicitando a intermediação celeste para a ocorrência de chuvas era prática comum na Roma pagã: "As mulheres, cobertas de estolas, iam em procissão pelos montes com os pés descalços,

os cabelos soltos e a alma cândida, a rogar por Júpiter que nos mandasse chuva" (Petrônio, s.d., p. 52).

47 Hoornaert, 1984, p. 95. O texto está truncado, pois são anotações das palavras do padre Ibiapina feitas pelos moradores das casas de caridade. Também fiz uma atualização ortográfica.

48 Azzi, 1992, p. 77 e 111.

49 Cf. Candido, 1975, p. 21 (grifos do autor).

50 Queiroz, 1968, p. 103-23, 104-6, 109 e 118-21.

51 Richard, 1982, p. 86 (grifos do autor). A escolha desse texto é aleatória: poderia lembrar dezenas de autores dessa corrente que repetem o mesmo tipo de interpretação.

52 Richard, 1982, p. 92. A homilia de D. José Rodrigues de Souza, bispo de Juazeiro, Bahia, quando da celebração de uma missa às margens do açude de Cocorobó, em 28 de julho de 1984, destaca três pontos do "grande sonho de Antônio Conselheiro": a terra não tem dono, o poder deve servir ao bem comum e os bens devem ser partilhados. Sobre a religiosidade da comunidade, sua relação com o sagrado, nenhuma palavra. Ver Souza, 1986, p. 6-7. A politização do discurso teológico-histórico chega a tal ponto que Hoornaert define aldeamento como um "método do missionário militar típico do colonialismo português. Espécie de campo de concentração de indígenas sob a supervisão de missionário" (ver Hoornaert, 1991, p. 170). Criticar os métodos missionários católicos, particularmente dos jesuítas, é uma coisa; outra bem diferente é compará-los aos nazistas e seus campos de extermínio.

53 São inúmeras as controvérsias sobre a tradução do hebraico *nabi*, mas há "a predominância do significado de falar em nome de... sobre o de revelar coisas futuras ou ocultas" (*in* Ballarini e Bressan, 1978, p. 11). O termo profeta vem do grego *prophetes*.

54 Monloubou, 1986, p. 42.

55 Figueiredo, 1990, p. 104. A palavra "mártir" vem do grego e significa testemunha. Vale ressaltar Inácio de Antioquia: "Escrevo a todas as igrejas: comunico a todos que morrerei com a maior satisfação por Deus, se vós não me impedirdes. Conjuro-vos, poupai-me uma benevolência intempestiva. Deixai-me tornar-me comida das feras: é por elas que me

será dado chegar a Deus. Sou o trigo de Deus e serei moído pelos dentes das feras, para tornar-me pão imaculado de Cristo" (*in* Hamman, 1995, p. 23).

56 Cohn, 1981, p. 23. Santo Agostinho transformou a Igreja na intermediária da salvação: "Deus, que habita no segredo de uma alta morada, tem também uma tenda sobre a terra. Esta é a Igreja peregrinante, na qual Ele é buscado. É aí que se encontra o caminho pelo qual pode-se chegar à morada definitiva" (*apud* Figueiredo, 1988/1990, v. 3, p. 149). Vale lembrar que dos livros bíblicos do Novo Testamento o único milenarista é o Apocalipse.

57 West e Zimdars-Swartz, 1986, p. 40. Provocativamente, Norman Cohn (1981) afirma que Fiore foi o "inventor do novo sistema profético, que haveria de ser o mais influente de todos os conhecidos na Europa até o aparecimento do marxismo" (p. 89).

58 Azzi, 1987, p. 21.

59 Davidson, 1991, p. 41-2.

60 *Apud* Hoornaert, 1991, p. 122. Câmara Cascudo cita vários exemplos dessa associação (Tupã/Deus) nos livros de Jean de Léry, Gandavo, Fernão Cardim, Abbeville, Thevet, Ivo d'Evreux. Ver *Geografia dos mitos brasileiros*. São Paulo: Itatiaia/Edusp, 1983, p. 41-51. Para facilitar a evangelização, os missionários publicaram catecismos usando as línguas locais, como foi o caso do catecismo em *nahuatl*, no México, em 1539, ou dos catecismos editados na China (1584) e na África (1624). Também adaptaram o cristianismo às peculiaridades locais, como na China, onde a devoção budista a Kwan-yin foi substituída pela devoção à Virgem Maria.

61 *Apud* Azevedo, Thales de. Catequese e aculturação. *In*: Schaden, 1976, p. 372.

62 Respectivamente, Wolf, 1976, p. 138; Eliade, 1978, p. 148.

63 Hauck, João Fagundes. A Igreja na emancipação. *In*: Hauck *et al.*, 1985, p. 112. É provável que as "orações bravas" tenham se difundido influenciadas pelos negros muçulmanos que carregavam no pescoço "talismãs, mandingas ou amuletos [que] eram, em sua maior parte, fragmentos ou versetos do Alcorão, escritos em caracteres árabes, num pedaço de papel" (*in*: Ramos, 1951, v. 1, p. 75).

2. Os Frutos da Terra

1 Ver Benício, 1899, p. 161-3. A referência aos mapas deve-se ao recenseamento que o governo estava realizando, o primeiro da República.

2 Cf. Milton, 1902, p. 16.

3 Segundo Armando Souto Maior, "não é de se desprezar a circunstância de que, antes de se tornar o líder messiânico dos sertões baianos, Antônio Conselheiro havia estado em Pernambuco, precisamente em 1874. Convivera, portanto, o chefe dos jagunços com os sertanejos que participaram do Quebra-Quilos, e seria razoável admitir-se a influência destes no seu ideário de rebeldia" (Maior, 1978, p. 203-4).

4 Sampaio, 1999, p. 40.

5 Sampaio, 1999, p. 37.

6 Machado de Assis, 1953, v. 1, p. 309. A crônica é de 4 de junho de 1893.

7 *Anais da Câmara dos Deputados*, 1893, v. II, p. 71 e 78.

8 Moniz, 1978, p. 41.

9 Calasans, 1987, p. 47.

10 Essa opinião, tão recorrente no momento da guerra, foi defendida, principalmente pelos militares, como um artifício para justificar a longevidade das operações militares da 4ª expedição. Dos autores modernos, Edmundo Moniz é dos que insistem nessa tese. Ver Moniz, 1978, p. 44 e 47. José Calasans, que tão bem situa o arraial, é também tributário dessa tradição. Diz que Canudos "era um local dos sertões baianos, como inúmeros outros, aliás, que apresentava condições favoráveis ao desenvolvimento de um ponto de reação ao poder constituído, [...] pois Antônio Vicente estava inteiramente voltado para o combate ao regime implantado a 15 de novembro de 1889, numa hostilidade franca e decidida ao governo constituído" (Calasans, 1987, p. 47). Na verdade, a localização do arraial em uma região baixa, cercada por elevações, como o morro da Favela, facilitou a ação da artilharia durante a 4ª expedição, dificultando, por sua vez, a defesa.

11 Ver Bombinho, 2002, p. 35, nota 31. A lei de 1874, que criou a freguesia da Santíssima Trindade de Massaracá, desmembrando-a de Monte Santo,

estabeleceu entre os limites o que seguia "pela estrada real até a fazenda de Canudos" (ver Freire, 1906, v. 1, p. 233-4).

12 Havia outro povoado no Estado da Bahia com o nome de Canudos à margem do rio São Francisco. Canudos também denominava dois povoados – um no estado da Paraíba e outro no estado de Alagoas –, um morro no estado do Rio de Janeiro, um riacho no estado do Piauí, um ribeirão no estado da Bahia e um córrego no estado de Minas Gerais. Ver Pinto, 1894, p. 435. Euclides da Cunha, fiando-se na informação de um certo vigário de Itu, indicado pelas iniciais V. E. P., afirma que "antes da vinda do Conselheiro, já o lugarejo obscuro – e o seu nome claramente se explica – tinha, como a maioria dos que jazem desconhecidos pelos nossos sertões, muitos germens da desordem e do crime" (*in*: Cunha, 1939, p. 231).

13 Cf. Villa, 1998, p. 93-4. No sertão, rua tem o significado de cidade. Antônio Bruega, um sobrevivente da guerra, conta que seu "pai tinha roça ali perto, nos lados do Angico, uma légua retirada. A gente dele ia quase todo dia ouvir sermão do Conselheiro e quando começou a chegar tropa do Governo foi toda morar 'dentro da rua', onde havia mais proteção" (*in*: Dantas, 1976, p. 50). Essa reportagem foi publicada originalmente na revista *O Cruzeiro* de 5 de dezembro de 1964.

14 CEEC, 2002, p. 104.

15 Cf. Calasans, 1986, p. 13-29.

16 Macedo, 1964, p. 31 e 68.

17 Macedo, 1964, p. 67.

18 Cf. Calasans, 1986, p. 33-52.

19 Cf. Villa, 1998, p. 37-8.

20 Bombinho, 2002, p. 139-40.

21 Todos os autores da época da guerra atacam Vilanova, cujo nome de batismo era Antonio Francisco de Assunção. José Calasans, modernamente, mantém a tradição ao afirmar que ele "não se transferiu para o Belo Monte movido pela fé e sim pelo interesse comercial" (*in*: Calasans, 1986, p. 59). Se isso fosse verdade, Antônio teria abandonado o arraial antes do agravamento das tensões, levando a propalada fortuna, e não após a morte de Conselheiro, a 22 de setembro de 1897, e terminaria a vida no

interior do Ceará como um pequeno proprietário de terra (ver Calasans, 1986, p. 55-69; e Macedo, 1964, p. 30 e 38).

22 Na introdução do romance *João Abade*, João Felício dos Santos afirma que o livro "ganhou ótimo subsídio com a leitura dos manuscritos (cartas e anotações) de autoria do não menos fabuloso Julius Cesare Ruy de Cavalcanti – o Arlequim". Em 30 de janeiro de 1992, tive uma conversa com a viúva do escritor, dona Carmem, e ela disse-me que desconhecia a existência do material citado e fez questão de destacar que seu marido era um romancista, não um historiador. Lembrou que o marido esteve em Canudos em 1935 e deve ter usado o depoimento dos sobreviventes como fonte para o seu livro. Concluiu a conversa reafirmando que não tem nem nunca viu os originais ou cópias das cartas de Arlequim (ver Santos, 1958, p. 14).

23 Cf. Caldeira, 1956.

24 CEEC, 2002, p. 112 e 116.

25 Cf. Macedo, 1964, p. 40.

26 Villa, 1998, p. 63-4 e 114.

27 Villa, 1998, p. 84.

28 Villa, 1998, p. 111.

29 Montenegro, 1954, p. 31.

30 O manuscrito de sete páginas do relatório dirigido ao Conselho Municipal de Monte Santo no ano de 1894 está em poder de Jonas Cordeiro de Andrade, neto do intendente, morador de São Vicente, no estado de São Paulo. É um documento precioso, pois fornece informações desconhecidas até hoje pelos pesquisadores que estudam o período.

31 p. 1.

32 O imposto de exportação deve ser entendido como um tributo cobrado sobre a venda de produtos da economia local para outros municípios, em vez daquele arrecadado pelo governo estadual sobre as mercadorias vendidas para o mercado externo.

33 p. 2.

34 p. 7.

35 p. 3.

36 p. 3.

37 p. 3-4.

38 p. 4-5.

39 p. 5.

40 p. 5.

41 p. 6.

42 p. 7.

43 p. 7.

44 Veríssimo, 1901, p. 57.

45 Não deve ser esquecido que Monte Santo é um munícipio extenso. A distância de Canudos a Uauá é de 114 quilômetros.

46 O frei Monte Marciano nasceu em 1843, na Itália. Chegou à Bahia em 1872 e missionou durante 49 anos. Morreu em Salvador em 12 de abril de 1921. O frei Caetano São Leo chegou à Bahia em 1894 e pregou 212 missões, falecendo em Salvador em 4 de novembro de 1923 (ver Primério, 1942, p. 354-5, 380-2). Os frades capuchinhos italianos não dominavam suficientemente o português. Sendo assim, o relatório foi escrito pelo monsenhor Basílio Pereira, irmão de Manuel Vitorino, vice-presidente da República (1894-1898) e que chegou a exercer interinamente a presidência de 10 de novembro de 1896 a 3 de março de 1897 (Bombinho, 2002, p. 40, nota 17).

47 Ver Monteiro, 1980, p. 125-6. D. Jerônimo tomou posse na Arquidiocese de Salvador em 28 de fevereiro de 1894, tendo sido transferido do Pará. Fica uma pergunta: se o padre Sabino foi expulso da comunidade, por que retornou a Canudos acompanhando os freis? Será que a retirada do padre Sabino não ocorreu devido à constatação de que a sua orientação espiritual não era levada em conta pelos conselheiristas?

48 Villa, 1998, p. 104.

49 No comentário do relatório, optei por dividi-lo em partes para facilitar a exposição. Os trechos entre aspas são transcrições literais: "Relatório apresentado pelo frei João Evangelista de Monte Marciano ao arcebispo da Bahia sobre Antônio Conselheiro e seu séquito no arraial de Canudos. 1895". Salvador, Centro de Estudos Baianos/UFBA, 1987. Edição fac-símile.

[50] Na literatura oficial da época, há inúmeras referências à ociosidade do sertanejo. No relatório do intendente de Monte Santo, é solicitada a "repressão enérgica da vagabundagem" (p. 5). Obviamente que ocioso e vagabundo era aquele que não se sujeitava à canga coronelística.

[51] Ver Walter, s. d., esp. capítulos 4 e 5 da segunda parte.

[52] Cf. Macedo, 1964, p. 128-9.

[53] Tavares, 1951, p. 268.

[54] Em 1897, o deputado federal Érico Coelho comentou ironicamente as conclusões do relatório: "Se os nobres deputados lerem esse relatório do frade ficarão pasmos das expressões amorosas que ele prodigaliza à República, armando ao efeito; pois ao pretexto de defender a ordem pública e as instituições republicanas, a intenção do clero foi mover a guerra religiosa" (*apud* Montenegro, 1954, p.37).

[55] Sampaio, 1999, p. 94.

[56] Sampaio, 1999, p. 102.

3. A Nova Ordem

[1] Ver a transcrição completa do documento em Moraes, s.d., p. 29-66.

[2] O programa do Partido Liberal Radical pode ser encontrado em Brasiliense, 1979, p. 33-7; e *apud* Vianna, 1925, p. 81.

[3] Santos, 1942.

[4] *Apud* Moraes, s.d., p. 104; e Sales, 1902, v. 1, p. 265 e 267.

[5] Ver Celso, s.d., p. 110-1. O juramento era o seguinte: "Juro aos Santos Evangelhos manter a religião católica, apostólica, romana, observar e fazer observar a Constituição, sustentar a indivisibilidade do Império, a atual Dinastia Imperante, ser leal ao Imperador, zelar os direitos dos Povos e promover, quanto em mim couber, a prosperidade geral da Nação" (p. 100).

[6] *Apud* Queiroz, 1967, p. 64-6.

[7] Respectivamente, Celso, 1897, p. 60; Barbosa, 1921, t. 1, p. 160 e 162-5.

[8] Barbosa, 1921, t. 2, p. 234.

[9] Barbosa, 1921, t. 2, p. 503, 352, 88 e 247.

10 Segundo Rui, "inebriado pela intoxicação da lisonja, que lhe propinam visionários e mercadores, o terceiro reinado convenceu-se de ter descoberto nesse embeleco a pobreza de espírito da classe que saiu do cativeiro em estado de infância mental, o segredo da consolidação do trono contra o dilúvio republicano" (Barbosa, 1921, t. 2, p. 141-2). José do Patrocínio, tribuno republicano e abolicionista, às vésperas do 13 de maio iniciou um movimento de aproximação política com a princesa Isabel, tentando dissociá-la do restante da família real. No momento da assinatura da Lei Áurea, Patrocínio quis a todo custo beijar os pés da regente e só foi contido à força. É dele o epíteto de "redentora" dado à princesa Isabel, que, em agradecimento, tentou nomeá-lo barão da Redenção. Não é à toa que Silva Jardim chama de traidor "a sua raça que, por proletária no Brasil, carece claramente para o seu desenvolvimento de um regime republicano, traidor ao Partido a que dissera pertencer, não como renegado confesso, mas como Judas consciente" (*apud* Queiroz, 1967, p. 62).

11 É difícil concordar com Evaristo de Morais, que, usando de um depoimento de Silveira Martins, autor da moção aprovada no Senado, considera que o governo foi salvo de uma insurreição militar que imporia uma ditadura. No início de 1887, não havia condições políticas nem o apoio de outras classes ao Exército, como dentro da própria corporação não havia um sentimento majoritário antimonárquico. Ver Morais, s.d., p. 84-5.

12 Em 1883, o jornalista Apulco de Castro, de *O Corsário*, escreveu um artigo ridicularizando os oficiais do 1° Regimento de Cavalaria, recomendando que ninguém passasse perto de um deles, pois eram a mesma coisa que um gatuno. Em represália, oficiais e soldados do regimento, cerca de cem homens – entre eles Antônio Moreira César, que comandaria a terceira expedição contra Canudos –, atacaram o jornalista, que se refugiou numa delegacia. Os policiais foram obrigados a entregar o jornalista, que foi apunhalado e morto. Segundo Fialho, foi "uma sentença merecida", um "ato de dignidade militar". Ver Fialho, 1983, p. 26. A primeira edição dessa obra é de 1891.

13 A íntegra do documento pode ser encontrada em Vianna, 1925, p. 76.

14 Morais, s.d., p. 95-6.

15 Ver Peregrino, Umberto. *História e projeção das instituições culturais do Exército*. Rio de Janeiro, José Olympio, 1967, esp. o capítulo VI. Foi na Escola Militar, em 1888, que ocorreu o famoso episódio envolvendo Euclides da Cunha, então cadete e cursando o 3° ano. Quando da formatura de uma turma, Euclides se recusou a prestar continência ao ministro da Guerra, conselheiro Tomás Coelho. Até hoje é nebuloso o momento de rebeldia do futuro escritor: uns falam que ele atirou o sabre aos pés do ministro, e outros afirmam que tentou quebrar o sabre no joelho. Alberto Rangel, amigo do escritor e presente à cerimônia, citado por Umberto Peregrino no mesmo livro, dá outra versão: "Estávamos em forma, em uma revista de mostra. E, portanto, armados a Comblain. Perfilávamos no ombro, em continência, esses fuzis [...]. Euclides, num gesto impulsivo característico, tirou a arma do ombro em dois movimentos de ordenança bem resumidos e tentando talvez simbolicamente quebrá-la no joelho, atirou-a aos pés do Ministro da Guerra" (p. 40). Euclides foi preso, submetido a um Conselho Disciplinar e teve a matrícula trancada. Graças à interferência do pai e do tio, Euclides deu baixa devido a suposta incapacidade física.

16 Apesar dos atritos, outro importante líder positivista, Raimundo Teixeira Mendes, escreve uma longa biografia de Benjamin Constant logo após a sua morte. Ver Mendes, 1892, v. 2. O autor busca isentar Benjamin das suposições de que estaria mentalmente perturbado antes do falecimento, através do depoimento de personalidades como Floriano Peixoto, Francisco Glicério, Campos Sales, entre outros.

17 Cf. Peixoto, 1960, esp. p. 72-7 e 108-12.

18 Cerqueira, s.d., p. 348.

19 Dados retirados do *Almanak do Ministério da Guerra*, anos de 1884-1889. Rio de Janeiro, Imprensa Nacional.

20 Magalhães, 1940, p. 70-1.

21 "Falas do Trono", 1889, p. 873.

22 Ver Morais, s.d., p. 110-1; Magalhães, 1940, p. 72-3. Rui Barbosa só não fez parte do Ministério porque Ouro Preto não aceitou a sua proposta de federalismo, baseada na experiência norte-americana.

[23] Há uma transcrição completa da sessão em Carvalho, 1894, p. VIII-XV. A moção de desconfiança apresentada foi aprovada por 79 a 20 votos (*apud* Moraes, s.d., p. 122).

[24] Essa análise se contrapõe à de José Murilo de Carvalho, que ressalta a necessidade do Império de "construir uma base de poder que substituísse ou equilibrasse a dos donos de terra. [...] Ela só poderia ser o Exército nacional, mas este se achava incompatibilizado com a monarquia. [...] Além disso, os militares se achavam também distanciados dos grandes proprietários, reduzindo ainda mais as possibilidades de uma aliança que pudesse levar à modernização conservadora ao estilo prussiano" (*in*: Carvalho, 1988, p. 79).

[25] Segundo o republicano Rangel Pestana, na "capital da União, na sede do governo da República, pode-se dizer sem receio de errar, ela quase não tinha defensores fora das classes armadas. Os verdadeiros republicanos eram bem poucos. A mocidade mesma não mostrava entusiasmo" (*in*: Pestana, 1898, p. 127).

[26] Vale lembrar que Rui Barbosa, principal artífice do anteprojeto, tinha em alta conta o político argentino Juan Antonio Alberdi. Ver Magalhães Júnior, 1964, p. 35-40. Segundo Cruz Costa, para os positivistas, o "remédio para os males do país só podia ser a república ditatorial, isto é, o governo forte de um chefe nacional que gozasse de popularidade e que fechasse o Parlamento, pois a ditadura deveria apenas limitar-se a manter a ordem material, garantindo toda liberdade espiritual e moral" (*in*: Costa, 1956, p. 239, grifos do autor).

[27] Diz Sales que a "federação que se formar, depois da separação de São Paulo, não poderá ser senão sulista. O vale do Paraná será seu corpo geográfico [...]. Os relevos orográficos do solo, por um lado, e a constituição étnica da população, por outro, nos impõem aquela convicção. Eis o que representa para nós a Pátria Paulista" (*in*: Sales, 1983, p. 110; e Leclerc, 1942, p. 72).

[28] Benjamin Constant, quando ministro da Guerra, quis devolver ao Paraguai os troféus conquistados pelo Brasil na guerra de 1864-1870. Ver Lins, 1936, p. 89.

[29] *Apud* Lima, 1987, p. 95.

30 Magalhães, 1940, p. 131 e 133.

31 Ver Ganganelli, 1874. Ganganelli é o pseudônimo utilizado por Joaquim Saldanha Marinho, republicano histórico.

32 Esberard, João. Contra os meus detratores. Auto-apologia do arcebispo de S. Sebastião do Rio de Janeiro. Recife, Empresa *A Província*, 1894. *Apud* Lustosa, 1990, p. 89-90.

33 Rodrigues, 1981, p. 21 e 26.

34 Lustosa, 1983, esp. p. 45, 47-50.

35 Ver Lustosa, 1990, p. 34, 35, 40, 81 e 91. As maiúsculas de "união" são do próprio bispo.

36 Em reunião do ministério de 27 de setembro de 1890, Deodoro entra em atrito com Benjamin Constant, depois de este chamá-lo de "monarca de papelão". Não chegaram às vias de fato devido à interferência dos outros ministros. Ver Magalhães Júnior, 1957, p. 221-6.

37 A estagnação econômica ocorre em toda a região nordestina, e as manifestações são evidentes desde 1850. O esvaziamento econômico, o esgotamento do solo, a perda de mercados, o fim do tráfico, a descapitalização, a ocorrência de grandes secas, os repiquetes (secas atenuadas), os surtos de cólera e a malária intensificam a exploração econômica dos camponeses. Surgem movimentos de resistência, como o Quebra-Quilos e a revolta do Ronco da Abelha. Ver Monteiro, 1980, p. 31-49, 117-29.

38 Zama, 1900, p. 17 e 19.

39 Cf. Sampaio, 1985, p. 31.

40 Transcrito em Muller, 1923, p. 31.

41 Ver Sampaio, 1975, p. 22; e Relatório do Vice-Governador do Estado. Salvador, Typographia do *Diário da Bahia*, 1892. Quadro da Instrução Pública Primária da Bahia.

42 Ver Leis e Resoluções do Estado da Bahia do Ano de 1892. Salvador, Typographia do *Correio de Notícias*, 1893, p. 91-108; e Leis e Resoluções da Assembleia do Estado da Bahia do Ano de 1895. Salvador, Litho-typographia de João Gonçalves Tourinho, 1896, p. 85-152.

43 Ver *Anais do Senado Federal*, 1897. Rio de Janeiro, Imprensa Nacional, 1898, v. 1, p. 9; Diário Oficial do Estado da Bahia. Salvador, Imprensa

Oficial, 1923. Edição especial do Centenário, p. 24; Barbosa, 1897, p. 2; e Souza, 1950, p. 7.

[44] Amaral, 1937. Segundo os artigos 5°, 6° e 7° da Constituição Estadual, deveria ser eleito um deputado para cada cinquenta mil habitantes e um senador para cada cem mil. Assim, a Assembleia era formada por 42 deputados, e o Senado, por 21 membros.

[45] *Apud* Aragão, 1923, p. 15. Ver Sampaio, 1975, p. 23-33.

[46] *Apud* Aragão, 1923, p. 78-9.

[47] Ver Carvalho, 1894, p. 225-6.

[48] Nos relatórios oficiais do período, várias vezes são ressaltados os problemas atinentes à força pública estadual: indisciplina, inexistência de armamento em quantidade necessária, falta de alojamentos e baixos salários. Rodrigues Lima explica a indisciplina e a violência da polícia estadual, pois os soldados são "homens oriundos de classes incultas, que se irritam diante de quaisquer resistências e que só sabem muitas vezes vencê-las com a violência e o arbítrio". Para o chefe do corpo policial, devido aos baixos salários, o "oficial de polícia tem necessidade de ser caloteiro, razão por que esta corporação tem caído tanto no desprestígio público". Ver Mensagem Apresentada à Assembleia Geral Legislativa pelo Dr. Joaquim Manuel Rodrigues Lima, Governador do Estado. Salvador, *Diário da Bahia*, 1893, p. 6; e Relatório do Corpo Policial, 1892, p. 4.

[49] Cf. Sampaio, 1985, p. 23.

[50] Amaral, 1937, p. 66-77, 227-9 e 313-4.

[51] Ver, respectivamente, Mensagem do Governador do Estado. Salvador, Typographia do *Diário da Bahia*, 1894. p. 5; e Mensagem do Governador do Estado. Salvador, Typographia do *Diário da Bahia*, 1893, p. 5.

[52] Respectivamente, Relatório do Secretário da Agricultura, Indústria, Viação e Obras Públicas. Salvador, Typographia do *Diário de Notícias*, 1898, p. 35-6; e Fala do Presidente da Província da Bahia. Salvador, Typographia do *Diário da Bahia*, 1887, p. 9.

[53] Diário Oficial do Estado da Bahia. Salvador, Imprensa Oficial do Estado, 1923. Edição especial do Centenário, p. 41.

[54] Ver Leis e Resoluções Estado da Bahia do Ano de 1894. Salvador, Typographia do *Correio de Notícias*, 1896, p. 8-10; Leis e Resoluções da Assem-

bleia do Estado da Bahia do Ano de 1895. Salvador, Litho-typographia de João Gonçalves Tourinho, 1896, p. 31.

55 Ver Relatório do Secretário da Agricultura, Indústria, Viação e Obras Públicas, 1898, p. 127-8. Muitos anos depois, o fracasso imigratório é visto por olhos benévolos: "Em 3 meses do ano de 1897 foram recebidos, com a melhor aceitação, 508 imigrantes e 1.124 em 1898". Ver Diário Oficial do Estado da Bahia, 1923. Edição especial do Centenário, p. 198.

56 Cf. Viana, 1898, p. 102-4.

57 A Lei n° 4, de 20 de outubro de 1891, trata da organização municipal. Ver Constituição e Leis do Estado da Bahia Promulgadas em 1891 e 1892.

58 Em 1892, o vice-governador do estado, no exercício do governo, considerou "que se deve continuar a realizar as vendas de terras, regulando-as pela lei citada como subsidiária até que tomeis uma resolução a semelhante respeito". A lei citada é a de n° 601, de 18 de setembro de 1850. Ver Mensagem do Vice-Governador do Estado da Bahia. Salvador, Typographia do *Diário da Bahia*, 1892, p. 21.

59 Ver Leis e Resoluções da Assembleia do Estado da Bahia do Ano de 1895, p. 17-29; Leis e Resoluções do Estado da Bahia do Ano de 1897, p. 86-101.

60 Cf. Calmon, 1925, p. 120.

61 A Constituição Estadual determinava que os impostos deveriam ser cobrados sobre exportação de gêneros e mercadorias, transmissão de propriedade, imóveis rurais e urbanos, heranças e legados, indústrias e profissões. Através da Lei n° 8, de 11 de janeiro de 1892, foi regulamentada a arrecadação dos impostos que anualmente estabelecia o *quantum* dos tributos a serem recolhidos. A relação dos impostos era publicada anualmente nas Leis e Resoluções do Estado da Bahia.

4. Campo de Sangue

1 Ver Relatório do Ministério da Guerra. Rio de Janeiro, Imprensa Nacional, 1889, p. 8. Daqui em diante, será citado como RMG.

2 Lembra Eduardo Prado que "o governo monárquico cometeu um erro imenso deixando ao ensino militar o seu caráter exclusivamente teórico. O Sr. D. Pedro II, tão ocupado das ciências, não fez senão abacharelar o

oficial que agora naturalmente revela um tão pronunciado furor politicante, discursante e manifestante" (*in*: Prado, 1902, p. 67).

3 Só em 1888, foram condenados à morte em primeira instância 25 soldados. Dos processos apreciados pelo Conselho Superior Militar e de Justiça, as deserções simples ou agravadas representam a metade. Ver RMG, 1889. Quadro sobre processos julgados.

4 RMG. Rio de Janeiro, Imprensa Nacional, 1891. Anexos, p. 14 e 15. Na mesma época, alguns imóveis são transferidos para as associações militares. O Clube Naval recebeu como doação perpétua e gratuita para construir sua sede nove imóveis da União. Ver Anexos ao Relatório do Ministério da Fazenda. Rio de Janeiro, Imprensa Nacional, 1891. Quadro 48.

5 Ver *Almanak do Exército*, 1894-1898.

6 Ver Magalhães Júnior, s.d., v. 2, p. 135-6 e 204-5; e Prado, 1902, p. 357.

7 Como exemplo, um regimento de cavalaria estaria completo com 25 oficiais e 405 praças e tinha como efetivo real 42 oficiais e 118 praças. O número ideal de oficiais e praças para cada batalhão era definido segundo padrões estabelecidos pelo Ministério da Guerra. Ver RMG. Rio de Janeiro, Imprensa Nacional, 1897. Quadro do Mapa da Força Efetiva do Exército; e *O Estado de S. Paulo*, 20 ago. 1897, p. 1.

8 RMG, 1897, p. 4; Anexos, p. 3 e 4.

9 Ver RMG, 1897, p. 7 e 13; Magalhães Júnior, 1957, v. 1, p. 42; Peixoto, 1960, p. 160; Guimarães, 1965, p. 96-7. O general Carlos Eugênio, irmão de Artur Oscar, justifica as prisões como decorrentes do seu "gênio fogoso", "impetuoso", que "não desabonavam seu caráter nem o aviltavam, antes, pelo contrário, indicavam um temperamento ativo, sobranceiro e enérgico como tanto convém ao militar" (p. 97).

10 Ver RMG, 1891, p. 33-76.

11 Fragoso, 1898, p. 59.

12 Possivelmente, o decreto do Governo Provisório de 23 de novembro de 1889, ameaçando aplicar "as penas militares de sedição" aos que "tentarem suborno ou aliação de qualquer gênero sobre os soldados ou oficiais", é um indício de que as tropas não só eram insubordinadas como também poderiam ser subornadas para fins políticos. Os episódios dos

motins da corveta Niterói e do 2° Regimento de Artilharia, em 16 e 17 de novembro de 1889, são emblemáticos, pois o governo acusa os monarquistas de subornarem os soldados. Ver Morais, s.d., p. 193-7.

13 Cf. Fragoso, 1897, p. 360-1.

14 Ver Quadro 3 do Relatório Apresentado ao Exmo. Sr. Cons. Luís Viana, Governador da Bahia, pelo Secretário de Estado Dr. Satyro de Oliveira Dias. Salvador, Typographia do *Correio de Notícias*, 1897. Antes de Bom Conselho, Arlindo Leoni foi juiz de Direito da Comarca de Paraguassu. Ver Relatório do Governo do Estado da Bahia. Salvador, Typographia do *Correio de Notícias*, 1893. Quadro 3.

15 Ver Montenegro, 1954, p. 37; e Ribeiro, 1951, p. 66-7. A primeira edição dessa obra é de 1927. Arlindo Leoni, no século XX, foi um atuante político. Em 1916 Arlindo Leoni, então deputado federal pela Bahia, em um debate, foi questionado sobre Canudos. O parlamentar respondeu: "Canudos se fez defendendo a honra e o brio da autoridade pública" (*Anais da Câmara dos Deputados*, 1916, p. 114). Em 1923 era deputado, representando a Bahia na Câmara Federal. Ver Diário Oficial do Estado da Bahia, Edição especial do Centenário, p. 96.

16 A troca dos telegramas encontra-se, entre outras fontes, em Milton, 1902, p. 30-3. O governador, segundo informou na mensagem ao poder legislativo, estava "aguardando ocasião de, com segurança, reunidos os elementos que se achavam espalhados por outros pontos do Estado, enfrentar a horda malversora de Canudos, destruindo-a ou trazendo-a à submissão". Ver Mensagem do Governador da Bahia. Salvador, Typographia do *Correio de Notícias*, 1897, p. 5.

17 Euclides da Cunha descreve "Uauá" como "uma espécie de transição entre maloca e aldeia – agrupamento desgracioso de cerca de cem casas malfeitas e tijupares pobres, de aspecto deprimido e tristonho" (*in*: Cunha, 1985, p. 269). O relatório do tenente encontra-se transcrito em vários livros. Ver Milton, 1902, p. 35-40; Araújo, 1949, p. 132-4; Araripe, 1960, p. 14-9.

18 Cf. Bombinho, 2002, p. 44.

19 Cunha, 1985, p. 271.

20 Tavares, 1951, p. 268.

[21] Pelo relatório de Pires Ferreira, é possível notar a escassez de armamentos dos conselheiristas equipados com "carabinas Comblain e Chuchu, outros tinham bacamartes, garruchas e pistolas, e quase todos traziam, além das armas de fogo, grandes facões, foices e machados".

[22] O médico Antônio Alves dos Santos, que acompanhou a expedição, após os combates começou a apresentar, segundo Pires Ferreira, "sintomas de desarranjo mental", não sendo possível mantê-lo na sua função. Em 30 de novembro de 1896, foi diagnosticado que o médico sofria de "beribéri de forma mista" e as alucinações cessaram com repouso, segundo o Ofício nº 4.664, de 30 de novembro de 1896, constante do relatório do general Solon enviado ao Ministério da Guerra e que foi transcrito nos *Anais da Câmara Federal* por solicitação do deputado João Siqueira. Ver *Anais da Câmara dos Deputados*. Rio de Janeiro, Imprensa Nacional, 1897, v. 3, p. 309-36.

[23] Ver Araripe, 1960, p. 11-2; Milton, 1902, p. 34; *Anais da Câmara dos Deputados*, p. 330.

[24] *Apud* Passos, 1956, p. 156; e Milton, 1902, p. 41-2.

[25] Machado de Assis (1953) comenta ironicamente os acontecimentos: "Antonio Conselheiro é o homem do dia [...]. Um homem que, só com uma palavra de fé, e a quietação das autoridades, congrega em torno de si três mil homens armados, é alguém. Certamente, não é digno de imitação; chego a achá-lo detestável; mas é alguém, não há dúvida. Não me repliquem com algarismos eleitorais; nas eleições pode-se muito bem reunir duas e três mil pessoas, mas são pessoas que votam e se retiram, e não se reúnem todas no mesmo lugar, mas em seções. Casos há em que nem vão às urnas; é o que elegantemente se chama bico de pena. Uns dizem que este processo é imoral; outros que imoral é ficar de fora. Eu digo, como Bossuet: 'Só Deus é grande, meus irmãos!'" (p. 346-7). A crônica é de 6 de dezembro de 1896.

[26] *Apud* Araripe, 1960, p. 26.

[27] Telegrama de 8 de dezembro de 1896, transcrito nos *Anais da Câmara dos Deputados*, p. 331.

[28] *Apud* Milton, 1902, p. 46.

[29] *Apud* Araripe, 1960, p. 33-5. As arbitrariedades dos soldados contra a população civil impediam o surgimento de um apoio popular significativo ao Exército. Febrônio de Brito, em telegrama ao general Solon de 11 de dezembro de 1896, informa que "bladam meios renovar obstáculos povo, avistar tropa, ganha caatinga, dificultando recursos marchar" (transcrito nos *Anais da Câmara dos Deputados*, p. 333).

[30] Transcrito nos *Anais da Câmara dos Deputados*, p. 326.

[31] O general Argolo, em telegrama de 5 de dezembro enviado ao general Solon, tinha alertado que "convém não subdividir força pequenas frações e somente atacar bandidos quando reconheça favorável êxito a fim não desmoralizar força" (transcrito nos *Anais da Câmara dos Deputados*, p. 330).

[32] O general Solon reclamou várias vezes ao general Argolo do atraso do pagamento dos soldos. Em um dos telegramas, de 9 de dezembro, lembrou que "este comando já para três meses está sem vencimentos" (transcrito nos *Anais da Câmara dos Deputados*, p. 331).

[33] A descrição toma como base o telegrama do major Febrônio de Brito enviado ao comandante do Distrito Militar. A transcrição desse documento pode ser encontrada em Soares, 1985, p. 32-4. A primeira edição do livro é de 1902. O autor foi participante direto da quarta expedição.

[34] O major ordenou "ao oficial que comandava a retaguarda que fizesse fuzilar incontinente os tropeiros que fugissem às suas obrigações". Ver *O Estado de S. Paulo*, 2 fev. 1897, p. 1.

[35] Cf. Soares, 1985, p. 34-6.

[36] Coleção das Ordens do Dia, nº 801 a 911, p. 268.

[37] RMG, 1897, p. 9.

[38] Transcrito de *O Estado de S. Paulo*, 2 fev. 1897, p. 1.

[39] Respectivamente, Macedo, 1964, p. 68; e Cunha, 1985, p. 306-7, 279 e 302.

[40] Macedo, 1964, p. 134 e 137.

[41] Segundo o delegado de Monte Santo, o comandante da expedição encontrou auxílio e os embaraços ocorreram devido ao seu [do major] próprio descuido. Lembra que só obteve para a tropa dezesseis sacos de

farinha, vários bois, 25 carneiros e dois garrafões de aguardente (*O Estado de S. Paulo*, 6 fev. 1897, p. 1).

42 *O Estado de S. Paulo*, 4 e 6 fev. 1897, p. 1. O governador Luís Viana reforça a versão da incompetência de Febrônio de Brito quando escreve que no combate do Cambaio os conselheiristas foram destroçados "com a perda de mais de novecentos bandidos e somente nove soldados, além de quarenta levemente feridos". Lembra o governador que, quando assumiu o cargo, havia sérias perturbações à ordem pública em Lençóis, Canavieiras e Maracás, obrigando-o a aguardar "ocasião de, com segurança, reunidos os elementos que se achavam espalhados por outros pontos do estado, enfrentar a horda malversora de Canudos, destruindo-a ou trazendo à submissão". Ver Mensagem do Governador da Bahia. Salvador, Typographia do *Correio de Notícias*, 1897, p. 5 e 9.

43 *O Estado de S. Paulo*, 2, 3 e 5 fev. 1897, p. 1 e 2.

44 O frei esteve envolvido em rumoroso caso de desrespeito a uma senhora que fora procurá-lo para se confessar. Ver *O Comércio de São Paulo*, 3 out. 1897; e *O Estado de S. Paulo*, 11 e 23 fev. 1897, p. 1.

45 Cf. *O Estado de S. Paulo*, 1° mar. 1897, p. 1.

46 Transcrito em *O Estado de S. Paulo*, 26 fev. 1897, p. 2. Os monarquistas eram os que "sugavam os seus institutos de crédito" e que estariam financiando os conselheiristas "fanáticos e ignorantes".

47 Segundo Dantas Barreto, Moreira César era um oficial "sem ideias originais, sem ilustração, quase estranho ao movimento das letras, das artes e da indústria, mesmo nas relações desta com a guerra moderna". E conclui: "pouco lhe importavam os princípios fundamentais da ciência da guerra, para se deter ante o mecanismo de uma espingarda regulamentar" (*in*: Barreto, 1914, p. 123-4). Essa consideração de Dantas Barreto não é correta, pois Moreira César é o principal autor das Instruções para a Infantaria do Exército Brasileiro, que, em 1897, já tinham alcançado a terceira edição e que foram usadas nas escolas militares até o início do século XX, como atesta Peixoto, 1960, p. 95.

48 Ver Villela Júnior, 1988, p. 15. O presidente da República em exercício, Manuel Vitorino, confirmou que foi informado das atitudes tomadas

por Moreira César durante a viagem à Bahia. Ver Vitorino, 1898, p. 42; e Benício, 1899, p. 212.

49 Milton, 1902, p. 66.

50 No 7º Batalhão de Infantaria, foram arregimentadas oitenta crianças "que mal podiam suportar o peso da carabina e do equipamento". Moreira César orientou oficiais a esconder as crianças quando o general Costalat, ajudante-geral do Exército, visitou o batalhão. Ver Benício, 1899, p. 215-6. Não se sabe se esses menores foram para o campo de batalha ou se ficaram em Monte Santo, como noticia *O Estado de S. Paulo*, 12 fev. 1897, p. 10.

51 Na época não foi noticiado qual doença tinha atingido o coronel, registrando-se apenas que sofrera "um ligeiro incômodo, o que demorou dois dias a marcha da expedição". Ver *O Estado de S. Paulo*, 5 mar. 1897, p. 2. Segundo o major Cunha Matos, Moreira César teria respondido ao médico que apresentou o diagnóstico de epilepsia nestes termos: "O doutor fique sabendo que eu não tenho nervos e tanto assim que jamais senti sensação de dor, nem de prazer. Não tenho medo de morrer e não hei de morrer sem ir a Canudos" (*apud* Benício, 1899, p. 218). O epiléptico sofre alteração de personalidade: "Suas reações emocionais tendem a aumentar de intensidade, são pouco dirigidas e diminuem lentamente. Pequenos contratempos levam a uma irritação duradoura. Por motivos banais surgem crises de raiva e atitudes agressivas, e até crises de violência. Por outro lado, os epilépticos são capazes de se alegrar muito e de forma inesperada, demonstrando impulsivamente seu agradecimento e sua solicitude. O convívio social é dificultado pela sua presunção e irritabilidade. Tendem a supervalorizar suas qualidades; com o passar do tempo ficam cada vez mais teimosos e egocêntricos. A isso se soma a demência que vai aumentando gradativamente" (*in*: Schulte e Tolle, 1981, p. 295).

52 Conta um historiador baiano que, em represália às humilhações, o padre rezou uma missa de corpo presente, agoirando a morte de Moreira César, no mesmo dia do desastre da terceira expedição, 3 de março. Ver Campos, 1930, p. 353-5.

53 Ver Bombinho, 2002, p. 76.

[54] Cf. Milton, 1902, p. 72 e 82; e Dantas, 1957, p. 151.

[55] Cf. Milton, 1902, p. 76-9. O major Cunha Matos, na sua parte do combate, informa que "a nossa reduzida força estava bem acobardada, pois os praças que conduziam os feridos, bem como os que formavam as faces do quadrado, só procuravam abaixar-se, até correr, sendo preciso que nós, os oficiais, desenvolvêssemos grande soma de energia para continuar a marcha interrompida logo na saída" (transcrito em Araripe, 1960, p. 65).

[56] A transcrição completa da parte de combate do tenente Pradel encontra-se em Araripe, 1960, p. 68-73. O relato foi enviado ao major Cunha Matos, que o encaminhou ao superior hierárquico, sem tecer qualquer consideração, "não só porque os meus brios assim o exigem, mas também porque poderiam os meus superiores tomar como insinuação os meus comentários" (ver Araripe, 1960, p. 67). Cinquenta anos depois, um sobrevivente da guerra – Manuel Ciríaco –, comentando sobre o armamento dos conselheiristas, diz que a "princípio eram besteirinhas nossas mesmo. Mas depois dessa expedição (Pires Ferreira) e da do Febrônio, a coisa melhorou. Desta última, conseguimos armas que não eram conhecidas no sertão. [...] Depois foi o Moreira César. Este parecia que somente havia vindo para entregar aquele despropósito de material aos jagunços". Lembra Ciríaco que "encheu-se uma casa grande só de armas e munições, numa fartura nunca vista" (*in*: Tavares, 1951, p. 268 e 271).

[57] Macedo, 1964, p. 34.

[58] Descreve Euclides da Cunha: "a uma banda avultava, empalado, erguido num galho seco, de angico, o corpo do coronel Tamarindo". Continua Euclides: "Era assombroso... Como um manequim terrivelmente lúgubre, o cadáver desaprumado, braços e pernas pendidos, oscilando à feição do vento no galho flexível e vergado, aparecia nos ermos feito uma visão demoníaca" (*in*: Cunha, 1985, p. 368). Como o coronel Tamarindo foi o responsável pela caixa militar da expedição e por todos os pagamentos aos soldados e fornecedores, e esta desapareceu durante a fuga, criou-se um problema, pois foi aventada a possibilidade de a família do coronel ter de indenizar o governo, devido ao sumiço do dinheiro. Foi preciso um projeto do deputado Barbosa Lima relevando as dívidas contraídas pelo coronel Tamarindo para que o assunto fosse encerrado. Ver *Anais da*

Câmara dos Deputados. Rio de Janeiro, Imprensa Nacional, 1897, p. 31-4. Um neto do coronel Tamarindo, Mário Tamarindo Carpenter, é um dos 18 do Forte, a rebelião do Forte de Copacabana em 5 de julho de 1922. Acabou morrendo na rebelião. Tinha 23 anos.

59 Ver Sampaio Neto *et al.*, 1986, quadros das páginas 44 e 45. À época, por um equívoco, foi noticiado em vários jornais – como em *O Estado de S. Paulo* do dia 13 de março – que o médico Nina Rodrigues, professor e pesquisador da Faculdade de Medicina da Bahia, tinha sido ferido enquanto acompanhava a terceira expedição, o que não ocorreu, pois durante todo o conflito o médico não abandonou Salvador.

60 Ver *O Estado de S. Paulo*, 2 fev. 1897, p. 1; e 1° mar. 1897, p. 2.

61 Na Ordem do Dia n° 237, de 9 de dezembro de 1896, o general Solon, justificando a segunda expedição, diz que está agindo contra "o cismático Antonio Conselheiro e a multidão de fanáticos que o acompanha, entorpecendo a marcha do progresso nas zonas por eles exploradas, prejudicando os interesses particulares e coagindo a ação das autoridades" (transcrito nos *Anais da Câmara dos Deputados*, p. 331). Curiosamente, o general Solon usa o termo "cismático" para o movimento conselheirista, o mesmo já utilizado pelo frei Monte Marciano em seu relatório.

62 *O Estado de S. Paulo*, 8 mar. 1897, p. 1. Os grifos são do próprio jornal. Até então, o jornal tinha ignorado o tema nos seus editoriais.

63 Ver Relatório do Ministério da Justiça e Negócios Interiores. Rio de Janeiro, Imprensa Nacional, 1898, p. 35. Os acusados do assassinato foram incursos no artigo 294, parágrafo 1° do Código Penal (para uma descrição detalhada dos acontecimentos, a melhor fonte é Celso, 1897).

64 Celso, s.d., p. 71.

65 Transcrito de Celso, s.d., p. 34.

66 *O Estado de S. Paulo*, 12 e 14 mar. 1897, p. 1 e 2.

67 *O Estado de S. Paulo*, 21 mar. 1897, p. 1.

68 *O Estado de S. Paulo*, 21 mar. 1897, p. 1.

69 Ver Leis, Resoluções e Atos Executivos da Câmara Municipal de São Paulo (1897 a 1899). São Paulo, Casa Vanorden, 1916, p. 176-8. As alterações ocorreram pelas Resoluções 82 e 84 de 12 e 18 de março de 1897, respectivamente. Pouco tempo depois, o cabo Roque foi encontrado

vivo. Perguntado sobre o suposto ato heroico, disse que não só não se abraçou ao cadáver de Moreira César como também não ficou lutando até a morte com os conselheiristas, mas, simplesmente, fugiu correndo para Monte Santo, como fizeram os outros soldados. Ver Celso, s.d., p. 109. Curiosamente, o nome do coronel Tamarindo substitui o de São Francisco de Paula, eremita da Calábria, que tinha uma prática de vida muito parecida com a de Conselheiro: "Desde a mocidade não pegara em moeda alguma. Dorme de pé ou apenas apoiado; deixa sem cortar o cabelo e a barba. Não come carne e só aceita raízes" (*in*: Huizinga, 1978, p. 171). Em 2000, obtive a informação do senhor João de Regis, cuja mãe nasceu em Belo Monte, de que o corpo de Moreira César foi queimado pelos conselheiristas às margens do rio Umburanas, onde o encontraram.

70 Nabuco, 1949, p. 274. A carta é de 26 de março de 1897.

71 Respectivamente, *O Estado de S. Paulo*, 9 e 11 mar. 1897, p. 1.

72 *O Estado de S. Paulo*, 11, 13 e 17 mar. 1897, p. 1 e 2.

73 *O Estado de S. Paulo*, 10 e 12 mar. 1897, p. 1 e 2.

74 *O Estado de S. Paulo*, 14 mar. 1897, p. 1. O título do artigo é "A nossa Vendéia". Em 17 de julho, Euclides volta ao tema e escreve outro artigo com o título "A nossa Vendéia II". Para acompanhar na imprensa a representação satírica desses acontecimentos, a melhor referência é Alves, 1997.

5. Tempo de Mártires

1 A mensagem presidencial pode ser encontrada em várias fontes. A utilizada foi a do jornal *O Estado de S. Paulo*, 6 maio 1897, p. 1.

2 Respectivamente, Sinzig, 1925, p. 178-9; Zama, 1899, p. 22; *O Estado de S. Paulo*, 21 e 23 maio 1897, p. 1 e 2; *Anais do Senado Federal*. Rio de Janeiro, Imprensa Nacional, 1897, v. 2, p. 203-4.

3 RMG, 1898, Anexo A, p. 13.

4 *O Estado de S. Paulo*, 16 e 25 abr. 1987, p.1.

5 Milton, 1902, p. 93-4. Segundo Dantas Barreto, cada batalhão levava de oitenta a cem mulheres e crianças. Ver Barreto, 1898, p. 239.

6 *O Estado de S. Paulo*, 4, 9, 15 e 17 jun. 1897, p. 1.

7 *O Estado de S. Paulo*, 5 e 20 abr. 1897, p. 1.

8 *O Estado de S. Paulo*, 18 e 21 maio 1897, p. 1.

9 O melhor estudo sobre o movimento liderado pelo padre Cícero é o de Ralph Della Cava, *Milagre em Juazeiro*. Rio de Janeiro, Paz e Terra, 1977.

10 Cf. Macedo, 1964, p. 137-8.

11 Telegramas transcritos de Bartolomeu, 1923, p. 109-11.

12 Montenegro, 1959, p. 52.

13 Nery, 1898.

14 Nery, 1898, p. 62.

15 *O Estado de S. Paulo*, 15 abr. 1897, p. 1.

16 RMG, 1898, Anexo A, p. 139 e 120.

17 RMG, 1898, Anexo A, p. 3 e 25.

18 RMG, 1898, Anexo A, p. 4, 6-7.

19 Transcrito em *O Estado de S. Paulo*, 11 set. 1897, p. 1.

20 A faveleira é uma "euforbiácea arbórea das caatingas. Folhas longas, de bordas irregulares; flores albas, em pequenos cachos axilares e terminais. Seu látex urente, exacerbando a dor provocada pelos abundantes espinhos das folhas e dos ramos, é combustível, alimenta as candeias e é balsâmico. O gado come as folhas e o córtex, os porcos as raízes e os galináceos as sementes" (*in*: Menezes, 1949).

21 Barreto, 1898, p. 105. Havia uma rivalidade explícita entre Savaget e Artur Oscar: o comandante da segunda coluna era mais velho que Artur Oscar, que já tinha sido seu subordinado. Além disso, Savaget não se incluía entre os partidários do florianismo.

22 RMG, 1988, p. 6.

23 Nery, 1898, p. 77.

24 Respectivamente, Barreto, 1898, p. 136 e 165; e Oliveira, 1943, v. 69, p. 151.

25 Ver RMG, 1898, Anexo A, p. 94; e Araripe, 1960, p. 97 e 173. Segundo o relato de um prisioneiro, os conselheiristas tentaram fazer uma experiência com um canhão apreendido da terceira expedição, mas que detonou pela retaguarda, atingindo mortalmente vários sertanejos (ver *O Estado de S. Paulo*, 16 out. 1897, p. 1). Esse episódio, relatado nos documentos oficiais sem detalhes, foi explorado de forma muito semelhante por dois es-

critores que, paradoxalmente, não presenciaram os fatos. Afonso Arinos, em *Os jagunços*, romance histórico que escreveu usando o pseudônimo de Olívio de Barros, descreve desta forma o ataque ao canhão: "Então, no meio do silêncio pávido dos circunstantes, o negro, mostrando a peitoria lustrosa de suor pela camisa entreaberta, levantou a mão direita e, como se arrancasse alguma coisa da testa, atirou longe algumas bagas de suor. E baixando o braço com um gesto soberbo, pousou a mão hercúlea no cano da peça, como se afagasse o lombo de uma fera sanhuda. Em seguida alçou a voz e bradou para o inimigo: 'Conheceu, canalha, o que é ter coragem?'. Ainda naquele momento de estupor das tropas surgiu repentinamente diante da fileira o comandante que, depois de, numa apóstrofe breve e vibrante, concitar os soldados a repararem incontinenti aquela perda, arrojou-se ele próprio contra o inimigo. O crioulo já arrastava o canhão a alguma distância, quando à explosão de uma granada, seu corpo de Hércules de ébano foi espatifado. O canhão foi retomado". Em *Os sertões*, esse episódio é descrito assim: "Tomara-lhe a frente um mameluco possante – tosto de bronze afeiado pela pátina das sardas –, de envergadura de gladiador sobressaindo no túmulo. Este campeador terrível ficou desconhecido à história. Perdeu-se-lhe o nome. Mas a imprecação altiva que arrojou sobre a vozeira e sobre os estampidos, ao saltar sobre o canhão da direita, que abarcou nos braços musculosos, como se estrangulasse um monstro: 'Viram, canalhas, o que é ter coragem?!'" (Arinos, 1985, p. 191, e Cunha, 1985, p. 306). Afonso Arinos começou a publicar em forma de folhetim o seu romance no jornal *O Comércio de São Paulo* a partir do dia 24 de outubro de 1897 e, no ano seguinte, publicou em livro uma pequena edição de duzentos exemplares. *Os sertões*, em grande parte escrito entre 1897 e 1901, vem à luz em dezembro de 1902.

26 Respectivamente: Benício, 1899, p. 336; Barreto, 1898, p. 91; Villela Jr., 1988, p. 71; Milton, 1902, p. 113-4; *O Estado de S. Paulo*, 29 set. 1897, p. 2; Soares, 1985, p. 115; e RMG, 1898, Anexo A, p. 103.

27 Respectivamente: Oliveira, 1943, p. 159; e Villela Jr., 1988, p. 71. Os estudantes de medicina de Salvador denunciaram a situação em telegramas enviados aos colegas do Rio de Janeiro relatando a prisão de vários aca-

dêmicos e "comunicando os vexames que têm sofrido de alguns médicos militares". Ver *O Estado de S. Paulo*, 16 set. 1897, p. 1.

28 Horcades, 1899, p. 24; Villela Jr., 1988, p. 96-7; e Coleção das Ordens do Dia, 1898, p. 884-5. Daqui em diante, citado apenas como COD.

29 Benício, 1899, p. 325-6 e 339. Informa Benício que o caderno em forma de diário, relatando os acontecimentos de julho, foi "achado ao pé de um monte de cadáveres dentro de Canudos" (p. 324).

30 Respectivamente, Barreto, 1898, p. 143-4; Soares, 1985, p. 100; e RMG, 1898, Anexo A, p. 48-9, 52, 56 e 86. A proporção entre oficiais e praças era de um para sete, mas entre as baixas era muito superior, indicando que nos combates os oficiais procuravam ficar mais protegidos que as praças.

31 RMG, 1898, Anexo A, p. 48-9, 52, 56, 84 e 86.

32 RMG, 1898, p. 57 e 128; Araripe, 1960, p. 229.

33 RMG, 1902, p. 109.

34 RMG, 1902, p. 109.

35 RMG, 1898, p. 100.

36 Montenegro, 1954, p. 39-40; Antônio Fogueteiro foi a Mirandela, termo de Pombal, obter víveres e munição para Canudos, e morreu atacado por inimigos de Conselheiro. Isso evidencia que os conselheiristas não desperdiçariam alimentos quando precisavam ir tão distante para obtê-los (ver *O Estado de S. Paulo*, 21 ago. 1897, p. 1).

37 Ver, respectivamente, Barreto, 1898, p. 14; Horcades, 1899, p. 95, nota 28; Araújo, 1932, p. 103-12; telegrama transcrito em Benício, 1899, p. 371.

38 Respectivamente, Galvão, 1977, p. 203; e um trecho de um artigo de Favila Nunes de 3 de outubro; RMG, 1898, Anexo A, p. 83. Piquetes conselheiristas destruíram casas e roças que estavam no caminho da expedição, dificultando o avanço das tropas (ver *O Estado de S. Paulo*, 27 jun. 1897, p. 1). Essa informação foi confirmada cinquenta anos depois pelo relato de Francisca Guilhermina dos Santos ao repórter Odorico Tavares: "O Conselheiro, vendo a coisa perdida, mandou destruir propriedades, numa redondeza de cinco léguas para os soldados não se aproveitarem" (Tavares, 1951, p. 265).

39 Cf. Benício, 1899, p. 321-3.

40 Cunha, 1967, p. 114. Nessa edição foram selecionadas, por Olímpio de Souza Andrade, todas as reportagens de Euclides da Cunha para *O Estado de S. Paulo*, além de textos inéditos.

41 RMG, 1898, Anexo A, p. 96.

42 O coronel Silva Teles afirmou, em 27 de junho, que Canudos não tinha "mais de seiscentos fanáticos" e que depois dos combates e bombardeios de julho "ficou reduzido a duzentos no máximo". Manuel Benício, em agosto, informou que os defensores estavam mal armados, representando cerca de 1.500 homens. Ver, respectivamente, RMG, 1898, Anexo A, p. 128; e *O Estado de S. Paulo*, 12 ago. 1897, p. 2.

43 *O Estado de S. Paulo*, 20 ago. 1897, p. 1. A carta de Benício é de 7 de junho.

44 A descrição da partida do batalhão policial paulista é representativa do momento de indecisão quanto ao resultado da campanha: "só marcharam os que quiseram marchar. Mas poucos, muito poucos, não quiseram. [...] Alguns vivas sufocados. Tenta-se uma ovação. Não é possível. O povo está como que abatido, acabrunhado. A impressão que domina é de dor e de compaixão". Um garoto – João Batista de Oliveira, apelidado de "filho do quartel" – também fez parte da tropa, vindo a falecer em Canudos (ver *O Estado de S. Paulo*, 2 ago. e 27 out. 1897, p. 1).

45 A comédia de Valentim Magalhães recebeu crítica desfavorável: "cenas mal cerzidas, patenteando-se na sua sucessão a inexperiência de quem não soube medir o tempo em que os personagens têm de entrar ou sair e de quem não conservou para os desenlaces finais o fio da ação, à volta da qual esses mesmos personagens se movem" (ver *O Estado de S. Paulo*, 2 set. 1897, p. 2).

46 COD, 1898, p. 1093.

47 *O Estado de S. Paulo*, 12 ago. 1897, p. 1.

48 Macedo, 1964, p. 149.

49 Ordem do Dia do combate de 1° de outubro, transcrita em *O Comércio de São Paulo*, 19 out. 1897, p. 2.

50 Benício, 1899, p. 395; Milton, 1902, p. 126; e RMG, 1898, Anexo A, p. 131 e 139.

51 Soares, 1985, p. 206.

[52] Horcades, 1899, p. 85-6. O autor, em nota de rodapé, informa que essas "foram as palavras textuais dele as quais tomei na ocasião em que falava" (p. 86).

[53] Horcades, 1899, p. 87.

[54] Zama, 1899, p. 33; Galvão, 1977, p. 192. Segundo Joseph Love, a degola "conquanto pudesse ser praticada de diferentes maneiras, a mais típica consistia em matar a vítima do mesmo modo com que se abatia um carneiro. A vítima era forçada a ajoelhar-se de mãos atadas ante seu executor e a colocar sua cabeça entre as pernas de seu algoz, que rasgava suas artérias carótidas num golpe súbito de faca. A degola era rápida, silenciosa e barata" (*in*: Love, 1975, p. 61 e 62; e Barreto, 1914, p. 267).

[55] Horcades, 1899, p. 82-116. Os vários relatos militares da campanha omitem o massacre dos prisioneiros. Macedo Soares faz uma breve referência de algumas linhas ao tema, afirmando que havia mortos de ambos os lados e que "criancinhas, algumas ainda se amamentando, sobre o peito quente das mães, também morrendo com os crânios varados a bala, os ventres rasgados a baionetadas. Ninguém pediu misericórdia e ninguém lha concederia. O que passasse ao alcance das carabinas, ou da arma branca, caía vitimado" (*in*: Soares, 1985, p. 203).

[56] Respectivamente, Cunha, 1967, p. 118 (grifos do autor); e Horcades, 1899, p. 91.

[57] Tavares, 1951, p. 272.

[58] O manifesto encontra-se transcrito em Milton, 1902, p. 140-2.

[59] *O Comércio de São Paulo*, 26 out. 1897, p. 1 (grifos do jornal).

[60] *O Comércio de São Paulo*, 22 dez. 1897, p. 1.

[61] Ver Piedade, 1901, p. 147 e 152.

[62] *O Comércio de São Paulo*, 24 e 25 dez. 1897, p. 1. O coronel Olímpio da Silveira levou duas meninas e Euclides da Cunha trouxe um órfão de 7 anos, que foi adotado por Gabriel Prestes, rebatizado com o nome de Ludgero Prestes, e que se formou professor de escola primária. Ver Calasans, 1972, v. 7, p. 75-7.

[63] Sinzig, 1925, p. 181.

[64] Sinzig, 1925, p. 180, 190, 195, 199 e 200.

[65] Santos, 1989, p. 267.

66 Horcades, 1899, p. 98-9.

67 Cunha, 1985, p. 246.

68 Ver Gueiros, 1953, p. 173-4. Paulo Dantas chegou a conversar com Pedrão pouco antes da sua morte e considerava "uma pena um homem como Pedrão morrer sentado". A primeira cova do novo cemitério de Canudos foi inaugurada com seu corpo. Ver Dantas, 1957, p. 150.

69 Rodrigues, 1939, p. 131-3. O autor também transcreve as medidas do crânio e da face de Conselheiro.

70 Horcades, 1899, p. 124.

71 Respectivamente, *O Estado de S. Paulo*, 13 ago. 1897, p. 1; e Cunha, 1967, p. 228.

72 Barreto, 1914, p. 233; Macedo Soares discorda da contagem: acha que havia mais de 6 mil casas e estima a população do arraial entre 30 e 35 mil pessoas. Ver Soares, 1985, p. 228.

73 Cf. Vianna, 1898, p. 102-4 e 525-7.

74 Respectivamente telegrama transcrito em Milton, 1902, p. 130-1; e *O Estado de S. Paulo*, 8 out. 1897, p. 2.

75 O discurso de Prudente de Morais e o artigo de Olavo Bilac encontram-se em *O Estado de S. Paulo*, 9 out. 1897, p. 1.

76 Cf. *O Estado de S. Paulo*, 6 e 7 ago. e 18 e 23 out. 1897; Rego, 1967, p. 7.

77 Piedade, 1901, p. LVI-LVII.

78 Rego, 1967, p. 41; *O Estado de S. Paulo*, 27 out. 1897, p. 1. Ver Relatório Apresentado ao Vice-Presidente do Estado de São Paulo pelo Secretário dos Negócios da Justiça de São Paulo. São Paulo, 1897, p. 177-8; Peixoto Gomide, Francisco de Assis. Mensagem enviada ao Congresso Legislativo. São Paulo, 1898, p. 113.

79 *O Estado de S. Paulo*, 23 out. 1897, p. 1.

80 *O Estado de S. Paulo*, 23 out. 1897, p. 1.

81 *O Estado de S. Paulo*, 8 dez. 1897, p. 1.

82 *O Estado de S. Paulo*, 1° nov. 1897, p. 1.

Conclusão

1 *Anais da Câmara dos Deputados*, 1897, v. IV, p. 266.

2 Cf. Azevedo, 1947.

3 Ver, respectivamente, Cunha, 1985, p. 200, 223 e 250; Cunha, 1975, esp. p. 74-7; Queiroz, 1976, p. 227.

4 *Apud* Cunha, 1975, p. 74.

5 Ver, respectivamente, Calasans, 1950, p. 37-41. Nessas páginas, o autor cita doze vezes Euclides da Cunha, além de confundir sebastianismo com milenarismo; e Calasans, 1984. Há exemplos curiosos na poesia popular sobre Conselheiro: "Antônio Conselheiro / Vai guiando um avião / Chorei, chorei"; ou: "Quem tiver sua mulata / Prenda ela no cordão / Que Antônio Conselheiro / Tem unhas de gavião"; e Sara, 1969, p. 7, 10, 16, 26 e 33. Na página 22, o autor comete um equívoco quando informa que Euclides da Cunha fez parte da terceira expedição. J. Sara é o pseudônimo de José Aras, fazendeiro em Bendengó.

6 Calasans, 1950, p. 39.

7 Cunha e Costa, 1894, p. 9, 14 e 83. Há nesse mesmo livro outras referências ao sebastianismo como sinônimo de restauração, ver p. 9, 14, 78, 81, 83, 85, 88, 89 e 92. Outros livros também fazem essa associação. Ver, por exemplo, Villar, s.d., p. 61, 64 e 65; Janotti, 1986, p. 60, 64-7 e 72.

8 Respectivamente citado por Motta Filho, 1941, p. 272; Nabuco, 1949, p. 205.

9 Respectivamente Celso, 1897, p. 83-4; Montenegro, s.d., p. 46; Love, 1975, p. 44. Gumercindo e Aparício Saraiva eram irmãos e estiveram entre os principais líderes da Revolução Federalista.

10 Respectivamente, Relatório do Intendente João Cordeiro de Andrade ao Conselho Municipal de Monte Santo, 1894, p. 1; *apud* Araripe, 1960, p. 82; e COD, p. 877.

11 Transcrito em Hoornaert, 1984, p. 16-7.

12 Moniz, 1978, p. 30, 31 e 68. O autor afirma que a maioria das informações usadas no seu livro foram obtidas na tradição oral, ouvindo pessoas da região e confiando na sua própria memória. Também explica que não fez citações pois os estudiosos conhecem as obras sobre o tema e o uso de notas interrompe a leitura. Ver Moniz, 1978, p. 306-7.

13 Saes, 1985, p. 160-1.

14 Facó, 1988, p. 9-10.

15 Cunha, 1967, p. 80.

16 Prédicas publicadas por Nogueira, 1978.

17 Respectivamente *O Comércio de São Paulo*, 9 out. 1897, p. 1; e Antonio Candido em *O Estado de S. Paulo*, 13 dez. 1952, p. 5.

18 Respectivamente *O Estado de S. Paulo*, 10 set. 1897, p. 1; Rodrigues, 1939, p. 69.

19 Cunha, 1975a, p. 204-13.

20 Respectivamente Cunha, 1975, p. 206-9; Renan, 1946, caps. XIII e XV.

21 Piedade, 1901, p. XIX-XXXI.

22 Sampaio, 1999, p. 114.

Posfácio

1 Para a análise do "Diário de uma expedição", utilizei a edição organizada por Olympio de Souza Andrade (Cunha, 1967).

2 Na edição de 5 de abril de 1892 de *O Estado de S. Paulo*, Euclides já fala em "nossa Vendeia", só que, naquele momento, estava associando a imagem ao manifesto dos treze generais (31 de março de 1892) contra a permanência de Floriano Peixoto na presidência da República.

3 Cunha, 1985, p. 373. Em *Os sertões*, foi omitida a morte do coronel Gentil de Castro.

4 Numa crônica de Machado de Assis, de 15 de novembro de 1896, há uma frase de espírito sobre a mesma rua: "A Rua do Ouvidor se não tem notícias, cai no boato".

5 O clima político da capital estava tão exacerbado que em "Petrópolis tentaram apedrejar o palácio onde viveu a Princesa Isabel que há tempos era ocupado pela legação russa, que protestou junto ao governo" (*O Estado de S. Paulo*, 13 de março de 1897).

6 No mesmo dia, o autor escreveu uma carta para o seu amigo João Luís Alves, em que julgou severamente a derrota da terceira expedição: "Creio que como eu estás ainda sob pressão do deplorável revés de Canudos aonde a nossa República tão heroica e tão forte curvou a cerviz ante uma horda desordenada de fanáticos maltrapilhos... Que imensa,

que dolorosa, que profunda e que esmagadora vergonha, meu caro João Luís!" (Galvão e Galotti, 1997, p. 103).

7 Por exemplo, no dia seguinte à publicação de "A nossa Vendéia", saiu transcrito um artigo de Machado de Assis sobre Canudos.

8 Galvão e Galotti, 1997, p. 105.

9 Benício, em artigo escrito no próprio teatro da guerra, em 10 de julho, informou que tinha lido o primeiro artigo: "Um artigo do engenheiro militar Dr. Euclides da Cunha impressionou a todos que o leram pelo critério e ilustração com que foi ele escrito. Este jovem e inteligente militar é correspondente de um jornal paulista e segue para Canudos. O artigo tem o título de – *A nossa Vendéia* – e é transcrição de um jornal de S. Paulo" (Galvão, 1994, p. 324).

10 Instituto Histórico e Geográfico Brasileiro. *Prudente de Morais*. Rio de Janeiro, 1990. p. 71.

11 Cunha, 1975, p. 1.

12 Em 23 de julho, Benício, entre outras críticas a Artur Oscar, escreveu: "Não é covarde o nosso exército, não. Não lhe falta impavidez e bravura na hora do combate; falta-lhe sim, disciplina, ordem e bom comando" (Galvão, 1994, p. 258).

13 Cunha, 1985, p. 484-6.

14 Ver Galvão, 1994, p. 414.

15 Em carta de 20 de agosto de 1987 a Reinaldo Porchat, escreveu que "depois de grande constipação assaltou-me a hemoptise habitual" (ver Galvão e Gabai, 1997, p. 108).

16 Ver Cunha, 1985, p. 433.

17 Ele visitou a redação de vários jornais baianos, como a do *Diário da Bahia*.

18 Durval Vieira de Aguiar realizou sua viagem pelo sertão em 1882. Morreu em 1900, dois anos antes da publicação de *Os sertões*.

19 Galvão & Galotti, 1997, p. 108.

20 O engenheiro e geógrafo baiano Teodoro Sampaio vivia em São Paulo em 1897. Percorreu o Rio São Francisco e a Chapada Diamantina em 1879 e 1880. Tinha escrito um livro relatando essa viagem e que só foi publicado no início do século XX. Tudo indica que Euclides tenha lido, ao menos, parte dos originais. O livro *O Rio São Francisco e a Chapada*

Diamantina foi relançado em 2001, pela Companhia das Letras, com excelente introdução de José Carlos Barreto de Santana.

21 Sampaio, 1999, p. 43 e 94.

22 Dezenas de crianças prisioneiras, bem antes do fim da guerra, em outubro, eram levadas pelos soldados e abandonadas pelo caminho. As que não estavam feridas tinham perdido as referências familiares e pessoais. Relatou o frei Pedro Sinzig, quando estava em Queimadas, que, ao perguntar a uma criança de uns 4 anos qual era o seu nome, recebeu como resposta: "Jagunço" (ver Sinzig, 1925, p. 180).

23 Euclides escreveu em 4 de setembro uma matéria de seis linhas informando da partida da comitiva.

24 As péssimas condições de Tanquinho e a falta de água potável devem ter marcado profundamente Euclides. Na *Caderneta de campo* também deixou registrado esse fato: "Água infame, infamíssima, de um poço pequeno onde há seis meses bebem todos os cavalos, banham-se todos os cavalos e lavam-se todas as feridas" (Cunha, 1975, p. 10). Em *Os sertões*, retomou o tema: "Oficiais que se abeiravam sequiosos da ourela do pântano, davam, de chofre, com espectros mal aprumados tentando fazer-lhes a continência militar; e volviam entristecidos" (Cunha, 1985, p. 500).

25 Sinzig, 1925, p. 182.

26 Os freis Pedro e Gabriel solicitaram ao ministro da Guerra a permissão para acompanhar as tropas até Canudos, que acabou sendo negada.

27 Nas reportagens, Euclides não citou sequer uma vez o fotógrafo Flávio de Barros, ao contrário de outros correspondentes.

28 Cunha, 1985, p. 468.

29 Ver Cunha, 1985, p. 202-3 e 227.

30 Foi destinado a Euclides um ordenança, o sargento João Pais. É provável que as amizades entre os oficiais mais próximos ao general Artur Oscar tenham colaborado para esse tratamento, único entre os correspondentes em Canudos.

31 É provável que Euclides tenha escrito esse primeiro artigo sobre Canudos no dia 17, como informou na *Caderneta de campo*: "dia 17 [...] escrevi para S. Paulo" (Cunha, 1975, p. 54). Chegou às catorze horas em Canudos, encontrou amigos e depois jantou com Artur Oscar. Dessa forma, não

teria tido tempo para observar o arraial detalhadamente, como descreveu na reportagem, e ter escrito a matéria.

32 As observações sobre as atividades de Euclides podem ser encontradas em Cunha (1975, p. 54-6).

33 Nesse momento, a imprensa tinha amenizado as críticas ao general Artur Oscar; a exceção era o jornal monarquista *O Comércio de São Paulo*. A avaliação dos superiores do comandante da expedição, no fim da campanha, porém, foi negativa. O ministro da Guerra, o general João Tomaz Cantuária, que substituiu o marechal Bittencourt, assassinado em 5 de novembro de 1897, criticou duramente a estratégia de Artur Oscar nos combates de 27 e 28 de junho: "Superando as maiores dificuldades, a coluna comandada pelo denodado Savaget, depois do heroico feito do Cocorobó, no dia e hora marcada, se achava diante de Canudos ocupando posição dominante a cidadela maldita; ao encetar, porém, a ação em obediência à ordem que recebeu do general em chefe, teve de abandonar as vantagens da posição, para correr em socorro da primeira coluna, que se achava em más condições, pela falta de munição, para fazer frente ao inimigo, que se arrojava contra nossa força com uma impetuosidade e valor dignos verdadeiramente de melhor causa" (RMG, 1898, p. 6). Da geração de Artur Oscar foram promovidos, depois de outubro de 1897, vários militares a general de divisão: Mallet, Leite de Castro, Savaget (que participou da campanha, como vimos), Solon e Argolo. Somente em junho de 1901 é que Artur Oscar foi promovido a general de divisão e designado para comandar o 7º Distrito Militar, em Mato Grosso. Morreu dois anos depois, aos 53 anos.

34 É provável que o diário de Praxedes sejam as anotações existentes nas páginas 124-43 da *Caderneta de campo*, onde são indicados alguns acontecimentos que envolveram a primeira coluna desde o dia 9 de junho até 18 de setembro.

35 O tenente-coronel José de Siqueira de Menezes foi também correspondente do jornal carioca *O País*. Suas reportagens estão transcritas no livro já citado de Walnice Nogueira Galvão. Assinou suas reportagens com o pseudônimo Hoche, general da Revolução Francesa (1994, p. 457-95).

[36] O plano foi enviado por telegrafia e transcrito na edição de 15 de outubro de *O Estado de S. Paulo*.

[37] O menino de 7 anos foi levado para São Paulo e adotado pelo educador Gabriel Prestes. Recebeu o nome de Ludgero Prestes. Formou-se professor primário em 1908.

[38] Segundo a reportagem, o marido dessa senhora teria matado o alferes Pedro Simões e, pouco antes de expirar, teria dito: "Estou contente! Ao menos matei um! Viva o Bom Jesus!". Na anotação da *Caderneta de campo*, a frase é um pouco distinta: "Ao menos matei um! Morro contente!" (Cunha, 1975, p. 56).

[39] Nas reportagens, as duas igrejas, especialmente a Igreja Nova, são sempre retratadas com tons fantasmagóricos. Um exemplo: na matéria do dia 26 de setembro, "a igreja sinistra, avulta nas trevas, dominadora, formidável".

[40] As anotações estão na *Caderneta de campo* (Cunha, 1975, p. 57 e 77-80).

[41] Da descrição pormenorizada do combate, pouco, ou quase nada, foi aproveitado em *Os sertões*, como pode ser observado em Cunha (1985, p. 554-63).

[42] O telegrama datado de 7 de outubro, emitido de Monte Santo, é um exemplo. Euclides informava que o cerco final do arraial estava próximo do fim, quando o arraial já tinha caído havia dois dias.

[43] Em carta de 27 de outubro de 1897 a Reinaldo Porchat, escreveu: "Saí doente – e ainda estou; ainda tenho restos da maldita febre" (Galvão & Galotti, 1997, p. 110).

[44] Dez dias depois, um editorial de *O Comércio de São Paulo* descreveu a situação dos jaguncinhos: "Lá ficaram espalhados, servindo como escravos a fornecedores enricados com o dinheiro do Tesouro brasileiro, dezenas de pobrezinhos, cujos pais foram rebentados a dinamite pelo general Artur Oscar e cujas irmãs foram desvirginadas por soldados bestiais... Eis a nobreza, eis a generosidade, eis o amor da República". No mesmo número foi iniciada a transcrição do relatório do Comitê Patriótico, que continuou nos dias 23, 24 e 25 de dezembro.

Bibliografia

Fontes impressas

Almanak do Ministério da Guerra, 1884-1898.

Anais da Câmara dos Deputados, 1893, 1896-1897 e 1916.

Anais do Senado Federal, 1897.

Coleção das Ordens do Dia do Exército, 1897-1898.

Leis e Resoluções e Atos Executivos da Câmara Municipal de São Paulo, 1897-1899.

Leis e Resoluções do Estado da Bahia, 1890-1900.

O Comércio de São Paulo, 1897-1898.

O Estado de S. Paulo, 1896-1898, 1902 e 1952.

Relatório do Governo do Estado da Bahia, 1890-1900.

Relatório do Intendente João Cordeiro de Andrade ao Conselho Municipal de Monte Santo, 1894. (Manuscrito.)

Relatório do Ministério da Fazenda, 1891.

Relatório do Ministério da Guerra, 1889-1898.

Relatório do Ministério da Justiça e Negócios Interiores, 1898.

Relatório do Presidente da Província da Bahia, 1880-1889.

Relatório do Presidente do Estado de São Paulo, 1897-1898.

Relatório do Secretário da Agricultura, Indústria, Viação e Obras Públicas do Estado da Bahia, 1897-1898.

Relatório do Secretário da Justiça do Estado de São Paulo, 1897.

Livros e artigos

AGUIAR, Durval Vieira de. 1888. *Descrição prática da província da Bahia*. Salvador, Typographia do Diário da Bahia.

ALVES, Lizir Arcanjo. 1997. *Humor e sátira na guerra de Canudos*. Salvador, EGBA.

AMADO, Gilberto. 1954. *História da minha infância*. Rio de Janeiro, José Olympio.

_____. 1956. *Mocidade no Rio e primeira viagem à Europa*. Rio de Janeiro, José Olympio.

AMARAL, Braz do. 1937. *Memórias históricas e políticas da Bahia*. Salvador, Imprensa Oficial do Estado. v. 5.

ANDRADE, Olímpio de Souza. 1966. *História e interpretação de* Os sertões. São Paulo, Edart.

ARAGÃO, Antônio Ferró Moniz de. 1923. *A Bahia e seus governadores na República*. Salvador, Imprensa Oficial do Estado.

ARARIPE, Tristão de Alencar. 1960. *Expedições militares contra Canudos; seu aspecto marcial*. Rio de Janeiro, Imprensa do Exército.

ARAÚJO, Elysio de. 1932. *Através de meio século*. São Paulo, São Paulo Editora.

ARAÚJO, Oseas Moreira de. 1949. *Notícias sobre a Polícia Militar da Bahia*. Salvador, Imprensa Oficial da Bahia.

ARINOS, Afonso. 1985. *Os jagunços*. Rio de Janeiro, Philobiblion.

ARQUIVOS Presidenciais 1. 1990. Prudente de Morais. Rio de Janeiro, IHGB.

ASSIS, Machado de. 1953. *A Semana*, v. 1 e 3. W. M. Jackson Editores.

AZEVEDO, J. Lúcio. 1947. *A evolução do sebastianismo*. Lisboa, Livraria Clássica Editora.

AZZI, Riolando. 1987. *A cristandade colonial*. São Paulo, Paulinas.

_____. 1992. *O altar unido ao trono*. São Paulo, Paulinas.

BALLARINI, Teodorico; BRESSAN, Gino. 1978. *O profetismo bíblico*. Petrópolis, Vozes.

BARBOSA, Rui. 1897. *O Partido Republicano Conservador*. Rio de Janeiro, Casa Mont'Alverne.

_____. 1921. *Queda do Império*. Rio de Janeiro, A. J. Castilho Editor. t. 1.

BARRETO, Emídio Dantas. 1898. *Última expedição a Canudos*. Porto Alegre, Franco e Irmão Editores.

_____. 1914. *Accidentes da guerra*. Recife, Livraria Econômica.

BARRETO, Lima. 1956. *Coisas do reino do Jambon*. São Paulo, Brasiliense.

BARROS, F. Borges de. 1934. *À margem da história da Bahia*. Salvador, Imprensa Oficial do Estado.

BARTOLOMEU, Floro. 1923. *Joazeiro e o padre Cícero*. Rio de Janeiro, Imprensa Nacional.

BENÍCIO, Manuel. 1899. *O rei dos jagunços*. Rio de Janeiro, Typographia do Jornal do Comércio.

BENJAMIN, José Botelho. 1894. *Breve notícia sobre o Estado da Bahia*. Salvador, Typographia e Encadernação do Diário da Bahia.

BERGER, Paulo. 1974. *Dicionário histórico das ruas do Rio de Janeiro*. Rio de Janeiro, Gráfica Olympia Editora.

BOMBINHO, Manoel Pedro das Dores. 2002. *Canudos, história em versos*. São Paulo, Hedra/Edufscar.

BRASIL. Presidente, 1890-1910. 1978. Mensagens Presidenciais, 1890-1910. Brasília, Câmara dos Deputados.

BRASILIENSE, Américo. 1979. *Os programas dos partidos e o Segundo Império*. Brasília, Senado Federal.

BRÍGIDO, João. 1899. *Homens e fatos do Ceará*. Fortaleza, Typographia Universal.

_____. 1900. *O Ceará: Algumas crônicas e episódios*. Fortaleza, Typographia Moderna a Vapor/Atelier Louis.

CALASANS, José. 1950. *O ciclo folclórico do Bom Jesus Conselheiro; contribuição ao estudo da campanha de Canudos*. Salvador, Tipografia Beneditina.

_____. 1952. *A guerra de Canudos na poesia popular*. Salvador, Centro de Estudos Baianos.

_____. 1959. *No tempo de Antônio Conselheiro*. Salvador, Universidade da Bahia.

_____. 1969. *Notícias de Antônio Conselheiro*. Salvador, Centro de Estudos Baianos.

_____. 1972. O jaguncinho de Euclides da Cunha. *Revista de Cultura da Bahia*, 7. Salvador.

_____. 1972. O matricídio de Antônio Conselheiro. *Revista Brasileira de Cultura*, 14. Brasília, out./dez.

_____. 1973. Antônio Conselheiro, construtor de igrejas e cemitérios. *Revista Brasileira de Cultura*, 16. Brasília, abr./jun.

_____. 1983. *Subsídios à história das capelas de Monte Santo*. Salvador, s.n.

_____.1984. *Canudos na literatura de cordel*. São Paulo, Ática.

_____.1986. *Quase biografias de Jagunços*. Salvador, Universidade Federal da Bahia.

_____. 1987. Canudos: origem e desenvolvimento de um arraial messiânico. *Revista da Academia de Letras da Bahia*, 34. Salvador.

_____. s.d. *Aparecimento e prisão de um Messias*. Salvador, s.n.

_____. s.d. *Antônio Conselheiro e a escravidão*. Salvador, s.n.

CALDEIRA, Clóvis. 1956. *Mutirão: Formas de ajuda mútua no meio rural*. São Paulo, Nacional.

CALMON, Francisco Marques de Góes. 1925. *Vida econômico-financeira da Bahia de 1808 a 1899*. Salvador, Imprensa Oficial do Estado.

CÂMARA CASCUDO, Luiz. 1983. *Geografia dos mitos brasileiros*. São Paulo, Itatiaia /Edusp.

CAMPOS, João da Silva. 1930. Tradições baianas. *Revista do Instituto Geográfico e Histórico da Bahia*, 56. Salvador.

CANDIDO, Antonio. 1975. *Os parceiros do Rio Bonito*. São Paulo, Duas Cidades.

CARVALHO, João Manuel. 1894. *Reminiscências sobre vultos e fatos do Império e da República*. Amparo, Typographia do Correio Amparense.

CARVALHO, José Murilo. 1988. *Teatro de sombras: A política imperial*. São Paulo, Vértice/IUPERJ.

CEEC. 2002. *Arqueologia e reconstituição monumental do Parque Estadual de Canudos*. Salvador. UNEB.

CELSO, Afonso. 1897. *O assassinato do coronel Gentil José de Castro*. Paris, s.n.

_____. s.d. *Oito anos no Parlamento*. São Paulo, Melhoramentos.

CERQUEIRA, Dionísio. s.d. *Reminiscências da campanha do Paraguai*. Rio de Janeiro, Biblioteca do Exército.

CÉSAR, Antônio Moreira. 1897. *Instruções para a Infantaria do Exército Brasileiro*. Rio de Janeiro, Imprensa Nacional.

COHN, Norman. 1981. *Na senda do milênio*. Lisboa, Presença.

COMBLIN, José. 1984. *Instruções espirituais do padre Ibiapina*. São Paulo, Paulinas.

CONSTITUIÇÕES Primeiras Arcebispado da Bahia. 1853. São Paulo, Typographia 2 de dezembro.

COSTA, João Cruz. 1956. *Contribuição à história das ideias no Brasil*. Rio de Janeiro, José Olympio.

COSTA E SILVA, Cândido da. 1982. *Roteiro da vida e da morte*. São Paulo, Ática.

COX, Harvey. 1974. *A festa dos foliões*. Petrópolis, Vozes.

CUNHA, Euclides da. 1939. *Canudos; diário de uma expedição*. Rio de Janeiro, José Olympio.

_____. 1967. *Canudos e inéditos*. São Paulo, Melhoramentos.

_____. 1975. *Caderneta de campo*. São Paulo, Cultrix/MEC.

_____. 1975a. *Contrastes e confrontos*. Rio de Janeiro, Record.

_____. 1985. *Os sertões*. São Paulo, Brasiliense/Secretaria de Estado da Cultura.

CUNHA E COSTA, J. S. 1894. *A luta civil brasileira e o sebastianismo português*. Porto, Typographia Empresa Literária e Typographica.

DANTAS, Audálio. 1976. *O circo do desespero*. São Paulo, Símbolo.

DANTAS, Paulo. 1957. *Viagem definitiva a Canudos*. Revista Brasiliense, São Paulo.

_____. 1982. *Joana Imaginária*. São Paulo, Edições Padan/Global.

DAVIDSON, N. 5. 1991. *A contra-reforma*. São Paulo, Martins Fontes.

DELLA CAVA, Ralph. 1976. *Milagre em Juazeiro*. Rio de Janeiro, Paz e Terra.

DIÁRIO OFICIAL DO ESTADO DA BAHIA. 1923. Salvador, Imprensa Oficial do Estado. Edição Comemorativa do Centenário.

DORNAS FILHO, João. 1941. *Apontamentos para a história da República*. Curitiba, Guaíra.

DOUGLAS, Mary. 1976. *Pureza e perigo*. São Paulo, Perspectiva.

ELIADE, Mircea. 1978. *Mito e realidade*. São Paulo, Perspectiva.

FACÓ, Rui. 1988. *Cangaceiros e fanáticos*. Rio de Janeiro, Bertrand Brasil.

FALA DO PRESIDENTE DA PROVÍNCIA DA BAHIA. 1883-1885-1889. Salvador, Typographia do Diário da Bahia.

FALAS DO TRONO. 1889. Rio de Janeiro, Imprensa Nacional.

FIALHO, Anfrísio. 1983. *História da fundação da República no Brasil*. Brasília, Universidade de Brasília. 1. ed. 1891.

FIGUEIREDO, Fernando Antônio. 1988/1990. *Curso de teologia patrística*. Petrópolis, Vozes. v. I e II.

FRAGOSO, Tasso. 1897. O Estado-Maior do Exército. *Revista Brasileira*, abr./jun. t. X, p. 352-61.

_____. 1898. Como se faz um oficial alemão. *Revista Brasileira*, jan./mar. t. XIII, p. 50-65.

FREIRE, Felisbelo. 1906. *História territorial do Brasil (Bahia, Sergipe e Espírito Santo)*. Rio de Janeiro, Typographia do Jornal do Comércio. v. 1.

GALVÃO, Walnice Nogueira. 1977. *No calor da hora*. São Paulo, Ática.

_____. 1993/1994. Canudos, Euclides e nosso primeiro reitor. *Revista USP*, 20. São Paulo, dez./fev.

GALVÃO, Walnice Nogueira; GALOTTI, Oswaldo. 1997. *Correspondência de Euclides da Cunha*. São Paulo, Edusp.

GANGANELLI (Saldanha Marinho). 1874. *A execução da sentença do bispo de Olinda*. Rio de Janeiro, Typographia do Diário do Rio de Janeiro.

GARCIA, Manoel Funchal. 1965. *Do litoral ao sertão*. Rio de Janeiro, Biblioteca do Exército.

GIRÃO, Raimundo. 1947. *História do Ceará*. Fortaleza, Editora Instituto do Ceará.

_____. 1971. *Pequena História do Ceará*. Fortaleza, Imprensa Universitária.

GUEIROS, Optato. 1953. *Lampião*. São Paulo, s.n.

GUIMARÃES, Carlos Eugênio de Andrada. 1965. *Arthur Oscar: Um soldado do Império e da República*. Rio de Janeiro, Biblioteca do Exército.

HAMMAN. Adalbert-G. 1995. *Para ler os Padres da Igreja*. São Paulo. Paulus.

HAUCK, João Fagundes *et al*. 1985. *História da Igreja no Brasil: Segunda época*. Rio de Janeiro, Paulinas/Vozes. v. 2.

HOORNAERT, Eduardo. 1978. *Formação do catolicismo brasileiro*. Petrópolis, Vozes.

HOORNAERT, Eduardo (org.). 1984. *Crônicas das casas de caridade fundadas pelo padre Ibiapina*. São Paulo, Paulinas.

_____. 1991. *O cristianismo moreno do Brasil*. Petrópolis, Vozes.

HORCADES, Alvim Martins. 1899. *Descrição de uma viagem a Canudos*. Salvador, Typographia Tourinho.

HUIZINGA, Johan. 1978. *O declínio da Idade Média*. São Paulo, Verbo/Edusp.

INSTITUTO HISTÓRICO E GEOGRÁFICO BRASILEIRO. 1990. *Prudente de Morais*. Rio de Janeiro, IHGB.

IRIARTE, Lázaro. 1985. *História franciscana*. Petrópolis, Vozes.

JANOTTI, Maria de Lourdes. 1986. *Os subversivos da República*. São Paulo, Brasiliense.

JUÍZOS CRÍTICOS SOBRE Os sertões. 1904. Rio de Janeiro, Laemmert.

LECLERC, Max. 1942. *Cartas do Brasil*. São Paulo, Nacional.

LIMA, Heitor Ferreira. 1987. *Perfil político de Silva Jardim*. São Paulo, Nacional.

LIMA, Jorge Pereira *et al*. 1986. *Antônio Conselheiro e a tragédia de Canudos*. São Paulo, Paulinas.

LINS, Ivan Monteiro de Barros. 1936. *Benjamim Constant*. Rio de Janeiro, J. R. de Oliveira & Cia.

LOVE, Joseph L. 1975. *O regionalismo gaúcho e as origens da Revolução de 1930*. São Paulo, Perspectiva.

LUSTOSA, Oscar de Figueiredo, sel. e int. 1983. *Igreja e política no Brasil*. São Paulo, Loyola/Cepehib.

LUSTOSA, Oscar de Figueiredo (org.). 1990. *A Igreja Católica no Brasil e o regime republicano*. São Paulo, Loyola.

MACEDO, Mertan. 1964. *Memorial de Vilanova*. Rio de Janeiro, Edições O Cruzeiro.

_____. 1969. *Antônio Conselheiro*. Rio de Janeiro, Gráfica Record.

MAGALHÃES, Basílio de. 1940. *Estudos de história do Brasil*. São Paulo, Nacional.

MAGALHÃES JÚNIOR, Raimundo. s.d. *O Império em chinelos*. Rio de Janeiro, Civilização Brasileira.

_____. 1957. *Deodoro. A espada contra o Império*. São Paulo, Nacional. v. 1 e 2.

_____. 1964. *Rui. O homem e o mito*. Rio de Janeiro, Civilização Brasileira.

MAIOR, Armando Souto. 1978. *Quebra-Quilos: Lutas sociais no outono do Império*. São Paulo, Nacional.

MATTOSO, Kátia M. de Queirós. 1992. *Bahia, século XIX: Uma província no Império*. Rio de Janeiro, Nova Fronteira.

MELO Morais Filho. 1946. *Festas e tradições populares do Brasil*. Rio de Janeiro, F. Briguiet Editores.

MENDES, Raimundo Teixeira. 1892. *Benjamim Constant*. Rio de Janeiro, Igreja Positivista do Brasil. v. 1 e 2.

MENEZES, A. Inácio de. 1949. *Flora da Bahia*. São Paulo, Cia. Ed. Nacional.

MILTON, Aristides. 1902. *À campanha de Canudos*. Rio de Janeiro, Imprensa Nacional.

MONIZ, Edmundo. 1978. *A guerra social de Canudos*. Rio de Janeiro, Civilização Brasileira.

MONLOUBOU, Louis. 1986. *Os profetas do Antigo Testamento*. São Paulo, Paulinas.

MONTEIRO, Hamilton de Matos. 1980. *Crise agrária e lutas de classe*. Brasília, Horizonte.

MONTENEGRO, Abelardo. 1954. *Antônio Conselheiro*. Fortaleza. s.n.

______. 1959. *História do fanatismo religioso no Ceará*. Fortaleza, A. Batista Fontenele.

MORAIS, Evaristo de. s.d. *Da Monarchia para a República*. Rio de Janeiro, Athena Editora.

MOTTA FILHO, Cândido. 1941. *Uma grande vida: Biografia de Bernardino de Campos*. São Paulo, Nacional.

MULLER, Cristiano. 1923. *Memória histórica sobre a religião na Bahia. (1823-1923)*. Salvador, Imprensa Oficial do Estado.

NABUCO, Joaquim. 1949. *Cartas a amigos*. São Paulo, IPE. v. 1 e 2. (Obras Completas, XIII e XIV.)

NANTES, Pe. Martinho de. 1979. *Relação de uma missão no rio São Francisco*. São Paulo, Nacional.

NASCIMENTO, José Leonardo (org.). 2002. *Os sertões de Euclides da Cunha: Releituras e diálogos*. São Paulo. Edunesp.

NERY, Antonio Constantino. 1898. *A quarta expedição contra Canudos (1ª fase das operações)*. Diário de campanha. Belém.

NOGUEIRA, Ataliba. 1978. *Antônio Conselheiro e Canudos*. São Paulo, Nacional.

OLIVEIRA, Xavier. 1920. *Beatos e cangaceiros*. Rio de Janeiro, s.n.

_____. 1943. Reminiscências da guerra de Canudos. *Revista do Instituto Geográfico e Histórico da Bahia*, 69. Salvador.

PAIVA, Manuel de Oliveira. 1981. *Dona Guidinha do Poço*. São Paulo, Ática.

PASSOS, Alexandre. 1956. *Manuel Vitorino e o desencanto político*. Rio de Janeiro, Pongetti.

PEIXOTO, Dermeval. 1960. *Memórias de um velho soldado*. Rio de Janeiro, Biblioteca do Exército.

PEREGRINO, Umberto. 1968. *Euclides da Cunha e outros escritos*. Rio de Janeiro, Record.

PESTANA, Francisco Rangel. 1898. *Notas republicanas*. Rio de Janeiro, s.n.

PETRÔNIO. s.d. *Satiricon*. Rio de Janeiro, Ediouro.

PIEDADE, Lélis (org.). 1901. *Histórico e relatório do Comitê Patriótico da Bahia*. Salvador, s.n.

PIMENTA, Silvério Gomes. 1920. *Vida de D. Antonio F. Viçoso*. Mariana, Typographia Archiepiscopal.

PINHEIRO, Irineu. 1950. *O Cariri*. Fortaleza, s.n.

PINTO, Alfredo Moreira. 1894. *Apontamentos para o Dicionário Geográfico do Brasil*. Rio de Janeiro, Imprensa Nacional.

PRADO, Eduardo. 1902. *Fastos da ditadura militar do Brasil*. São Paulo, ETS.

PRIMÉRIO, Fidélis M. de. 1942. *Capuchinhos em terras de Santa Cruz*. São Paulo, Martins.

QUEIROZ, Maria Isaura Pereira de. 1968. O catolicismo rústico no Brasil. *Revista do Instituto de Estudos Brasileiros*, 5. São Paulo.

_____. 1976. *O messianismo no Brasil e no mundo*. São Paulo, Alfa-Omega.

QUEIROZ, Maurício Vinhas. 1967. *Paixão e morte de Silva Jardim*. Rio de Janeiro, Civilização Brasileira.

RABELLO, Sylvio. 1966. *Euclides da Cunha*. Rio de Janeiro, Civilização Brasileira.

RAMOS, Artur. 1951. *O negro brasileiro*. São Paulo, Nacional. v. 1.

REGO, Orlando L. M. de Moraes. 1967. *História da milícia paraense na campanha de Canudos*. Belém, s.n.

RELATÓRIO apresentado pelo frei João Evangelista de Monte Marciano ao arcebispo da Bahia sobre Antonio Conselheiro e seu séquito no arraial de Canudos. 1895. 1987. Salvador, Centro de Estudos Baianos/UFBA. Edição fac-similada.

RENAN, Ernest. 1946. *Marco Aurélio e o fim do mundo antigo*. Porto, Lello.

RIBEIRO, Prado. 1951. *Vida sertaneja*. Rio de Janeiro, F. Briguiet.

RICHARD, Pablo. 1982. *Morte das cristandades e o nascimento da Igreja*. São Paulo, Paulinas.

RODRIGUES, Anna Maria Moog (org.). 1981. *A Igreja na República*. Brasília, UnB.

RODRIGUES, Raimundo Nina. 1939. *As coletividades anormais*. Rio de Janeiro, Civilização Brasileira.

ROMERO, Sílvio. 1977. *Estudos sobre a poesia popular do Brasil*. Petrópolis, Vozes.

SAES, Décio. 1985. *A formação do estado burguês no Brasil (1888-1891)*. Rio de Janeiro, Paz e Terra.

SALES, Alberto. 1983. *A pátria paulista*. Brasília, UnB.

SALES, Manuel Campos. 1902. *Discursos*. Rio de Janeiro, Imprensa Nacional. v. 1 e 2.

SAMPAIO, Consuelo Novais. 1975. *Os partidos políticos da Bahia na Primeira República: Uma política de acomodação*. Salvador, Centro Editorial e Didático da UFBA.

______. 1985. *O poder legislativo da Bahia: Primeira República (1889-1930)*. Salvador. Assembleia Legislativa/UFBA.

SAMPAIO, Consuelo Novais (org.). 1999. *Canudos: Cartas para o barão*. São Paulo. Edusp, Imprensa Oficial do Estado.

SAMPAIO NETO, Josué Augusto Vaz *et al*. 1986. *Canudos: Subsídios para a sua reavaliação histórica*. Rio de Janeiro, Fundação Casa de Rui Barbosa.

SAMPAIO, Teodoro. 1905. *O Rio São Francisco e a Chapada Diamantina*. São Paulo, Escolas Profissionais Salesianas.

______. 1925. *O Estado da Bahia: Agricultura, criação de gado, indústria e comércio*. Salvador, Imprensa Oficial do Estado.

SANTOS, João Felício dos. 1958. *João Abade*. Rio de Janeiro, Agir.

SANTOS, José Maria dos. 1942. *Os republicanos paulistas e a abolição*. São Paulo, Martins.

_____. 1989. *A política geral do Brasil*. Belo Horizonte/São Paulo, Itatiaia/Edusp.

SARA, J. 1969. *Meu folclore, história da guerra de Canudos: Euclides da Cunha*. Museu do Arraial Bendengó.

SCHADEN, Egon (org.). 1976. *Leituras de etnologia brasileira*. São Paulo, Nacional.

SCHULTE, Walter; TOLLE, R. 1981. *Manual de psiquiatria*. São Paulo, EPU.

SILVA, Fernando Altenfelder. 1962. As lamentações e os grupos de flagelantes do São Francisco. *Sociologia*, 24. São Paulo, Faculdade Escola de Sociologia e Política de São Paulo.

SINZIG, Pedro. 1925. *Reminiscências d'um frade*. Petrópolis, Vozes.

_____. 1926. *São Francisco de Assis e seu culto no Brasil*. Petrópolis, Vozes.

SOARES, Henrique Duque-Estrada Macedo. 1985. *A guerra de Canudos*. Rio de Janeiro, Philobiblion/INL.

SOUZA, Maria Mercedes Lopes de. 1950. *Rui Barbosa e José Marcelino*. Rio de Janeiro, Casa de Rui Barbosa.

TAVARES, Odorico. 1951. *Bahia: Imagens da terra e do povo*. Rio de Janeiro, José Olympio.

TURNER, Victor W. 1974. *O processo ritual*. Petrópolis, Vozes.

VENÂNCIO FILHO, Francisco. 1938. *Euclides da Cunha a seus amigos*. São Paulo, Nacional.

VERÍSSIMO, José. 1901. *Estudos de literatura brasileira. Primeira série. 1895-1898*. Rio de Janeiro, H. Garnier.

_____. 1977. *Estudos de literatura brasileira. Quinta série*. São Paulo, Itatiaia/Edusp.

VIANNA, Francisco Vicente. 1898. *Memória sobre o Estado da Bahia*. Salvador, Typographia do Diário de Notícias.

_____. 1925. *Vida econômico-financeira da Bahia de 1808 a 1889*. Salvador, Imprensa Oficial do Estado.

VIANNA, Oliveira. 1925. *O ocaso do Império*. São Paulo, Melhoramentos.

VILLA, Marco Antonio Villa (com a colaboração de José Carlos da Costa Pinheiro). 1998. *Calasans, um depoimento para a história*. Salvador, UNEB.

_____. 2001. *Vida e morte no sertão: História das secas no Nordeste nos séculos XIX e XX*. São Paulo, Ática.

VILLAR, Frederico. s.d. *As revoluções que eu vi*. Rio de Janeiro, Gráfica Ed. Aurora.

VILLELA JÚNIOR, Marcos Evangelista da Costa. 1988. *Memórias de um combatente*. São Paulo, Marco Zero.

VITORINO, Manuel. 1898. *Manifesto político*. São Paulo, Typographia Carlos Jeep.

WALTER, Gérard. s.d. *A vida quotidiana em Bizâncio no século dos Comnenos*. Lisboa, Livros do Brasil.

WEST, Delno C.; ZIMDARS-SWARTZ, Sandra. 1986. *Joaquin de Fiore: Una visión espiritual de la história*. México, FCE.

WOLF, Eric. 1976. *Sociedades camponesas*. Rio de Janeiro, Zahar.

ZAMA, César. 1899. *Libelo republicano acompanhado de comentários sobre a campanha de Canudos*. Salvador, Typographia do Diário da Bahia.

_____. 1900. *A Bahia sob o regime republicano*. Salvador, Typographia Gutenberg.

Acreditamos
nos livros

Este livro foi composto em Bembo Book Pro
e impresso pela Geográfica para a Editora
Planeta do Brasil em junho de 2025.